紙本著色織田信長肖像画

最も有名な信長の肖像画．狩野元秀季信筆．信長の一周忌にあたる天正11年(1583) 6月2日，家臣の余語久三郎正勝が描かせ自らの菩提寺である長興寺に寄進したことが記されている．信長死後の早い時期に描かれたものであり，伝来の確かさもあって貴重．肩衣に描かれた足利家の桐紋に注目（本文15頁参照）．縦70 cm×横31.2 cm．国指定重要文化財．

大

長篠合戦図屏風

天正3年（1575）の長篠の戦いの全体像を，『信長記』や『甲陽軍鑑』などに基づき，異時同図的に描く屏風絵．尾張藩付家老成瀬家に伝来．連合軍の先鋒として活躍する徳川（松平）譜代の武将たちの中に，成瀬家の始祖・正一を描き込む．江戸前期の成立と思われ，左隻には長久手合戦図屏風をともなう．本紙縦165.2 cm×横350.8 cm.

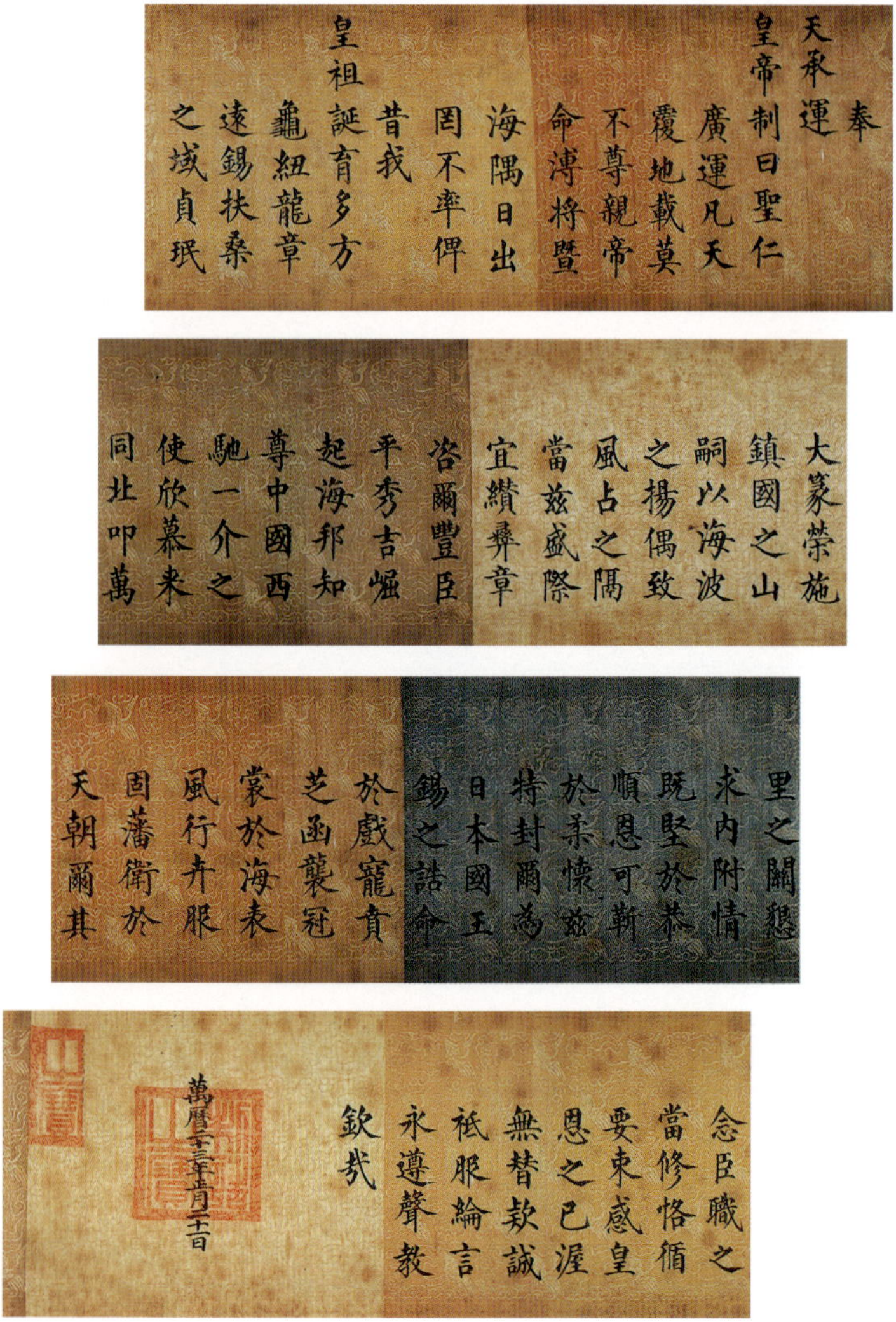
奉
天承運
皇帝制曰聖仁
廣運凡天
覆地載莫
不尊親帝
命溥将暨
海隅日出
罔不率俾
昔我
皇祖誕育多方
龜紐龍章
遠錫扶桑
之域貞珉
大篆榮施
鎮國之山
嗣以海波
之揚偶致
風占之隅
當兹盛際
宜纘彝章
咨爾豊臣
平秀吉崛
起海邦知
尊中國西
馳一介之
使欣慕来
同北叩萬
里之關懇
求内附情
既堅於恭
順恩可靳
於柔懷兹
特封爾為
日本國王
錫之誥命
於戲寵賁
芝函襲冠
裳於海表
風行卉服
固藩衛於
天朝爾其
念臣職之
當修恪循
要束感皇
恩之已渥
無替款誠
祗服綸言
永遵聲教
欽哉
萬暦二十三年正月二十一日

明王贈豊太閤冊封文

明皇帝が豊臣秀吉を日本国王に冊封した誥文の原本．伊勢国亀山藩石川家旧蔵．日明講和交渉を経て，文禄5年（1596）9月2日に大坂城で秀吉に伝達された．頼山陽『日本外史』などでは，秀吉は，日本を属国として扱い自らを日本国王に封じるという本書の内容に怒り，明から贈られた官服を投げ捨て，この誥文をひきちぎったとされている．本文は五行（木・火・土・金・水）の色を表した，青・赤・黄・白・黒の五色に織り分けられた綾に書かれる．縦31.3 cm×横501.2 cm.

歴史と古典

信長公記を読む

堀 新［編］

吉川弘文館

目次

三　信長と合戦

Ⅱ　構想と世界観

図版目次

〔口絵〕

〔挿図〕

信長公記とその時代

堀　新

1　下剋上から天下統一へ

戦国の世と軍記物語

本巻の対象時代は、織田信長《おだのぶなが》・豊臣秀吉《とよとみひでよし》という傑出した個性の登場によって、一世紀以上におよんだ戦国の世が終結へ向かった時期である。源平合戦や南北朝動乱など、戦乱の時代は他にもあり、それぞれ『平家物語』『太平記』といった優れた軍記文学が生み出されている。しかし、「戦国時代」と名付けられたこの時代には、下剋上《げこくじょう》から天下統一をめぐるドラマが全国規模で展開したにも拘わらず、数こそ多くの軍記物語が生み出されたが、『平家物語』『太平記』に比肩する文学作品の傑作はついに生み出されなかった。雄壮な城郭建築や豪華な障壁画《しょうへきが》などと対比して、その落差はあまりにも大きい（三鬼清一郎・二〇〇一）。これは戦乱の中身が変化したためか、あるいは日本人の歴史意識、さらには日本社会が大きく変化したせいか、その理由は明かではない。

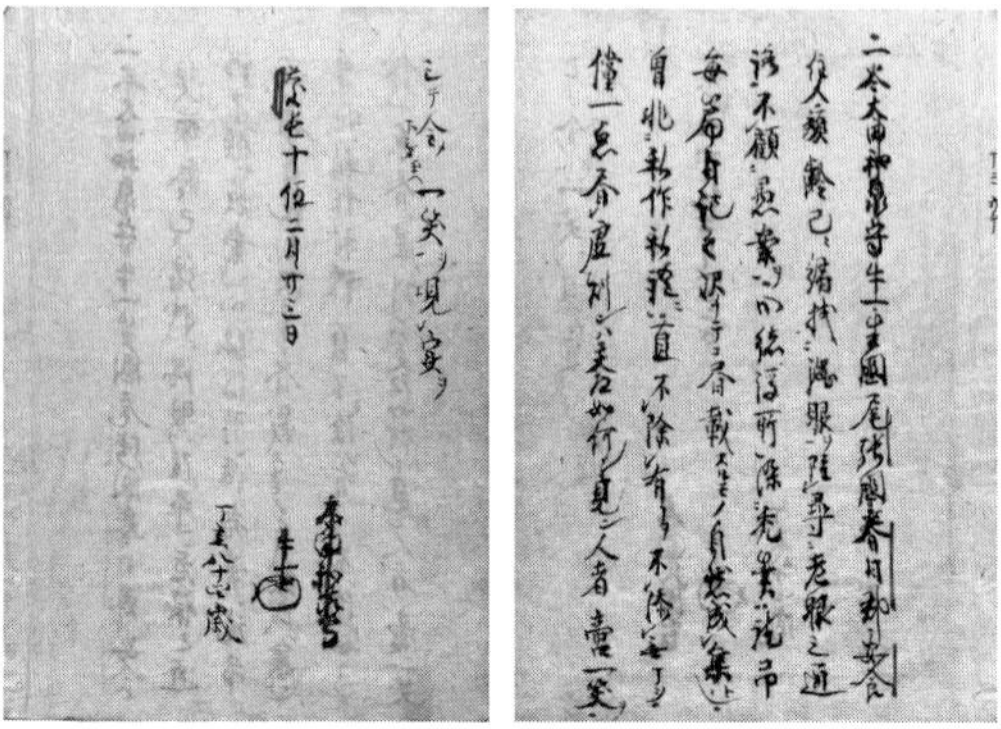

1　『信長公記』巻13奥書

そのようななか、この時代を代表する歴史叙述が太田牛一《うしかず》（一五二七—一六一三）の『信長公記《しんちょうこうき》』である。『信長公記』という書名については、本稿末尾をご参照いただきたい。牛一の没年は慶長《けいちょう》十八年（一六一三）と思われる（岡部二郎・一九九五）。また「牛一」の訓みは「ぎゅういち」とするのが一般的であるが、「賀茂別雷神社文書（上賀茂神社文書）」所収太田牛一書状では「又助牛一（花押）」と署名しており、実名《じつみょう》（諱《いみな》）である以上、「うしかず」か「としかず」と訓むのであろう（藤田恒春・二〇〇七）。牛一と『信長公記』については柳沢論文に譲るが、尾張国に生まれて信長・秀吉に仕え、天下統一の様相を目の当たりにし、それを「曾《かつ》て私作私語にあらず、直に有ることを除かず、無きことを添えず」（池田家文庫本『信長（公）記』巻十三奥書）という実証的な姿勢で記した著作は、文学作品としてよりも歴史史料として評価が高い。その牛一の作品と、それに儒教的な因果《いんが》応報《おうほう》の史観によって虚実を取り混ぜた小瀬《おぜ》甫庵《ほあん》（一五六四—一六四〇）の『信長記』『太閤記』などの作品が、本巻の対象作品である。

以下、『信長公記』の記述を中心に、信長の動向をあとづけながら、この時代を概観したい。

将軍暗殺の衝撃

牛一から見て、信長の天下統一は永禄《えいろく》八年（一五六五）五月十九日の室町幕府十三代将軍足利義輝《よしてる》の暗殺に始まった。それは、「信長公天下十五年」を記した『信長公記』の巻一が、この事件から始まっていることによく示されている。将軍暗殺事件は、これ以前にも建保《けんぽう》七年（一二一九）の鎌倉幕府三代将軍源実朝《さねとも》や、嘉吉《かきつ》元年（一四四一）の室町幕府六代将軍足利義教《よしのり》の例もある。しかし、「清水《きよみず》参詣」「訴訟」と号して白昼堂々、軍勢が将軍館を取り巻いて将軍を討ち取ったのは前代未聞である。

尾張国を統一したばかりの織田信長のもとへも、「天下御再興」をスローガンに、義輝の弟一乗院覚《かく》慶《けい》（後の義昭《よしあき》）を将軍に付けて室町幕府を再興しようという呼びかけが、早くも六月にはあったらしい（「河田文書」）。そして、この頃信長は花押《かおう》形を「麟《りん》」の字をデザイン化したものへ変更する。「麒《き》」と「麟」は雌雄で、真に平和な世の中にしか出現しないとされる想像上の生物である。信長は自らの手で天下統一をはたし、真に平和な世をもたらそうという決意を秘めて、この花押を用いたのである（佐藤進一・二〇〇〇）。

2　織田信長「麟」花押

ルイス・フロイスは、謀叛は「日本ではごくありふれたことなので、ほとんど非難を受けることはない」という（『日欧文化比較』）。しかし、三好義継《よしつぐ》・松永久通《ひさみち》の謀《む》叛《ほん》行為は、公家・武家双方から「説くべからず、説くべからず、先《(前)》代未聞の儀なり」（『言継卿記《ときつぐきょうき》』）、「誠に恣《ほしいまま》の仕立《した》て、前代未聞、是非なき次第、沙汰の限り」と、激しく非難されている（「上杉文書」）。『信長公記』も「誠に御当家破滅、天下万民の愁嘆《しゅうたん》これに過ぐべからず」と述べている。「下ノ上ヲ剋スルハ、キハ《(極)》メタル非道ナリ。終《つい》ニハ、ナドカ皇化ニ順《まつろ》ハザルベキ」（『神皇正統記《じんのうしょうとうき》』）とするほど楽観的ではないにせよ、上下の身分秩序はいまだに根強く人々の意識を規制していたのである。戦国時代とて、単純な実力万能の時代ではない。また、一代で戦国大名へ成り上がった典型例とされる斎藤道三《さいとうどうさん》や伊勢《いせ》宗瑞《そうずい》（北条早雲《ほうじょうそううん》）は、近年の研究によって大幅な見直しが必要となっている。例えば斎藤道三は父が妙覚寺僧侶から長井姓となり、道三がそれを引き継いで戦国大名となったのであり、親子二代の出世であった（勝俣鎮夫・一九九六）。また伊勢宗瑞（北条早雲）は室町幕府の重臣伊勢氏一門の伊勢新九郎盛時であり、九代将軍義尚《よしひさ》の「申次」を務めるなど高い地位にあり、備中《びっちゅう》国荏原《えばら》荘の領主でもあった（家永遵嗣・一九八八）。いずれも、一介の素浪人ではなかったのである。百姓から天下人まで上りつめた羽柴（豊臣）秀吉を除き、戦国大名の出自は意外と高い。これは下克上が容易ではないことを示していよう。

信長の清須城攻略

身分秩序の意外な強固さは、信長の尾張国統一過程からもうかがえる。『信長公記』首巻《しゅかん》によれば、戦国時代の尾張国は、守護を斯波義統《しばよしむね》（武衛《ぶえ》様）、守護代は上四郡を織田信安《のぶやす》、下四郡は織田達勝《みちかつ》が務め、信長の父信秀は達勝の三奉行の一人であった。清須《きよす》城に守護斯波義統と守護代織田達勝が在城していたが、信長は二度にわたる清須城の内紛に乗じてこれを乗っ取った。そのさい、信長の行動は〝謀叛〟のレッテルを張られないために慎重なものであった。

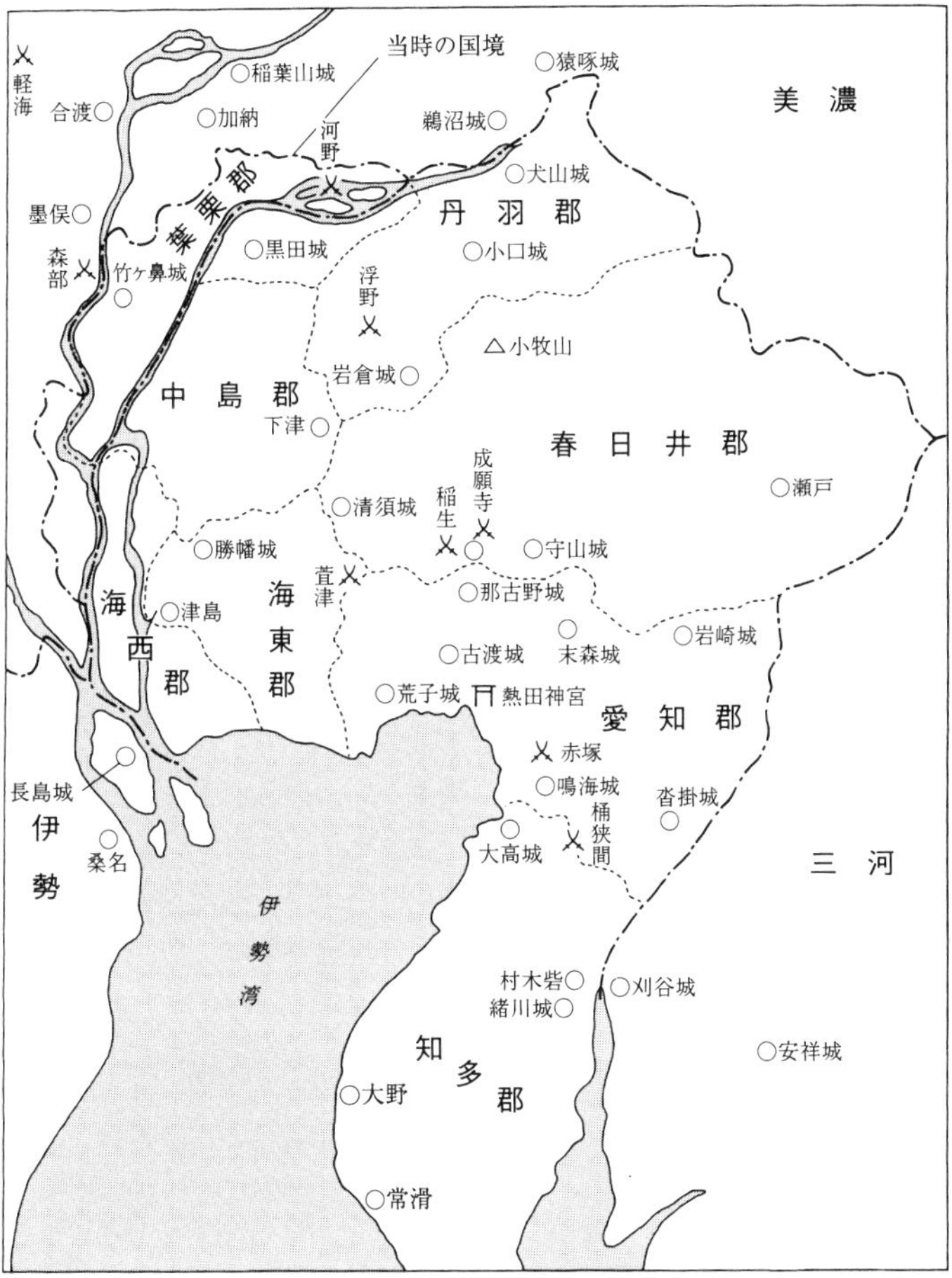

3　戦国時代尾張の八郡図

(谷口克広『戦争の日本史 13　信長の天下布武への道』吉川弘文館，2006 年より)

4　織田信秀

天文《てんぶん》二十二年（一五五三）に信長が達勝の跡を継いだ信友を攻めたのは、彼らが守護義統を自害させ、その子岩竜丸（若武衛《わかぶえ》様、後の義銀《よしかね》）が遁走して信長を頼ったからである。つまり、〝守護の敵討ち〟という大義名分を得た上での守護代攻めであった。そして、実際に翌天文二十三年に清須城を乗っ取るのは信長の叔父信光《のぶみつ》であり、信長は信光から清須城を譲り受ける。その直後に信光が急死するなど、やや出来すぎの感がないでもないが、信長は主君に直接手を掛けていないことは重要である。そして義銀を「国主と崇《あが》め」て清須城に迎え、信長自身は「北屋蔵《（櫓）》へ御隠居」する。しかし義銀は、吉良・石橋・服部友定とともに今川義《いまがわよし》元《もと》と結んだので、弘治《こうじ》二年（一五五六）に信長はこれを国外追放としたのである。このように、信長は〝守護の敵討《かたき》ち〟という大義名分があった時のみ、主君である守護代と戦ったに過ぎない。しかも、最終的に守護代を滅ぼすのは信長ではない。そして最後に残った守護・斯波義銀に対しては、「国主と崇め」て清須城を進上するなど忠義を尽くす。しかしそれにも拘わらず、義銀は敵国今川氏と密通したので、信長はこの〝裏切り〟行為を大義名分としながらも、国外追放にとどめて、生命を奪うことはしなかっ

5　発掘された清須城の石垣

た。このような守護・守護代への態度は、後の足利義昭に対する態度との共通点がうかがえる。

主君による「御謀叛」

ところで、守護・斯波義銀の今川への密通を、牛一は「御謀叛」と表現している。本来、「謀叛」とは家臣が主君に対して行うもので、主君による「御謀叛」は論理的にありえない。しかし、承久《じょうきゅう》三年（一二二一）の承久の乱が後鳥羽《ごとば》上皇の「御トガ《（咎）》」とされ（『神皇正統記』）、元亨《げんこう》四年（一三二四）の後醍醐《ごだいご》天皇による正《しょう》中《ちゅう》の変《へん》が「主上御謀叛」とされたように、中世社会においては主君による「御謀叛」はありうるものであった。

それでは、主君による「御謀叛」とはどのようなものであろうか。『信長公記』首巻によれば、天文二十二年（一五五三）に守護・斯波義統が信長と結んで守護代・織田達勝の排斥を企てたことが露見し、逆に守護代方の兵に攻められて自害したことを、「主従と申しながら、筋目なき御謀叛思食《おぼしめし》たち、仏天の加護なく、か様に浅猿《あさま》敷無《しくむ》下《げ》〳〵と御果《おはて》候」と述べ、「御自滅と申しながら、天道恐敷《てんどうおそろしき》次第なり」としている。また、これを「逆心」とも述べている。

すなわち、たとえ主君であっても「筋目なき御謀叛」には「仏天の加護」（＝正当性）はなく、「天道恐敷次第」である。そのため「浅猿敷無下〳〵と御果候」という「御自滅」の結果となってしまうのである。「筋目なき御謀叛」とは、たとえ臣下が権勢を誇って「諸侍手に付け進退」するなど実権を握っていたとしても、主君を「国主と崇め」て「守立《もりたて》」ているにも拘わらず、その臣下を排斥しようとすることなのである。これを裏返せば、主君はその地位を保証されている限り、実権の有無に拘わらず、臣下の排斥を企てればそれは「筋目なき御謀叛」とみなされて、「御自滅」という「天道恐敷」き結末を迎えることになるのである。なお「天道」については、第Ⅱ部第一章村上論文をご参照頂きたい。

しかし、臣下とて自由に振る舞えるわけではなかった。守護・斯波義統を自害させた守護代・織田達勝の家老坂井《さかい》大膳《だいぜん》・河尻左馬丞《かわじりさまのじょう》・織田三位は、義統の子岩竜丸（後の義銀）を迎えた信長と戦って敗れ、河尻左馬丞・織田三位は討死する。これを『信長公記』首巻は「武衛様（斯波義統）逆心思食立《おぼしめしたつ》といへども、譜代相伝の主君を殺し奉《たてまつ》り、其《その》因果忽《たちま》ち歴然《れきぜん》にて、七日目と申すに各《おのおの》討死、天道恐敷事共《ことども》なり」と述べている。すなわち、たとえ主君が「逆心」（＝「筋目なき御謀叛」）を企てようとも、臣下が「譜代相伝の主君」を殺害することは、「天道」（＝「仏天の加護」＝正当性）がないことであり、「其因果」はたちまち現れて自滅という悲惨な結果となってしまうのである。臣下は、「譜代相伝の主君」の「筋目なき御謀叛」に対して、主君を「殺し奉」ることは「天道恐敷事共」であるからそれを避けなければならない。足利義輝が「筋目なき御謀叛」を企てていたかどうかは不明であるが、主君を白昼堂々暗殺した三好義継《みよしよしつぐ》・松永久通《まつながひさみち》が批判されたのは当然である。

足利義昭の「筋目なき御謀叛」

では、「譜代相伝の主君」が「筋目なき御謀叛」を企てた場合、臣下はどのような行動を取ればよいのであろうか。その答えは、弘治二年（一五五六）の信長のように、主君の非を明らかにしたうえで追放することである。そして、このような信長の行動は、やはり足利義昭に対する行動にも一貫している。信長は永禄十二年（一五六九）に九ヵ条の「殿中御掟」と七ヵ条の「追加」（「信長文書」一四二）、永禄十三年に五ヵ条の「条々」を定めて（「信長文書」二〇九）、義昭の行動を規制した。さらには元亀《げんき》三年（一五七二）に十七ヵ条の「条々」では、義昭の非を詳細かつ執拗に指摘し、そのうえで「不思議の土民《どみん》百姓に至迄《いたるまで》も悪御所と申しなす」と述べ、これは「普光院殿（足利義教）をさ様に申したると伝《つたえ》承《うけたまわり》候《そうろう》」と指摘している。「不思議の土民百姓」の「悪御所」という悪口、さらには暗殺された将軍義教の凶例を持ち出すなど、これ以上の批判はないであろう。しかも、これ

6　足利義昭

は世間に流布しており、信長が意識的に義昭の非を宣伝した可能性もある。ここまで徹底しなければ、信長には「仏天の加護」も覚束なく、ひいては自滅が待っているだけだったのであろう。

しかし、信長はこの翌元亀四＝天正《てんしょう》元年後義昭が挙兵しても、主君を「殺し奉」ることはとうとうなかった。一度目（四月）の挙兵は、義昭の「御構（二条城）を押へ、上京御放火」して威嚇し、義昭に「御和談あるべき」と発案させ、講和している。この時信長は、「公方様（義昭）の御所行、是非に及ばざる次第ニ候」としながらも、「君臣間の儀に候条、深重ニ愁訴」したと述べている（『信長文書』三六四）。実際には圧倒的な軍事力によって威圧しているわけだが、交渉の場では主君としての義昭の地位を認めているのである。

二度目（七月）は義昭が山城《やましろ》国槇島《まきしま》城に移って籠城したのに対し、信長は大軍でこれを取り巻き、義昭は再び講和を申し入れ、「若公（君）様」を人質として差し出した。義昭の二度にわたる挙兵は、「させる御不足も御座なきの処、程なく御恩を忘れられ御敵なされ候」と述べられており、まさに「筋目なき御謀叛」である。これに対して信長は「爰《ここ》にて御腹めさせ候はんずれ共、天命おそろしく御行衛《ゆくえ》思食儘にあるべからず」を理由に、すなわちここで義昭を自害に追いこむことは天命（天道）恐ろしいことであり、信長の将来に不安を感じてそれを思いとどまったのである。そして、義昭の「御命を助け流しまいらせられ候て、先々にて人の褒貶《ほうへん》にのせ申さるべき」という理由で、すなわち義昭の命を助ける代わりに、行く先々で人々の笑い者にするため、河内《かわち》国若江《わかえ》城まで送り届けたのであった。義昭一行の警固を羽柴秀吉が務めたが、秀吉は途中で義昭一行を放り出したらしい。吉田社の神官・吉田兼見《かねみ》によれば、一行は「路次《ろじ》中一揆に出合、御物《ぎょぶつ》以下落取」られており（『兼見卿記《かねみきょうき》』）、落ち武者狩りにあって身ぐるみ剝がれたようである。その様子は「鎧の袖をぬらさせられ、貧報（乏）公方と上下指をさし嘲弄《ちょうろう》をなし、御自滅と申しながら、哀れなる有様《ありさま》目もあてられず」というものであった。「筋目なき御謀叛」の結末は、やはり「御自滅」だったのである。

　こうして、信長は〝謀叛人〟のレッテルを張られることなく、下剋上に成功した。『信長公記』は「上総介殿（信長）御果報《かほう》の故《ゆえ》なり」と記しているが、すなわち信長の行動が「天道（天命）」にかなっているからなのである。戦国の世では、主君も臣下も「天道恐敷次第」から「御自滅」とならないよう、「筋目なき御謀叛」や「譜代相伝の主君を殺し奉」ることを絶対に避けなければならなかった。そうすることによってのみ、「仏天の加護」や「御果報」が期待できたのである。戦国社会は単純な実力主義ではなく、そして信長は戦国期の身分秩序観からはみ出すことなく、それに則って天下統一への道を歩み始めたのである。信長といえば、中世社会の秩序や旧習を徹底的に破壊したと考えられがちだが、実際はそうではない。信長は中世社会の枠組みの中から出現し、そして近世社会への扉を開けていったのである。

2 信長の上洛と「天下再興」

信長上洛の大義名分

前述したように、『信長公記』十五巻本は「信長公天下十五年」を一年ごとに一冊にまとめている。巻一は永禄八年（一五六五）の将軍義輝暗殺から始まるが、永禄十一年の信長上洛が巻一のテーマである。戦国時代の秩序観からすれば、信長の上洛には何か大義名分が必要であった。信長には一乗院覚慶（後の足利義昭）から呼びかけがあった。覚慶は還俗して義秋と名乗り、続いて義昭と改名するが、煩雑さを避けるため、以下の記述は義昭で統一したい。

足利義昭からの呼びかけ

『信長公記』巻一は、義昭が和田惟政《これまさ》の協力で奈良を脱出した後、近江《おうみ》国の六角承禎《ろっかくじょうてい》、越前《えちぜん》国の朝倉義景《あさくらよしかげ》を頼んだことを述べている。しかし、三好・松永を討って帰洛する目途が立たなかったため、「公方様（義昭）御料簡なく、此上は織田上総介信長を、偏憑《ひとえにたの》み入られたきの趣仰出ださる。既に国を隔て、其上信長尫弱《おうじゃく》ノ士タリトイヘドモ、天下ノ忠功ヲ致サント欲セラレ、一命ヲ軽ンジ、御請《おうけ》なさる」と記している。このすぐ後に、永禄十一年（一五六八）七月二十五日に越前国へ迎えの使者を派遣して美濃国立政寺に義昭を迎えたことが記されているから、義昭の呼びかけはその頃のことのようにも思われる。しかし実際は、義輝暗殺直後の永禄八年六月頃に、義昭の叔父にあたる大覚寺義俊から「天下御再興」の呼びかけが「尾州」（＝信長）にあったようである（「河田文書」）。永禄八年中に義昭は、確認できるだけで越後《えちご》国の上杉輝虎（謙信《けんしん》）、河内国の畠山高政《はたけやまたかまさ》、肥後《ひご》国の相良義陽《さがらよしひ》、薩摩《さつま》国の島津《しまづ》貴久《たかひさ》・義久《よしひさ》父子、三河国の松平家康《まつだいらいえやす》など各所に呼びかけており、信長もその中の一人に過ぎなかった。

信長は義昭の支援をすぐに了承し（「信長文書」六〇）、義昭も信長の上洛を可能とするために美濃《みの》国の斎藤義龍《よしたつ》との「尾濃《びのう》和睦」を調停した。しかし、信長は「尾濃和睦」を守るつもりはなかったらしく、斎藤氏側はこれを「織（織田上総介信長）上違変せしめ」と非難し、「公儀（義昭）御無興（言語道断）」とあるように、義昭もカンカンだったようである（「中島文書」）。興福寺の多聞院英俊《たもんいんえいしゅん》は、信長が義昭に永禄九年八月二十二日の出陣を約束していたと記録しているが（『多聞院日記《たもんいんにっき》』）、当然それは実現できなかった。そのうえ六角承禎が三好方に寝返ったため、義昭は近江国矢島から若狭《わかさ》国を経て、越前国敦賀《つるが》へ移ったのである。義昭は「織田尾張守（信長）出勢相違」と非難しており（「上杉文書」）、斎藤氏側はこれを「織上（信長）天下の

7　立政寺正法軒（足利義昭御座所）跡碑

嘲弄《ちょうろう》これに過ぎるべからず候」と信長の失態をあざ笑っている（「中島文書」）。以上の経緯は、『信長公記』には、まったく記されていない。牛一は信長にとって不名誉な事実を隠そうとしたのか、永禄十一年以前の事柄は最小限度に抑えるためなのか、そもそも以上の経緯をよく知らなかったためなのか、真相は不明である。

美濃平定と「天下再興」

しかし、翌永禄十年（一五六七）八月（六月ともいわれる）に美濃国斎藤氏を滅ぼすと、状況は一変する。信長は美濃へ入国し、井口《いのくち》を岐阜と改名し（それ以前から岐阜と呼ばれていたとする説もある）、「天下布武《てんかふぶ》」印判の使用を開始した。これは「麟」花押と違って、その意図は誰の目にも明かであり、天下統一の意思を公表したに等しい。そして翌永禄十一年七月に義昭を岐阜へ迎え、直ちに出陣し、九月には義昭とともに上洛をはたしたのである。この時信長は、義昭上洛の「供奉《ぐぶ》」と明言している（「信長文書」九三）。そうすると、信長上洛の大義名分は義昭のスローガンと同じであり、義昭は「天下御再興」＝「当家再興」＝幕府再興を盛んにアピールしていた。したがって、信長は〝室町幕府再興〟を大義名分として、上洛行動を起こしたのである。この時は、「天下御再興」と「天下布武」はほとんど同一でもあった。

義昭からの恩賞辞退

〝室町幕府再興〟の大義名分は、信長の軍事行動を正当化するとともに、その後の行動を規制した。信長は上洛後すぐに義昭を将軍に付け、「副将軍歟《か》、官（管）領職に准ぜられるべき」という義昭の推任に対して、「御斟酌《しんしゃく》の旨仰上げられ御請これなし」と対応した。そこで義昭は信長を「武勇天下第一」と称賛したうえで、「紋桐・引両筋《ひきりょう》」の足利家の家紋使用を許した。この義昭からの感状の宛所《あてどころ》は「御父織田弾正忠殿（信長）」となっており、わずか四歳年上に過ぎない信長を「御父」と呼ぶほど、義昭は信長に深く感謝していたのである。さらには、信長を「勘解由小路《かげゆこうじ》（斯波）家督」として「武衛《ぶえ》」に任じている（『古今消息集』）。これらの恩賞のうち、副将軍・管領職といった幕府役職は辞退したことが明かである。斯波家督と「武衛」称号は、信長にとって主君の家柄となるものであり、他戦国大名にも上杉謙信や斎藤道三などがこの例にあたる。しかし、信長が斯波や武衛を称した徴証はなく、これも辞退したのであろう。ただし、足利家紋は使用した可能性がある。信長の一周忌に描かれた、長興寺《ちょうこうじ》（愛知県豊田市）伝来の紙本著色織田信長肖像画の肩衣には、桐紋がついている。当時の画像は死後に描かれるのが通例であり、現在の写真と同様に扱うことはできない。しかし、この画像は信長の一周忌にさいして家臣与語（余）正勝が描かせて長興寺に寄進し、主君信長の菩提を弔ったものであるから、事

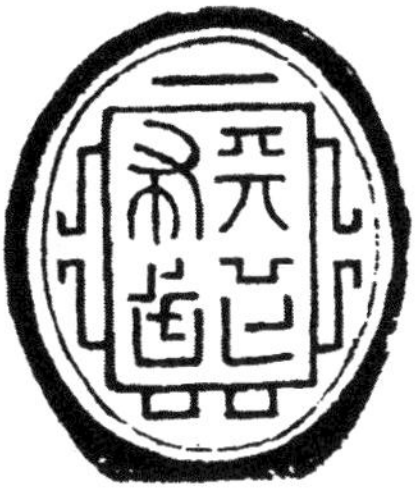

8　天下布武印

9　足利家紋（桐紋）

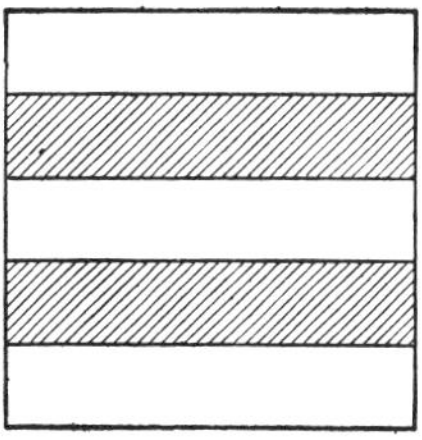

10　足利家紋（引両筋）

実に反する主君の姿を描かせたとは考えにくい。桐紋使用は信長の正装した姿と考えて良かろう。そうすると、義昭追放後も桐紋をつけていたのかどうかという疑問も湧くが、これを探る手がかりはない。なお、天正《てんしょう》三年（一五七五）の織田軍は「黄礼薬（永楽カ）といへる銭の形をのほり（幟）の紋ニつけられ候」とあるように（「中書家久（島津）公御上京日記」）、桐紋を軍旗に用いることはなかったようである。

　こうした栄誉栄典のほかに、義昭から「今度打取国々、近江・山城・摂津《せっつ》・和泉《いずみ》・河内、已（以）上五箇国望み次第知行あるべき由」を勧められたが、これを辞退したうえで「和泉堺、江州大津・草津計《ばかり》代官ヲ付ラル」ことを望んだという（「足利《あしかが》季世記《せいき》」）。このようなやり取りが本当にあったのかどうか、『信長公記』は何も語っていない。和泉堺が信長の支配下にあったことは裏づけられるので（「今井宗久書札留」）、ある程度は信頼されてきた。しかし、これらの五ヵ国内にはそれぞれ領主が存在しており、彼らを排除して信長が支配できるとは思えない。また、六角承禎や三好氏の旧領を義昭と信長は入手したはずであるが、十月末ではすでに収穫も終わっていたと思われ、実質的な年貢収入には繋がらなかったであろう。「五箇国望み次第知行あるべき由」という義昭の勧めが仮に事実であったとしても、実効をともなわない社交辞令に近いものであろう。

　結局、信長は義昭から提示された恩賞のほとんどを辞退したのである。「天下布武」の野望があった信長が、謙虚だったとは思われない。そこで従来の研究は、幕府役職や知行宛行の辞退を、義昭との主従関係が明確になるのを避けたと評価することが多い（鈴木良一・一九六七）。しかし幕府役職についていなくとも、信長は義昭との「君臣」関係を現実には意識せざるを得なかった（「信長文書」三六四）。また、信長は栄誉栄典の意義をまったく無視していたとも考えられるが、桐紋を使用していたり、この後高位高官に付いたこと（例えそれが朝廷側の慫慂《しょうよう》によるとしても）、さらには当時の秩序観などを考えれば、それもあたらないだろう。恩賞を辞退するメリットが信長にあったとは思えないが、さりとて恩賞を受け取ってもほとんどメリットがなく、むしろ妬《ねた》み・嫉《そね》みや知行地支配への抵抗を受けるデメリットが多かったようにも思われる。この時の信長の心中を推し量ることは難しいが、義昭主催の能組十三番を「未《いま》だ隣国御望みもこれある事に候間、弓矢納まりたる処御存分なき由候て、五番につゞめられ」たというエピソードからもわかるように、「天下御再興」の成功に浮かれず、周囲の状況を冷静に見つめ、メリット・デメリットを勘案したうえでの恩賞辞退だったのであろう。

信長・義昭の連合政権

翌永禄十二年（一五六九）正月、三好三人衆（三好長逸《ながゆき》・三好政康《まさやす》・石成友通《いわなりともみち》）は挙兵して義昭の御座所であった六条本圀寺《ほんこくじ》を襲った。岐阜でその急報を聞いた信長は、「一騎懸《がけ》に大雪中を凌ぎ打立ち、早御馬にめし」(22)て、「三日路の所二日に京都へ、信長馬上十騎ならでは御伴なく、六条へ懸《かけ》入」った。信長の到着前に、三好義継《よしつぐ》・細川藤孝《ふじたか》・池田勝正《かつまさ》らによって三好三人衆は撃退されたが、義昭はよりいっそう信長を信頼した。義昭のための二条城築城普請が軌道に乗ったのを見届けて、信長は四月に岐阜へ帰国した。そのさい義昭は、信長を「御門外まで送られ、東の磊《(石塁)》上に御《お》成《なり》して、粟田口へ入るまで御遠見」をした。一緒にいた山科言継《ときつぐ》ら公家衆も「落涙共」だったという（『言継卿記』）。

この頃の政治運営をみると、室町幕府奉行人奉書《ぶぎょうにんほうしょ》と信長朱印状がセットになって、幕府の指示が発動している。〝二重政権〟や〝二元政治〟といわれるゆえんであるが、これらの用語は内部矛盾や対立をイメージしがちである。信長は正月に九ヵ条の「殿中御掟」と七ヵ条の「追加」を定め、そのなかで「公事篇内奏」や「直訴訟」などを禁じ（「信長文書」一四二）、義昭を政治の現場から引き離そうとする意図はうかがえる。しかし、あからさまな義昭の傀儡《かいらい》化ではなく、前述した義昭の信長への態度を考えれば、まだ矛盾や対立を想定すべきではなく、当時の政治形態は〝連合政権〟とでも呼ぶべきであろう。このような政治形態はこれまでにもあったもので、信長朱印状は守護遵行《じゅんぎょう》状ないしは副《そえ》状に該当するという指摘もある（山田康弘・二〇〇八）。ただし、信長の軍事力あっての「天下御再興」であることは誰の目にも明かであるから、多くの寺社や公家は義昭を無視して、直接信長と通じてその保障を求めていた（堀新・一九九九）。信長の中央政界への登場は、当時の常識的な範囲に収まるものであったが、義昭との決定的な対立によって新しい形を模索せざるをえなくなるのである。

「天下の儀」委任と信長

このような義昭との蜜月期間は、長続きしなかった。義昭が信長を涙とともに見送った四ヵ月後の八月、信長は伊勢国北畠氏を攻略した。北畠氏は「種々御侘（詫）言候て、信長公の御二男お茶筅（信雄）へ家督を譲り申さるゝ御堅約にて」、大河内城をはじめとする諸城を明け渡した。十月十一日に信長は上洛したが、十七日に「上意（義昭）とセリアヰ（競り合い）テ」突然帰国した（『多聞院日記』）。信長の北畠氏攻略を、義昭が快く思わなかったのである。突然のことに驚いた正親町《おおぎまち》天皇は「いかやう（如何様）の事にてかと、心もとなきよし」を信長に尋ねている（「京都御所東山御文庫記録」）。岐阜の信長の許へ、山科言継や三条西実澄《さねずみ》（後

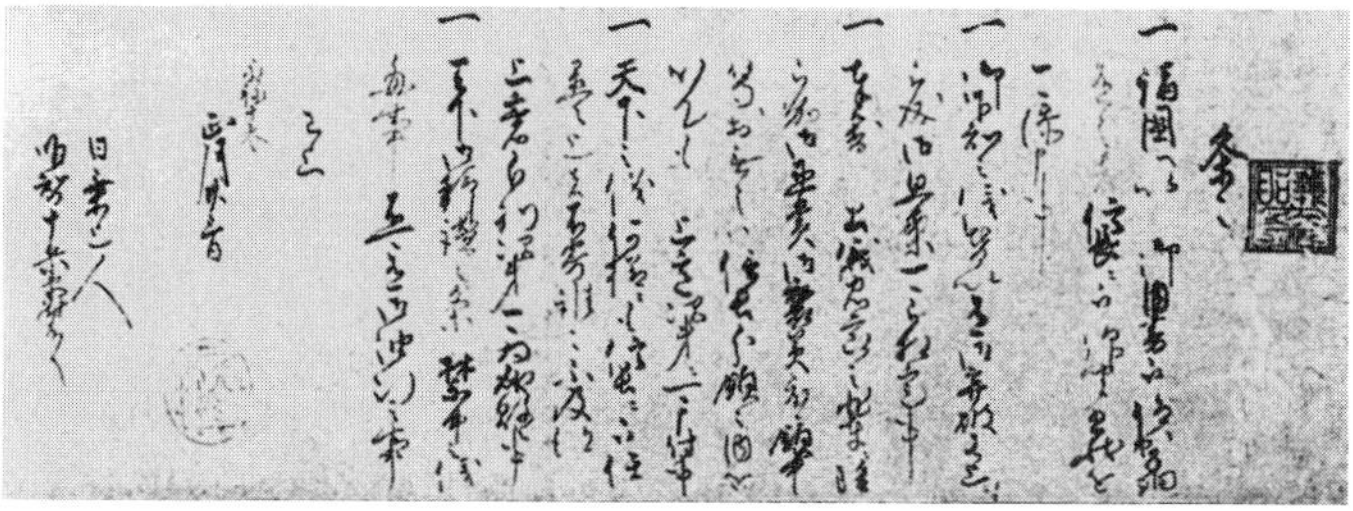

11　織田信長条書

の実枝《さねき》）らが陳情に出かけるが、信長は「只今は京面《おもて》の儀、万事存ぜざる」と述べ（『言継卿記』）、一見、幕府政治を放り出したようにも思える。しかし、水面下で義昭との合意形成にむけた交渉を行っており、それが翌永禄十三＝元亀元年（一五七〇）正月にまとまった（「信長文書」二〇九）。

全五ヵ条の「条々」にまとめられたその内容は、義昭が諸国へ御内《ごない》書《しょ》（将軍の手紙）を発給するさいには信長書状を副《そ》えること、義昭に忠節の士には信長領国からでも恩賞を与えること、「天下の儀」を信長に委任すること、朝廷への奉公を怠らないこと、である。特に重要なのは第四条で、「天下の儀」を委任された信長は、義昭の許可を得ることなく、自らの判断で誰でも処罰できると定められた。このことは第一条で義昭が、信長の副状なしには御内書を発給できず、完全に操り人形と化したのとは対照的である。ただし当時の秩序観からして、このような内容の「条々」を公表することは考えられない。事実、この「条々」は明治《めいじ》四十三年（一九一〇）に維新志士遺墨展覧会に出展されるまで、その存在を知られておらず、いわば「密約」とでもいうべきものであった。信長・義昭連合政権は、表面的には連合政権的様相を残しつつ、内実は秘かに信長単独政権へと移行していったのである。室町幕府および将軍権力の潜在的な力を高く評価し、信長といえども畿内近国では義昭の下知なしには何もできなかったとする見解もある。しかし、それは表面上の様相を実質的なものと誤認しているのではないだろうか。武士への軍事動員に関しても、表面上は義昭の下知を奉じた動員であっても信長に主体性があったことは明かである（堀・二〇〇一）。

義昭との暗闘

五ヵ条「条々」制定後、信長と義昭は暗闘に入る。義昭は諸国の戦国大名に秘かに御内書を送り、反信長包囲網を形成する。信長はこれに手を焼くが、ここに将軍権威の「威力」を見出すべきではない。これは将軍権威云々よりも、反信長勢力が結集しただけのことであり、天下統一過程には必然的に現れる現象であろう。

そのようななか、元亀三年（一五七二）に信長は、義昭に対して十七ヵ条の「条々」を突きつけた。このなかで信長は、朝廷への奉公懈怠《けたい》、合戦準備（幕府御物《ぎょぶつ》を退避、牢人召し抱えのための金銀蓄財）、恩賞の不公平、城米売買、など義昭の非を詳細かつ執拗に指摘している。そのうえで「不思議の土民《どみん》百姓に至迄も悪御所と申しなす」と世間の評判に名を借りて義昭を「悪御所」と決めつけ、これは「普光院殿（足利義教）をさ様に申したると伝承り候」と指摘している。興福寺大乗院尋憲がこの写を入手しているように、永禄十三年（一五七〇）の五ヵ条「条々」とは異なり、信長が義昭の非を意図的に宣伝した可能性がある。「武田信玄是を見て、信長をたゝ人ならすと云れける」ともいわれる（「当代記」）。

『信長公記』は「右の旨御異見の処、金言御耳に逆《さかふ》り候」として、この十七ヵ条「条々」が義昭挙兵の直接的な契機となったことを印象づけている。しかし実際は、永禄十二年以来三年間におよぶ暗闘を経て、信長・義昭連合政権は決定的に決裂したのである。

元亀四＝天正元年（一五七三）の二度にわたる義昭の「筋目なき御謀叛」は、義昭が「若公様」を人質として提出し、講和が結ばれた。義昭は助命されたものの、京都を追放され、落ち武者狩りにあって身ぐるみ剝がれ、「貧報《(乏)》公方」とあざ笑われる「御自滅」という結果しか待っていなかったのである。

「天下再興」再び

義昭の最初の挙兵時に、信長は「天下再興本望候」と述べている（『信長文書』三六三）。信長はギリギリまで当初のスローガンである「天下御再興」を守り続けようとしたのである。この場合の「天下」は、もちろん足利家・室町幕府を指している。

続く二度目の挙兵時には、義昭が槇島城に立て籠もったことを、「天下を棄て置かれ」と指弾し、そのために「信長上洛せしめ取り静め」たと述べている（『信長文書』三七七）。ここでいう「天下」は幕府とも京都とも解釈できるが、「上洛」云々とあることからすれば、京都を指すのであろう。すなわち、「天下」（＝京都）を放棄した義昭は将軍としての資格を失い、信長が代わりに上洛して洛中洛外を静めたことによって、天下人となることの正当性を主張したのである。この場合の信長の行動も、「天下」＝京都の意味として、「天下再興」といえるであろう。

「天下」という語句は、多義的な意味をもち、当時はさまざまな場面で使用された。信長も永禄十年（一五六七）に「天下布武」印判の使用を開始して以来、好んで「天下」の語句を使用した。しかしその語義は、信長もやはり多義的であった。つまり、義昭を主君ないしは将軍として守り立てる立場にある限りは「天下御再興」を大義名分とし、足利家・室町幕府を指して「天下」といった。しかし、義昭を追放して幕府を滅亡させるさいには、同じく「天下再興」を大義名分にしながらも、一転して京都を指して「天下」といったのである。また、元亀三年の十七ヵ条「条々」でも、「天下の沙汰」「天下の御為」「天下褒貶《ほうへん》、沙汰の限り」といった表現で、義昭批判の拠り所として「天下」の語句を使用している。この場合の「天下」は、京都や幕府ではなく、「不思議の土民・百姓」までをも含む広く社会全般を指している。このように、信長は自らの行動の正当化に「天下」の語句を使用したが、その語義は多義的で、ある種の御都合主義的な要素もある。しかし、社会への視座をあわせ持っていた点にその特徴があろう（堀・二〇〇三）。なお詳しくは、第Ⅱ部第二章久保論文をご参照頂きたい。

３　信長の天下統一と天皇・朝廷

信長への勅使派遣

『信長公記』には記されていないが、上洛前の信長の許へ、正親町天皇から勅使《ちょくし》が派遣されている。

それを永禄七年（一五六四）とする史料（「立入文書」）もあるが、内容的に疑問が多い。上洛前の信長への勅使派遣は、良質な史料が残っている永禄十年のみであろう。この年、信長は美濃国を併合しており、そこに朝廷側が注目したのである。信長への綸旨《りんじ》案では、信長を「古今無双の名将」と持ち上げたうえで、「弥《いよいよ》勝ちに乗ぜらるべきの條勿論たり」とある。この表現を〝天下統一の指示〟と拡大解釈する説もあるが、翌年の上洛時における信長と天皇の行動をみれば、そのような拡大解釈はあたらない（堀・一九九三）。前述したように、信長の上洛は「天下御再興」（＝幕府再興）を大義名分としたものである。

勅使の目的は、綸旨に「御目録」と記されており、その内容は皇太子・誠仁《さねひと》親王の元服費用調達、

12　正親町天皇

御所修理費用の調達、御料所の回復であった。信長はすぐにこれを了承し（『信長文書』補遺一一七）、翌年の上洛後にはそれを実行した。御所の女房は「をたの大将《(織田弾正忠信長)》百疋、御けんふく《(元服)》の御れい《(礼)》とて、しやきん《(砂金)》みつゝみ《(三包)》のたい《(袋)》三百疋のうち」（『御《お》湯《ゆ》殿上《どののうえの》日記』）と記し、公家は「禁裏御不弁の由承り及び、内々に万疋」（『言継卿記』）と記すなど、その額面は諸記録によって一定しないが、上洛早々に朝廷に献金したことは間違いない。これによって、誠仁の元服と立太子が行われたのである。これを戦前の皇国史観は信長の勤皇事績とし、戦後歴史学では天皇利用のための擬態と評価した。このような行為を正確に評価することは難しいが、天皇尊崇か偽善か二者択一で判断することではないように思う。

天正改元

室町幕府の滅亡後、信長と天皇の関係は本格化する。信長が最初に手がけたのは、元亀から天正への改元である。信長は、義昭を追放した四日後に、「のふなか《(信長)》よりかいけん《(改元)》事にはかに申」した（『御湯殿上日記』）とあるように、帰洛後真っ先に改元を朝廷へ申し入れ、それはすぐに実行に移された。改元費用を調達したのは信長であり、さらには「内々勘文の中、天正ヲ望み申」した（『壬生家四巻之日記』）とあるように、新年号の候補を記した勘文《かんもん》の中から「天正」を選んだのは信長だった。改元は官位授与・暦編成とともに、天皇に最後まで残った国家的権能とされる（石井良助・一九八二）。天正改元をめぐる信長の行為は、天皇大権を侵犯するもののように見ることもできる。

しかし、室町期の改元は、幕府の関与（特に費用調達）なしには行えなかった。改元は、すでに天皇の専権事項ではなかったのである。元亀の年号を改元することは、前年から「禁中にも御催」しがあり、既定路線となっていた。しかし、義昭が「聊《いささか》の雑用仰付けられず」、すなわち経費を調達しようとしないため、改元が延び延びになっていたのである。信長はそれをすみやかに実行したに過ぎない。また「天正」年号は、三年前の元亀改元のさいの候補でもあった。信長が「天正」を選んだのは、改元をやり直したともいえよう。元亀年間の信長は、義昭の反信長包囲網によって大いに苦しめられた。そのため、信長は「元亀の年号不吉に候」と認識していたが、天正改元は信長個人のためだけでなく、「天下の御為」として正当化している。

正親町天皇の譲位問題

次に問題となったのが、正親町天皇の譲位である。公家の記録によれば、信長は天正元年（一五七三）十二月に「御譲位の事申し行うべきの由、頻りに申し入れ」たという（『孝親《たかちか》公記』）。これは譲位の実施だけではなく、その費用調達を含めての申し出である。これに対して正親町は信長に勅書を送り、「後土御門《ごっちみかど》院以来、此御のそミ（望）にて候つれとも、事ゆき候ハて、御さた（沙汰）に及び候ハす候」として、後土御門・後柏原《ごかしわばら》・後奈良《ごなら》の三代の天皇は譲位を望んでいたが、それが叶わなかったと述べる。その上で、「只今存しより候処、奇特さ、朝家《ちょうけ》再興の時いた（至）り候と、たの（頼）もしく祝（悦カ）おほしめし（思召）候」として、信長の申し出を「奇特」とし、「朝家再興」と喜び、信長を頼もしく思っていると答えたのである（「正親町天皇宸筆《しんぴつ》御消息案」）。

中世の天皇は、譲位後に「治天《ちてん》の君《きみ》」として朝廷に君臨するのが常態であったから、終身在位する戦国期は異常事態であった。これは室町幕府の衰退によって、譲位・即位儀式や院御所造営の費用を調達できない財政難の結果である。後柏原天皇は、即位の二十二年後になってやっと即位礼が行えた有様であった。したがって、後土御門以来歴代の天皇が譲位を望んでいたのは事実である。また、譲位ができると聞いた正親町が「朝家再興」と喜んだのも、素直な反応であろう。この正親町の勅書の内容を、信長によって心にもないことを書かされたとする見解もあるが、中世朝廷の実態をふまえない空論である。

ところが、この正親町の勅書を持って前関白・近衛《このえ》前久《さきひさ》が信長の許を訪れると、信長は「勅定《ちょくじょう》の旨忝《かたじけな》きの由申」した後、「当年既に余日なきの間、来春は早々申沙汰《もうしざた》致すべきの由」を条件に、「御請申」したのである。この後、前久の許で中山孝親と勧修寺《かじゅうじ》晴豊《はれとよ》は「御譲位・御即位次第、尚万々御物語」をした（『孝親公記』）。最後の譲位から百年以上経っており、当時の公家衆にとって、譲位の儀式は誰も経験がなかった。そのため、「万々御物語」をする必要があったのである。この段階では、朝廷側は来春に譲位・即位があるつもりだったとみて良い。だが、翌天正二年に譲位は行われず、朝廷は天正三年・同四年にも礼服風干を行って即位礼に備えた。また、天正九年の信長への左大臣推任のさい、譲位問題が再燃するが、「当年金神《こんじん》により御延引」となる。結局、豊臣権力下の天正十四年まで譲位は遅延するのである。

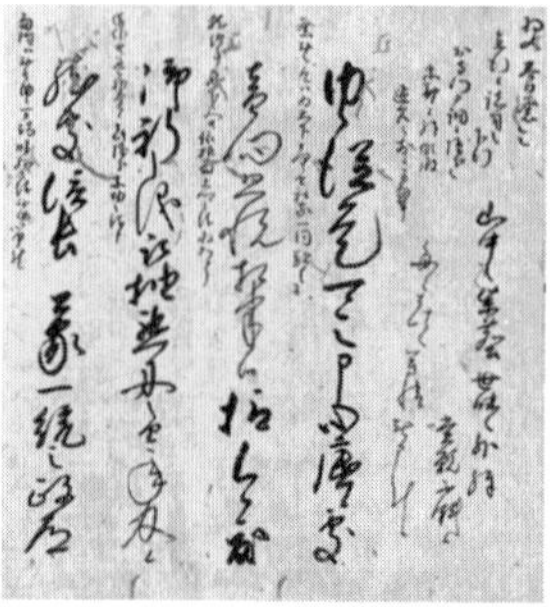

譲位延引の原因は信長側にあるはずだが、その詳細は不明であ

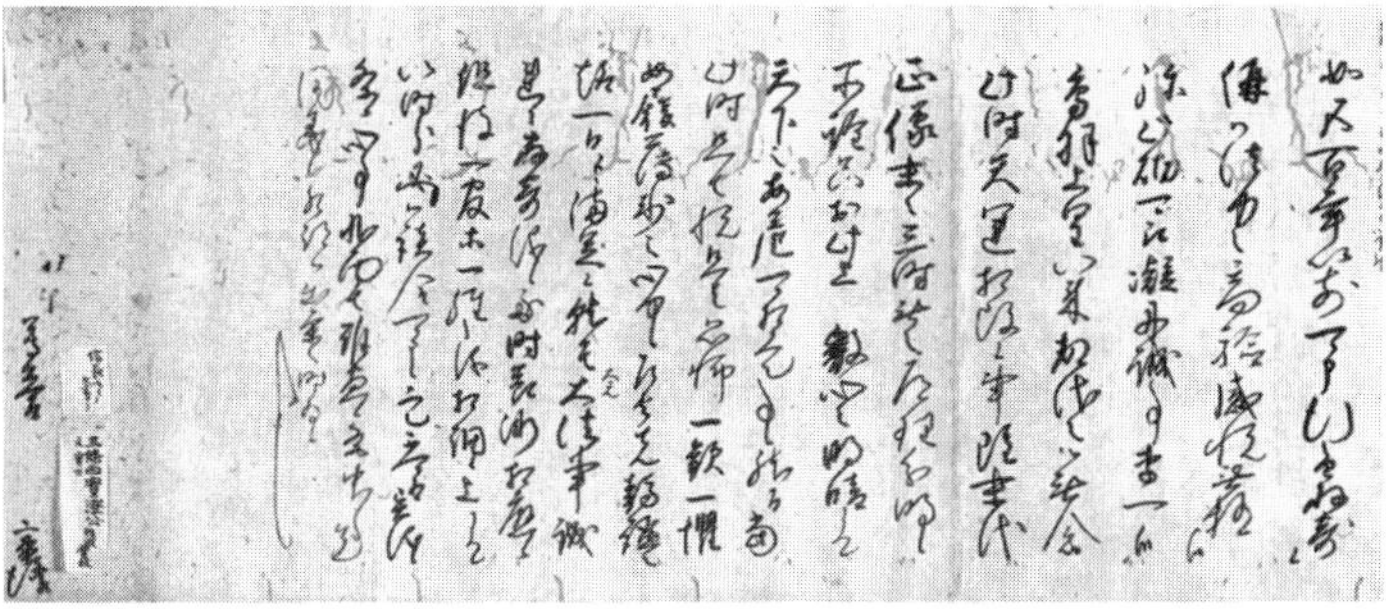

13　三条西実枝書状

る。信長は天正七年に自らの二条屋敷を誠仁親王に献上し、そこは「二条御所」「下御所」と呼ばれるようになる。信長も誠仁の即位を望んでいたはずである。正親町天皇・上御所と、誠仁親王・下御所を対立的にとらえる見解もあるが、誠仁はしばしば上御所を訪れ、宿泊することもあったようであるから、両者は対立関係にはない。ただ、火災や戦乱などの非常時を除き、皇太子が御所から離れた場所に居を構えることは珍しい。事実、本能寺の変後に誠仁は上御所に戻る。そして天正十二年十月、正親町の譲位意思にもとづき、秀吉は、上皇の住む仙洞《せんとう》御所造営を始める。この時も、朝廷側が譲位を拒絶した形跡はない。

「記録所再興」と公武結合王権

朝廷側が信長の政治をどうみていたか、それをよく示しているのが天正二年（一五七四）の三条西実澄《さねずみ》（実枝《さねき》）書状である。実枝は「信長　公家《くげ》一統の政道、五百年以前のごとく申し行うべきの由」と述べている。「公家一統の政道」とは、戦国期の公家は地方に長期下向したり、在京していても禁裏へ出仕しない者も多く、根本的な変質を遂げていた（池享・二〇〇三）。財政窮乏がその最大要因であるが、信長の保護政策によって状況は大幅に改善された。こうして再び公家衆が天皇の許に結集しつつある状況が「公家一統」である。天正二年からちょうど五百年前は承保《じようほう》元年（一〇七四）であり、関白・藤原頼通が死去して院政開始への流れが定まった年である。しかし、信長の政道が院政復活を目指したのではない。後述するように、これは延久《えんきゆう》元年（一〇六九）の記録所設置を示しているのではないだろうか（堀・二〇〇六）。

常陸国の天台宗と真言宗の間では、真言宗僧侶の絹衣《きぬころも》着用をめぐって、天文二十一年（一五五二）から相論があった。これが絹衣相論《そうろん》である（堀・二〇〇五）。天正二年に柳原資定が真言宗僧侶の絹衣着用を勅許する旨の謀書綸旨を作成し、それが翌天正三年に露見した。朝廷の「余りに以て正体ない」状況を知った信長は、朝廷の「御公事法度」を定めるための「奉行五人」（＝「五人の伝奏」）を設置し、綸旨には必ず五人の添状を付すこととした。五人の公家は定期的に評定を行って様々な事項を取り扱い、朝廷運営にあたった。これを三条西実澄（実枝）は「上古記録所の御沙汰、この時再興」と表現し、歓迎した。前述した「五百年以前のごとく」である。

しかし、翌天正四年の興福寺別当人事をめぐる一件では、この奉行たちに不正が発覚してしまった。信長は「禁裏御外聞の儀を失われ候、左候へハ信長も同前面目を失い候」と述べている。すなわち、天皇・朝廷の失態は、その保護者である信長の面目をも失わせるというのである。仮にこれが建前であって信長の本音ではないにせよ、信長の天下支配の大義名分は朝廷を保護し、それとの一体化にあったことを示していよう。そして三条西実枝の言葉にもあるように、朝廷側もこれを歓迎していたのである。このように、信長と天皇が国家主権をめぐって対立するのではなく、両者が一体化して王権を構成していた。これは中世(少なくとも南北朝以降)・近世国家に共通する王権構造である。筆者はこれを公武結合王権と呼んでいる。公武は対等な関係として結合していたわけではなく、もちろん武家側に主導権があった。しかし、国家主権のほとんど喪失しながらも「王」「国王」と呼ばれた天皇を含み込む形で王権は構成された(堀・二〇〇〇)。武家側からすれば、それが大義名分となったのである。

『平家物語』史観と信長

天正十年(一五八二)三月十一日、織田信長は武田勝頼《かつより》を滅ぼした。このニュースを聞いた多聞院英俊は、約十年前に聞いた夢《む》譚《たん》を思い出した。その夢譚とは、ある僧侶の初夢に聖徳太子が現れ、「天下を治められそうな人物は、朝倉義景《あさくらよしかげ》・武田信玄・織田信長の三人である。しかし義景には才能がなく、信玄には慈悲の心がないから、信長しかいない。私が源頼朝に遣わした太刀が熱田神宮にある。それを早々に信長に遣わすように」といった、というものであった。

これは文字通りの夢物語だが、これとよく似た夢譚が『平家物語』にもある。この太刀は、賊徒征討に向かう将軍へ、天皇から下賜される節刀《せっとう》であり、征夷大将軍《せいいたいしょうぐん》を象徴している。つまり、天皇が「武家の棟梁」(=天下人)を将軍に任命し、将軍は「朝家の御守り」として朝敵を滅ぼして天下を平定する。『平家物語』は、これが公武関係の本来のあり方としているのである(堀・二〇〇二)。多聞院英俊は『平家物語』の夢譚を連想しつつ、この時点で信長の天下統一を確信したのであろう。もちろん、信長は征夷大将軍に任命されたわけではないが、節刀授与が「朝家の御守り」としての地位を示し、ひいては公武結合王権の担い手であることをも示すのである。

武家が「朝家の御守り」であれば、朝廷は「武家の御守り」である。信長の武田攻めにさいして、朝廷は信長の戦勝祈願の祈禱を七日間行っている。その結果、「内裏《だいり》ヨリ信長ノ敵国（武田氏）ノ神達ヲ悉《ことごと》く流し」て、信長の戦勝を導いたと多聞院英俊はその日記に記している。こうして武家と公家は協調関係を基本とし、相互補完的に存立して王権を構成していたのである。

信長への三職推任問題

信長は天正三年（一五七五）に権大納言・右近衛大将《うこのえたいしょう》（右大将）に任官したのち、驚異的なスピードで昇進を重ね、天正五年に右大臣となる。そして翌天正六年に右大臣・右大将を辞官する（『兼見卿記』）。これは朝廷離れではなく、嫡男信忠に顕官を譲ることで、信忠の後継者としての地位を明確化することが目的であった（堀・一九九九）。しかし、朝廷側は信長本人が現任公卿であることにこだわり、天正九年に左大臣を推任し、信長に固辞された。さらには、天正十年に武田勝頼を滅亡させた後、信長を「太政大臣か関白か将軍か」の三職に推任する（「晴豊公記」）。

この三職推任は、武家伝奏《てんそう》・勧修寺晴豊《かじゅうじはれとよ》の日記にのみ記された極秘事項で、信長の国家構想をさぐる手がかりとして注目されてきた。三職推任の主体が朝廷側か織田権力側かをめぐって、活発な論争があったが、現在では朝廷側が主体であり、なかでも誠仁親王がその中心であったとする見解に落ち着きつつある（橋本政宣・二〇〇二、桐野作人・二〇〇五）。重要なことは、「将軍ニなさるべき」というのが晴豊の個人的見解であること、すなわち「三職のいずれか」というのが朝廷の推任であり、どの官職が信長にふさわしいか誰もわかっていなかったことである。そして、信長は「御両御所（正親町天皇・誠仁親王）へ御返事」を出しており、信長が回答していることである。前後の状況から、その回答は「ノー」だったと思われる（堀・一九九八）。信長の地位は、もはや律令官職体系上では表現できなかったのである。

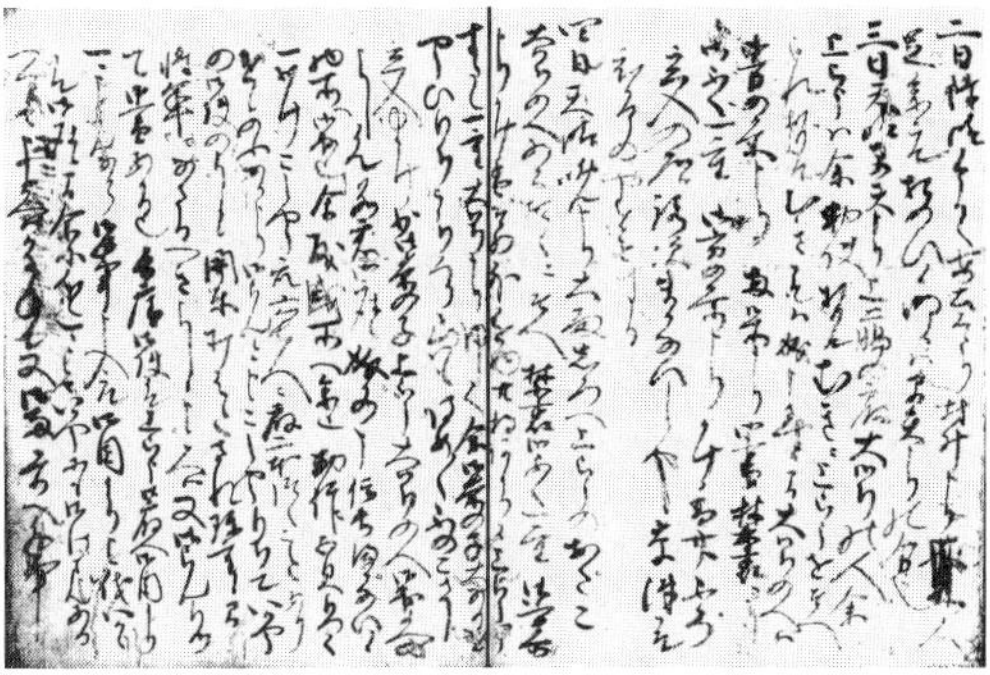

14　晴豊公記（日々記）天正10年5月4日条

〈日本国王〉から〈中華皇帝〉へ

では、信長の地位をどのようにとらえたら良いだろうか。そこで重要となるのが、東アジアの視点を導入することである。本能寺の変の直前に、信長が宣教師ルイス・フロイスに語ったところによれば、毛利氏を攻め滅ぼした後、大陸へ侵攻し、領土を息子たちに分割させるつもりだった。この信長の構想は、どうやら秀吉に受け継がれたらしい。秀吉の大陸侵攻をどのように呼ぶかは、デリケートな問題を含んでいてなかなか難しい。現実には朝鮮半島での戦闘に終始したが、秀吉は「唐入《からい》り」と表現しており、これが秀吉の意図をよく表している。「唐入り」は天正二十＝文禄元年（一五九二）四月に始まり、緒戦での連勝によって朝鮮の首都漢城（ソウル）を陥落させた。そこで秀

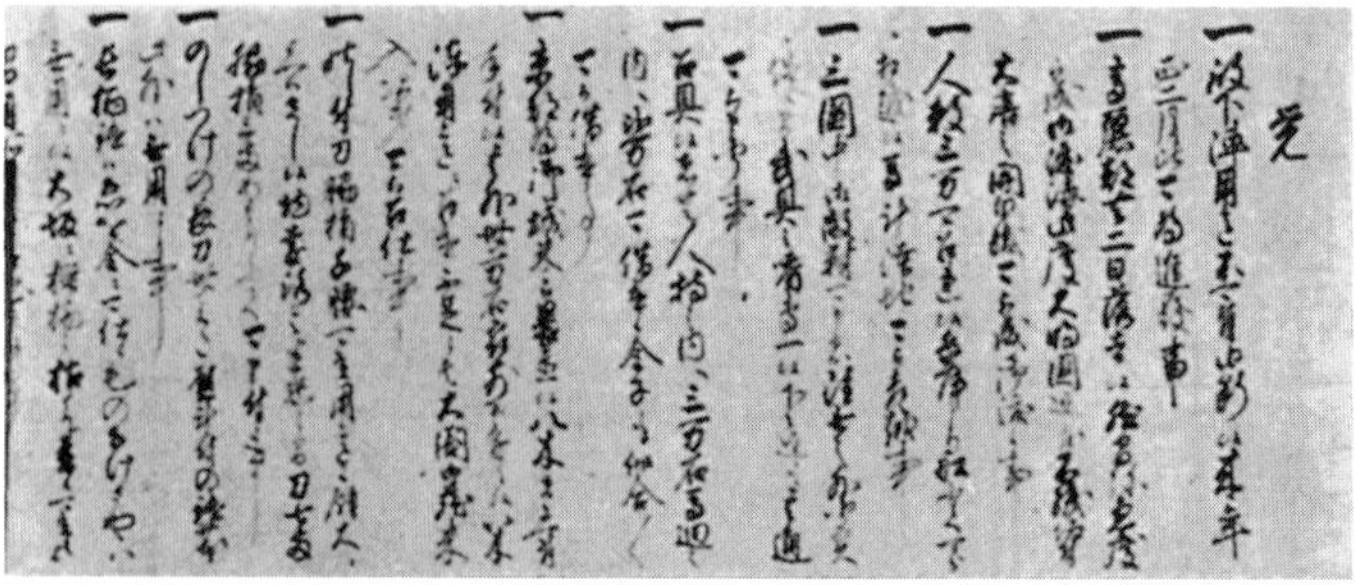

秀次宛秀吉朱印状，中略）

吉は「三国国割構想」を公表した。これは「豊太閤三国処置太《はなはだ》早計」と評されているように、およそ非現実的なものであった。しかし、だからこそ、秀吉が純粋に構想した国家構想でもあったのである。それは信長がフロイスに語った構想も同じである。

　秀吉は「三国国割構想」のなかで、以下のように述べている（堀・二〇〇八）。明征服後、後陽成《ごようぜい》天皇と秀次《ひでつぐ》を北京へ移し、それぞれ明国の天皇と関白とする。秀次には北京周辺の百ヵ国をあたえ、天皇には北京周辺一〇ヵ国、公家衆のなかには一〇倍以上の領土をあたえられる者も出てくるという。日本の天皇は儲君《ちょくん》の良仁親王か皇弟の智仁親王、日本の関白には羽柴秀保《ひでやす》か宇喜多秀《うきたひで》家《いえ》のどちらかをすえる。朝鮮には羽柴秀勝か宇喜多秀家をおき、九州には羽柴秀俊《ひでとし》（後の小早川秀秋《こばやかわひであき》）をおく。これらとは別に、京都御所と聚楽亭《じゅらくてい》に留守居を置き、宮部継潤《みやべけいじゅん》を朝鮮留守居とする。朝鮮の支配体制については明かではないが、朝鮮王子の身柄を保護していることからすれば、これを国王とするつもりだったのであろう。そうすると羽柴秀勝か宇喜多秀家は、「朝鮮の関白」を予定されていたのであろうか。

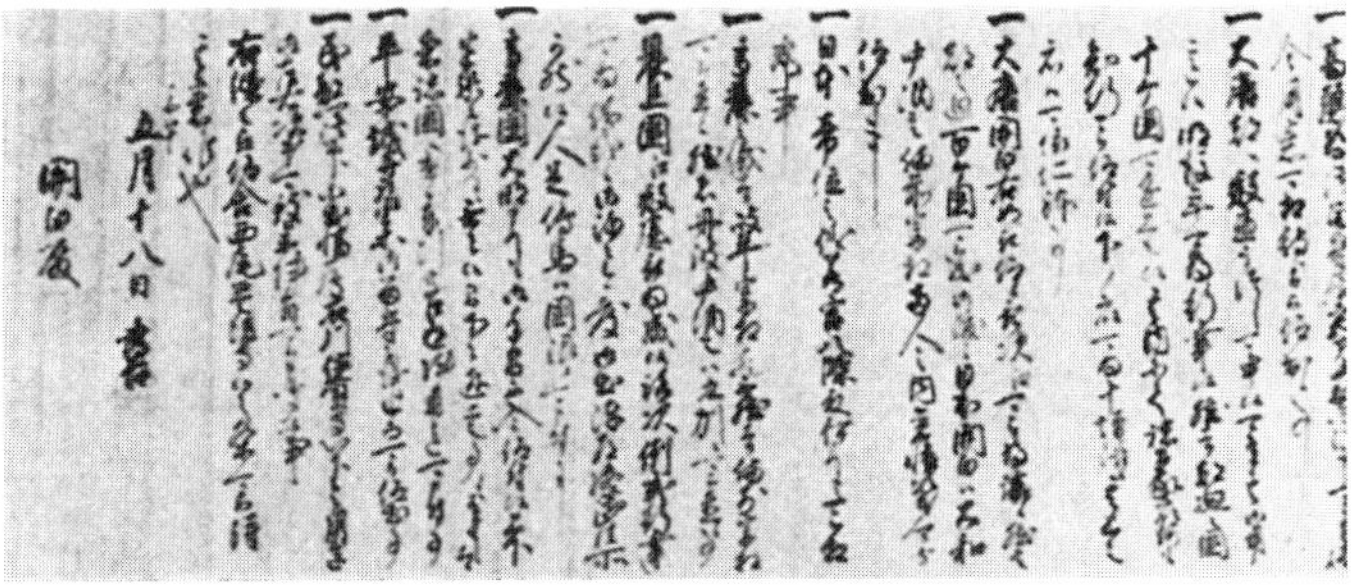

15　豊太閤三国処置太早計（三国国割構想，天正 20 年 5 月，

　このような国家体制に共通するのは、天皇（国王）と関白の存在がセットとなっていることである。秀吉は当時の日本国内の支配体制を、そのまま明と朝鮮にも持ち込むつもりだったのである。天皇家や公家衆の存在は否定されることなく、明にまで拡大されて持ち込まれる構想だった。秀吉にとって国家とは、「天皇と関白のセット」抜きには考えられなかったのである。そして秀吉は日本との貿易港である寧波に居住し、さらにはインド侵攻をも構想していた。秀吉自身は特定の地位や官職に就くわけではなく、そもそも公的な地位など必要なかったのであろう。各国の天皇と関白を任命し、それぞれに知行をあたえ、東アジアを実質的に支配し、各国の支配体制を自らの一存で決定する。その根拠は地位や身分ではなく、武威に裏づけられた秀吉のカリスマ性にある。そのような秀吉の存在をどのように規定するかは難しいが、東アジアの伝統的な冊封体制にあてはめれば、〈中華皇帝〉に目されるのではないか。

　ひるがえって〈中華皇帝〉以前の段階は、〈日本国王〉であろう。日明貿易における「日本国王」号は対外称号に過ぎなかったが、〈日本国王〉は対外的に日本を代表する存在である。信長も秀吉も、天皇との一体化を推し進めていたが、その彼らを天皇の史料上の表記である「王」「国王」に準じて、〈日本国王〉と呼びたい。もちろん、〈日本国王〉〈中華皇帝〉ともに実在の地位ではなく、概念上のものである。しかし、すでに律令官職体系上に収まりきらず、東アジアを視野に入れていた信長・秀吉の地位を、当時の東アジア華夷秩序・冊封体制を勘案すれば、〈日本国王〉〈中華皇帝〉と表現するしかないように思われる。信長・秀吉の構想は、下剋上から天下統一、〈日本国王〉から〈中華皇帝〉へと展開していった。『信長公記』の時代は、このような時代であった。

最後に、本書における『信長公記』の表記と引用について述べておきたい。太田牛一による織田信長の一代記は、一般的に『信長公記』と呼ばれる。しかし、本書所収の和田裕弘「コラム　信長公記の諸本」にあるように、実際は『安土日記』『織田記』など様々な題名で伝来している。牛一自筆の池田家文庫本の題名が『信長記』であるように、本来は『信長記』であった可能性がある。しかし小瀬甫庵『信長記』が江戸時代に出版されてベストセラーになって以来、『信長記』といえば甫庵の作品を指すようになってしまった。そこで甫庵本と区別するために、便宜的に『信長公記』と呼ぶようになったのである。牛一本と甫庵本の両方を取り上げる本書においても、その混同を避けるために牛一本を『信長公記』、甫庵本を『信長記』ないしは甫庵『信長記』と呼ぶこととした。

『信長公記』の引用は、特に断らない限り、奥野高廣・岩澤愿彦校訂『信長公記』(角川文庫、一九六五年)を使用した。同書には充実した校注と索引が付されていることもあって、最も良く利用されているテキストである。しかし、同書が底本とした陽明文庫本は建勲《たけいさお》神社本の写しであるうえ、原文を読み下しにしているために、読みやすくはあるが原典そのものではないのが欠点である。史料的な厳密さでいえば、同書をそのまま研究に利用するのは躊躇されるが、現在品切中とはいえ最も広く利用されているテキストであることと、本書が研究書ではなく一般向けの書であることを勘案して、基本史料とした。現在、金子拓氏(東京大学史料編纂所)を代表とした『信長公記』の共同研究が進行中であり、筆者も含めて、本書の執筆者のなかにはそのメンバーも多い。本書はその共同研究の成果の一部を反映したものであることを申し添えておくとともに、本書の刊行を契機として、さらなる『信長公記』基礎的研究の必要性を指摘しておきたい。

I　史実と古典

16　落合左平次背旗

天正３年（1575）の長篠城攻めで，鳥居強右衛門は磔にされながらも城中の味方に援軍が来ることを知らせ，その場で殺された．初め徳川家康，後に紀州藩主頼宣に仕えた落合左平次は，強右衛門に感動してその姿を背旗として，多くの合戦にのぞんだという．旗に取り付けられた時の痕跡から，逆さ磔だったと考えられているが，異論もある．紀州徳川家旧蔵．145.5㎝×132.2㎝．

一　信長公記と信長記、太閤記

柳沢昌紀

1　太田牛一と小瀬甫庵

二種類の信長記

『信長記』という名前の書物は、二種類存在する。太田牛一《おおたぎゅういち》の『信長記』と小瀬甫庵《おぜほあん》の『信長記』である。

前者は基本的に十五巻で、永禄《えいろく》十一年（一五六八）に室町十五代将軍足利義昭《よしあき》を奉じて上洛するところから天正《てんしょう》十年（一五八二）の本能寺《ほんのうじ》の変までの、織田信長の事跡を記す。数本の著者自筆本が伝存するが、江戸時代を通して出版されることはなく、写本でのみ行われた。その写本の中には、信長の上洛以前の事跡を記す首巻《しゅかん》（もしくは巻首）と呼ばれる一巻が付されているものがある。首巻と十五巻は別々に成ったと考えられているが、明治《めいじ》十四年（一八八一）に本書が初めて刊行された時、首巻が付され、『信長公記《しんちょうこうき》』という題のついた伝本が底本となった。さらにそれが改定史籍集覧《しせきしゅうらん》に再録されて流布したので、首巻と十五巻を一括して『信長公記』と呼ぶことが多くなった。

小瀬甫庵の『信長記』は、室町幕府の衰退に至るまでの興亡の記事に始まり、父備後《びんご》守の病死で家《か》督《とく》を継いでから本能寺の変までの信長の生涯を描く。古《こ》活字版《かつじばん》（十六世紀末から十七世紀半ばに行われた活字版）、さらには整版《せいはん》（一枚板に彫って印刷する）で何度も出版された。巻数は十五巻だが、整版では巻一と巻十五がそれぞれ上下に分けられ、さらに甫庵自身の思想を記す「自汗集」が末尾に付く。一部の版を除き、その各巻頭には「大田《（ママ）》和泉守牛一輯録／小瀬甫庵道喜重撰」と記されている。すなわち甫庵『信長記』は、内容的に牛一の『信長公記』を踏まえて編まれたものなのである。

『信長公記』については、日付の面を中心に信憑性の考証がなされている。十五巻部分が一年一巻ずつの編年体を採るのに対して、首巻部分は年月日をあまり記さない。そして記された年次には、誤りがまま見られる。これは、首巻がもともと年次を記さぬ素材・メモの集積であったためであると解釈されている。また十五巻の部分も、巻七以前には日付の誤りが認められるという報告がある（谷口克広・一九八〇）。

しかしながら一般にその記述内容については、ほぼ史実に忠実であるとの評価がなされている。牛一は信長に仕える身であったから、主君に不利なことは意図的に書かなかったのではないかとの見方もあるが、記載のない事跡があるのは牛一の情報網の不足にその原因が求められるようである。牛一自らが「曾《かつ》て私作私語に非ず、直に有ることを除かず、無きことを添へず。もし一点虚を書くときんば、天道如何《いか》ん」（『信長公記』池田家文庫本巻十三奥書）と記すごとく、事実を正確に伝えようとする意識のもとに書かれたものと思われるのである。

それに対して甫庵の『信長記』は、史料としての評価が低い。後述するように、史実の改変や文書の偽作といったことが多く見られるためである。

二人の経歴と著作

ここで牛一と甫庵の経歴について、簡単に確認しておきたい。

太田牛一は、『信長公記』池田家文庫本巻十三の奥書に「慶長十伍二月廿三日　太田和泉守／牛一（花押）／丁亥八十四歳」と記す。牛一は「丁亥」の年、すなわち大永《たいえい》七年（一五二七）に生まれた。尾張《おわり》国春日郡山田庄安食村の出身で、信長に仕えた。『信長公記』首巻を見ると、天文《てんぶん》二十三年（一五五四）七月に柴田《しばた》権六（勝家《かついえ》）が清洲《きよす》を攻撃した際の足軽衆の中に、太田又助の名が記されている。その後、永禄八年（一五六五）九月の美濃堂洞の戦いでは、弓衆として手柄を立てている。また賀茂《かも》別雷《わけいかづち》神社文書中の、丹《に》羽《わ》長秀《ながひで》が賀茂社宛に出した永禄十一年から元亀《げんき》年間（一五七〇―七三）頃の文書の筆跡が牛一のものであり、牛一が長秀の右筆《ゆうひつ》であったことも判明している（染谷光廣・一九九三）。天正十年（一五八二）に信長が死ぬと加賀の松任に赴いたというが、これも長秀が賤《しずが》ヶ岳《たけ》の戦いの後、勝家の旧領である越前一国と加賀能美・江沼二郡を与えられ、越前府中に住したのに随ったのであろう。

同十三年に長秀が没した後は秀吉に仕えたようで、同十七年の伏見の検地で検地奉行を務めたことがわかっている。文禄《ぶんろく》元年（一五九二）三月の名護屋《なごや》出陣や、慶長《けいちょう》三年（一五九八）の醍醐の花見の折には、秀吉の側室であった松丸殿の輿脇《こしわき》警固役をしている。この頃には「信長公以来、当御代に至る記録、之を書し、少々は暗誦の体」（『義演准后《ぎえんじゅごう》日記』慶長三年三月十七日条）であったという。

すなわち牛一が信長、秀吉に直接仕え、また丹羽長秀の右筆を務める中で、「毎篇日記之次いでに書載するもの自然、集と成」（『信長公記』池田家文庫本巻十三奥書）ったのが、『信長公記』であり、また『大かうさまくんきのうち』『豊国大明神《とよくにだいみょうじん》臨時《りんじ》御《ご》祭礼記録《さいれいきろく》』等の数々の著作であった。よってその記述内容は、牛一自らの実体験や現場にいた人間からの情報に基づいていると考えられるのである。

一方小瀬甫庵は、永禄七年（一五六四）に生まれた。つまり牛一より三十七歳も年少であった。ということは、本能寺の変が起きた時点でもまだ十九歳である。『信長記』を執筆するに当たって、牛一本を下敷きにせねばならなかったのは当然とも言える。

17　丹羽長秀

「尾州春井県（ママ）人」（甫庵著『童蒙先習《どうもうせんしゅう》』跋）であったという甫庵は、坂井下総守の養子に入った後、池田恒興《つねおき》に仕える。天正十二年（一五八四）に恒興が戦死した後は、豊臣秀次に医師として仕えた。文禄四年（一五九五）に秀次が高野山で自刃すると、翌五年に『補注蒙求』を古活字版で刊行する。そして同年から翌年にかけて、三種の医書を次々と出版する。甫庵は、我が国における活字出版のパイオニア的存在であった。

慶長五年（一六〇〇）の関ヶ原の合戦後、甫庵は出雲に入封された堀尾可晴に仕える。慶長十六年に可晴が亡くなると、後述のとおり『信長記』や数種の自著を上梓する。その後、寛永《かんえい》元年（一六二四）に加賀の前田利常のもとに出仕し、同十一年から十四年頃に『太閤記《たいこうき》』を刊行したと推定されている（長谷川泰志・一九九一）。

すでに牛一の『信長公記』や『大かうさまくんきのうち』などが成立していたにもかかわらず、甫庵は自らの『信長記』や『太閤記』に、いったい何を書こうとしたのだろうか。以下、この両書が執筆され、出版された経緯を紹介しつつ、それを考えてみたいと思う。

2　信長記の出版と本文改訂

意外に早かった出版

従来、甫庵『信長記』の刊年は元和《げんな》八年（一六二二）とされてきた。それは、寛永元年（一六二四）に整版で出された同書の巻末に付された一文を甫庵の跋文《ばつぶん》と見誤り、内容を誤読していたためであった。元和八年刊本が不満足な出来であったから修正したと書かれており、慶長版に触れないから、慶長版は存在せず、元和八年版が初版だと解釈されてきたのである。よって元和八年の刊記を持つ片仮名活字本が、初版と目されてきた。

しかしながら『信長記』寛永元年版の巻末の一文は、『太平記』元和八年版や『平家物語』元和九年版の刊語《かんご》（出版の経緯を記した文章）と字体がよく似ている。『太平記』や『平家物語』の刊語には杉田良庵玄与《りょうあんげんよ》という版元の名が記されており、杉田良庵の出版物の刊語を眺めていくと、『信長記』の一文と表現や言い回しの類似するものが見つかった。よって『信長記』の一文も杉田良庵の刊語と推定できる。元和八年刊本は誤りが多いので、ここにより良い本を提供します、というように読まねばならないことがわかった。これは、元和八年版より早い版の存在を否定するものではないのである。

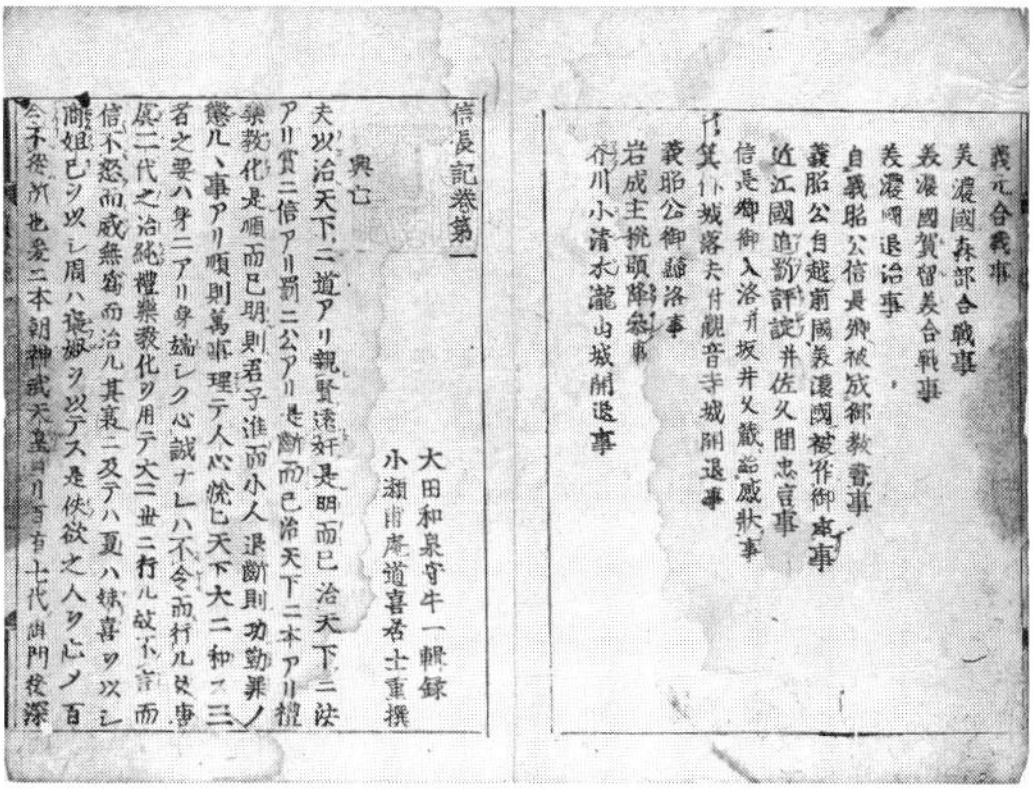
義元合戦事
美濃国森部合戦事
美濃国賀留美合戦事
美濃国退治事
自義昭公信長卿被成御教書事
義昭公自越前国美濃国被移御座事
近江国進發評定并佐久間忠言事
信長御入洛并坂井久蔵感状事
箕作城落去付観音寺城開退事
義昭公御歸洛事
岩成主税頭降参事
芥川小清水瀧山城開退事

信長記巻第一
大田和泉守牛一輯録
小瀬甫庵道喜居士重撰
興亡
夫以治天下ニ道アリ親賢遠奸是明而已治天下ニ法アリ賞ニ信アリ罰ニ公アリ是斷而已治天下ニ本アリ禮樂教化是順而已明則君子進而小人退斷則功勤異ノ懲ル、事アリ順則萬事理テ人心從ヒ天下大ニ和ス三者之要ハ身ニアリ身端シク心誠ナレハ不令而行ル是事ヲ信不怒而威無爲而治ル其裏ニ及テハ夏ハ妹喜ヲ以シ殷ハ妲己ヲ以シ周ハ褒姒ヲ以テス是佚欲之人ヲ亡ノ百令不從所也爰ニ本朝神武天皇ヨリ百十七代御門後深

18　信長記　元和八年古活字版

　さらに『信長記』早稲田大学図書館蔵本には、最終冊の後表紙見返しに、小瀬甫庵による慶長十七年（一六一二）五月の奉納識語《しきご》（奉納の際の墨筆書き）が存在することが判明した。識語には「小瀬甫庵道喜／慶長十七年五月吉日」とあり、次行の奉納先の部分は残念ながら後人が墨で塗りつぶしてしまって読めない。だがこの識語の存在により、同本は慶長十七年五月以前に摺刷されたものであることがわかったのである。

　『羅山林先生文集』巻四十九には羅山の「信長記序」が収められており、その末尾には「慶長辛亥冬十二月　羅浮山人　道春　叙」と記されている。「慶長辛亥」は慶長十六年である。これを踏まえて考えると、甫庵『信長記』は、慶長十六年の末から十七年の五月以前に出版されたと推定できる（柳沢昌紀・二〇〇七）。甫庵は、三人目の主君であった堀尾可晴が慶長十六年六月に没したのを機に仕官先の出雲を離れ、書きためた『信長記』やほかの著作を刊行したものと思われるのである。

先にも述べたが、太田牛一自筆で、姫路城主池田輝政《てるまさ》に献上されたとおぼしき『信長公記』池田家文庫本には、慶長十五年二月の奥書がある。小瀬甫庵は、それからほど経ずして、自らの『信長記』を世に問うたのである。太田牛一の没年は慶長十八年であるという（岡田正人・一九九九）が、甫庵『信長記』は、牛一存命中に公刊されたことになる。晩年の牛一は、新技術により量産された同書を、どのような思いで眺めたのであろうか。

出版後の本文改訂

甫庵『信長記』の古活字版には、漢字片仮名交じりの本文を持つ片仮名活字本と、漢字平仮名交じりの本文を有する平仮名活字本とがある。平仮名活字本は伝本が少なく、寛永元年整版の本文を踏まえて出されたもののようである。すなわち、初版と目される早大本は片仮名活字本である。

片仮名活字本は一種類ではなく、これまでの調査で六種類あることがわかっている。そのうちの一つが従来初版とされてきた元和八年版である。そのほかの五種には刊記がなく、それぞれの正確な刊年は不明である。また、それらがすべて甫庵の手により開版されたものかどうかもわからない。海賊版（偽版）も含まれているかもしれないのである。

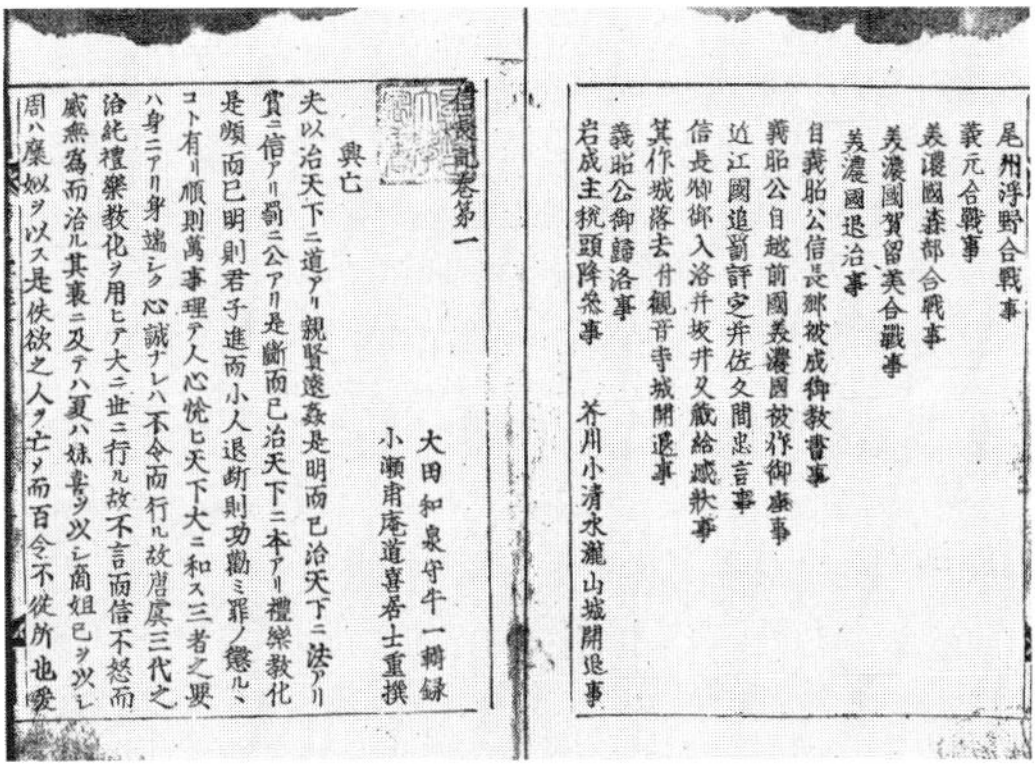
尾州浮野合戦事
義元合戦事
美濃國森部合戦事
美濃國賀留美合戦事
美濃國退治事
自義昭公信長卿被成御教書事
義昭公自越前國美濃國被移御座事
近江國追罰評定并佐久間忠言事
信長卿御入洛并坂井久蔵給感状事
箕作城落去并観音寺城開退事
義昭公御歸洛事
岩成主税頭降参事　芥川小清水瀧山城開退事

信長記巻第一
大田和泉守牛一輯録
小瀬甫庵道喜居士重撰
興亡
夫以治天下ニ道アリ親賢遠姦是明而已治天下ニ法アリ
賞ニ信アリ罰ニ公アリ是断而已治天下ニ本アリ禮樂教化
是願而已明則君子進而小人退断則功勸ミ罪ノ懲ル、
コト有リ順則萬事理テ人心悅ヒ天下大ニ和ス三者之要
ハ身ニアリ身端シク心誠ナレハ不令而行ル故唐虞三代之
治純禮樂教化ヲ用ヒテ大ニ世ニ行ル故不言而信不怒而
威無為而治ル其衰ニ及テハ夏ハ妹喜ヲ以シ商妲己ヲ以シ
周ハ褒姒ヲ以ス是伏欲之人ヲ亡ソ而百令不従所也愛

19　信長記（早大本）　巻頭

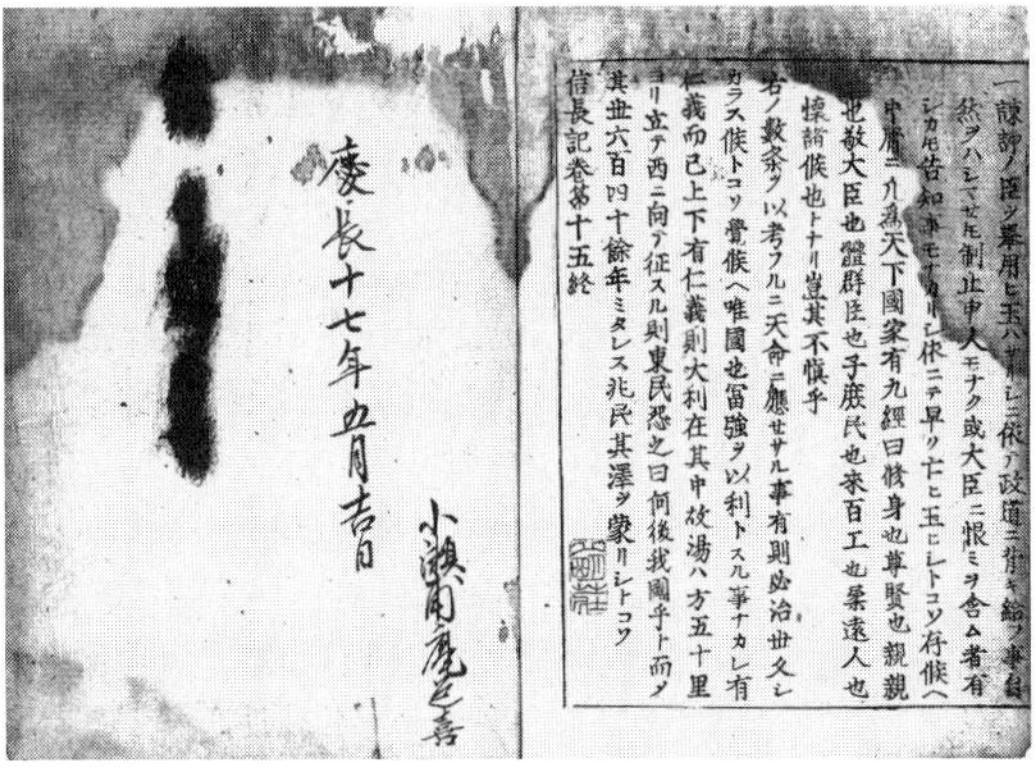
一諫諍ノ臣ヲ挙用ヒ玉ハサルニ依テ政道ニ背キ給フ事自
然ヲハシマセハ制止申人モナク或大臣ニ恨ミヲ含ム者有
シカハ皆知ルモナカリシニ依ニテ早ク亡ヒ玉ヒシトコソ存候ヘ
中庸ニ九為天下國家有九經曰脩身也尊賢也親親
也敬大臣也體群臣也子庶民也來百工也柔遠人也
懐諸侯也トナリ豈其不慎乎
右ノ數条ヲ以考フルニ天命ニ應セサル事有則必治世久シ
カラス候トコソ覺候ヘ唯國也富強ヲ以利トスル事ナカレ有
仁義而已上下有仁義則大利在其中故湯ハ方五十里
ヨリ立テ西ニ向テ征スル則東民怨之曰何後我國乎ト而ノ
其世六百四十餘年ミタレス兆民其澤ヲ蒙リシトコソ
信長記巻第十五終

小瀬甫庵道喜
慶長十七年五月吉日
[redacted]

20　信長記（早大本）　奉納識語

早大本と同版の伝本は、他の版種に比べて数が多い。しかしながら不思議なことに、同版のはずであるそれらの伝本を比べてみると、本文が少し異なっていたりする。一例を挙げれば、巻十三「池田勝三郎二子働事」がそうである。この記事は天正八年（一五八〇）の花隈《はなくま》城の戦いについて記すが、『信長公記』池田家文庫本においては、わずか九行の短い記述でしかなかった。それが甫庵『信長記』

21　池田恒興

では十四行、一頁強に増補される。早大本、東大図書館本、筑波大本がこれに該当する。ところが、これらの諸本と基本的に同版である名古屋市博物館本、内閣文庫本、同志社大本において、同記事は三十八行、三頁強の長さにまでふくらんでいるのである。ここの箇所だけ、新たに活字を組み直して本文を改訂したことになる。

内容は、早大本等においては、ほぼすべてが閏三月二日の花隈城の戦いの記事で、池田元助《もとすけ》、同輝政兄弟の活躍を描く。一方、名古屋市博物館本等においては、閏三月二日の記事こそ『信長公記』と同じぐらいに簡略化されるが、「又或時」の池田輝政の奮戦と窮地、それを助ける父恒興の見事な采配の記事が付け加えられ、さらに五月上旬の戦闘における元助の活躍と、それを援護する恒興、輝政の手柄が描かれる。その結果、信長から恒興に摂津一国と正宗の脇差《わきざし》が、子息両人には無双の名馬が、それぞれくだされたという記述が付け加えられるのである。

甫庵はなぜ、このような本文改訂を行ったのであろうか。すぐに思い起こされるのは、池田恒興が甫庵の最初の主君であったことである。恒興は、天正十二年の小牧《こまき》・長久手《ながくて》の戦いの際、長久手で家康軍の攻撃を受け、長男元助とともに戦死する。普通に考えれば、旧主池田恒興に対する甫庵の思いが、このような増補を促したのではないかということになる。

ちなみに片仮名活字本の他の五種は、名古屋市博物館本等の本文を踏襲する。ところが寛永元年整版の「池田勝三郎二子働幷鼻隈《はなくま》城落去事《の》」においては、本文の再改訂が行われている。三月（なぜか「閏」がとれる）二日の記事は早大本等の本文がほぼ復活し、その後七月二日に元助の活躍で花隈城が落去したという記事が続く。早大本等の本文にも、名古屋市博物館本等の本文にも、花隈城落去の経緯は記されていなかった。よって、それをここで補ったのであろう。しかしながら、せっかく一度増補した「又或時」や五月上旬の記事を全面的に削除したのは、なぜであろうか。

改訂は就職活動の一環

甫庵が慶長十六年（一六一一）の末から十七年の五月以前に『信長記』を出版したことは、すでに述べた。その後甫庵は、慶長十七年か十八年の秋に播州《ばんしゅう》二見の浦、現在の兵庫県明石《あかし》市に至る。そして元和二年（一六一六）頃まで同地に滞在している。そのことは、『太閤記』巻二十一に収められた「八物語《はちものがたり》」の跋文に明らかである。前述のとおり、姫路城には池田輝政がおり、明石城には輝政の兄元助の子である由之がいた。

しかし輝政は、慶長十八年の一月に没してしまう。その後を嗣いだのは長男の利隆《としたか》であったが、利隆も元和二年の六月に亡くなってしまう。その子光政《みつまさ》は、若年ゆえに鳥取へ移封されている。甫庵が二見の浦を離れたのも、同じ頃かと思われる。

だとすれば甫庵は、池田家への再出仕の望みを抱いて、播磨に滞在していたのではないか。しかしながら輝政、利隆の相次ぐ死により、その望みは叶わずに終わった。そう考えると、名古屋市博物館本における本文改訂の理由はより鮮明になる。つまり甫庵は、池田家、もしくは池田家に連なる人々の目を意識して本文改訂を行ったのではないか。池田家勃興のきっかけとなった花隈城の戦いの関連記事のみを増補した理由は、池田家関係者へのアピールではなかったかと推測できるのである。それは、自らの再出仕という、きわめて個人的な事情のための改訂であったことになる（柳沢・二〇〇八）。

　ちなみに池田輝政は、甫庵と同じ歳であった。その子利隆が亡くなってしまえば、現実問題として池田家への再出仕はあきらめざるを得まい。それと同時に増補本文は、その存在意義を失ったのであろう。それゆえ甫庵は、寛永元年版において私情を交えた内容の増補本文を捨て、最初の本文を復活させたのではなかろうか。実は甫庵は、『信長記』の完成稿とも言うべき寛永元年版を出した、その同じ年に加賀前田家に出仕し、金沢に赴いているのである。

　甫庵は古活字版というニューメディアを活用し、自らの『信長記』を量産することに成功した。しかしながら、その評判はあまり芳しいものではなかった。『太閤記』巻二十と二十一に収められている「八物語」冒頭の「八物語之起《おこり》」に、甫庵自ら「信長記之誹《そしり》は、言の葉の露うるほへるしなもなく、文章の連続もつき〴〵しからずとなん云は多けれど、古しへ今　翫種《もてあそびぐさ》となれりける」と記している。また大久保彦左衛門忠教《ただたか》が、その著『三河物語』に「扨《さて》又、信長記を見るに、いつはり多し。三ケ一は有事なり。三ケ一は似たる事も有。三ケ一は跡形《あとかた》も無き事なり」と書いたことは有名である。

『信長記』片仮名活字本巻十二における花隈城の戦いに関する記事の改訂事情が、先に述べたとおりであったならば、それは甫庵の『信長記』執筆の基本姿勢を物語るものともいえよう。以上のような誹りを受けるのは、ある意味当然であった。整版の寛永元年版で改訂増補を行ったのは、そうした誹りを受けとめてのことだったと思われるが、信長と同時代を生きたわけではない甫庵は、古活字版本文を執筆した時点ですでに、どうにも越えようのない限界を自覚していたようなのである。

甫庵『信長記』の性格

『信長記』の自序ともいうべき「信長記起」には、以下のような一節がある。

左府の士に大田《(ママ)》和泉守牛一と云ふ人あり。尾陽春日の郡の人なり。近世至治に帰する其の功、後代に伝へん事を欲して粗《ほぼ》記し行くまゝ、漸く重累して数帙成りぬ。誠に其の士の取捨、功の是非を論ずるに、朴にして約なり。上世の史とも云つべし。しかはあれど仕途に奔走して閑暇なき身なれば漏脱なきに非ず。予、是を本として、且は公の善、尽く備はらざる事を歎き、且は功有りて洩れぬる人、其の遺憾いかばかりぞやと思ふまゝに、且々拾ひ求め、之を重撰す。

これを読むに、甫庵が自らの『信長記』を著した動機は、傍線部に求められよう。しかしながら、それを実現することはなかなか困難であった。甫庵は同じく「信長記起」の中で、「戦場の事などは、人々の説々区《まちまち》にして定めがたし」と実情を吐露しているのである。そんな中で甫庵が選んだ方法は、すでに結果が出ている合戦の勝敗や武将たちの興亡について、そうなったことに対する自分なりの合理的な解釈を施すことであった。

例えば桶狭間《おけはざま》の合戦では、今川義元の四万五千の大軍と織田信長の二千の少勢が戦い、後者が勝利を収めている。牛一の『信長公記』によれば、信長は善照寺砦から中島砦を経由して、義元の本陣がある桶狭間山に堂々と正面攻撃を仕掛けている。その結果、大将義元は、信長方の毛利新介に伐伏せられて討ち死にするが、これは不合理だと考えたのであろう。信長軍は今川勢の「後の山へおしまは」し、「山際までは旗をまき忍びより」、義元の本陣を急襲して勝利を収めたという物語を創出したのである（藤本正行・一九九三）。

しかも、信長軍の突撃の前に「俄に急雨《ムラサメ》石氷を投打つ様に、敵の輔《ツラ》に打付」（『信長公記』陽明文庫本首巻）たことを奇襲成功の要因と位置づけ、自らの『信長記』では信長に、「是偏に熱田大明神の御神力を合し給ひし事疑ひなし」と言わせる。さらにその前提として、信長が合戦前に熱田に捧げる「祈禱のため」の「願書」を偽作することも忘れなかった。かくして甫庵は、『信長記』巻一「義元合戦《の》事」なる記事を、熱田大明神の霊験譚として再構築することに成功したのである。

甫庵は同様に、長篠の戦いにおける鉄砲三千挺・三段撃ちの新戦術を考案し、『信長記』巻八「長篠合戦《の》事」に書き載せたと見られる（藤本・一九九三）。『信長公記』には、信長が五奉行に指揮させた銃隊の人数は「千挺ばかり」と記されている。三段撃ちの記載もない。しかしながら、武田の最強騎馬軍団を軍事の天才信長の新戦術が打ち破ったという物語は、受け入れられやすかった。写本と刊本の伝播力の差もそこに寄与して、甫庵の創作は、後世の人々に幅広く真実として受け入れられることとなったのである。

3　太閤記の執筆と史実改変

執筆の方法

小瀬甫庵の『太閤記』は全二十二巻で、寛永二年（一六二五）の自序と寛永三年の朝山意林庵の跋文を備えるが、初版本に刊記はなく、実際に出版されたのは寛永十一年から十四年頃と思われる。豊臣秀吉の出生から天下統一、朝鮮出兵、醍醐の花見、さらには関白秀次の自害等を描く。秀吉の一代記の体裁を採りながらも、巻十八が諸士の伝記、巻十九が山中鹿助伝、巻二十と二十一が甫庵の思想を記す「八物語」、巻二十二が秀吉の遺物や諸奉行等の記事であるなど、一代記の枠をはみ出す要素も多い。ほかにも巻四は前田利家関係の記事、巻八の大半が佐々成政関係の記事であったりもする。そして『信長記』には見られなかった、「評曰《ひょうしていわく》」という形の論評が随所に付されていることも、本書の特徴と言えよう。

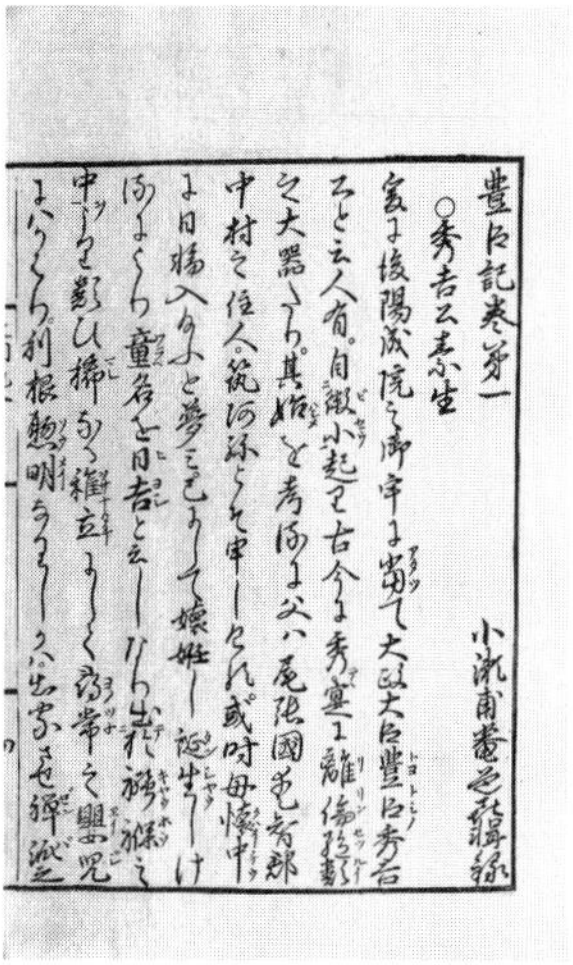
豊臣記巻第一
小瀬甫庵道喜輯録
○秀吉公素生

22　太閤記（豊臣記）

この論評は、当時、池田家や前田家等で盛んに行われていた太平記講釈、あるいはそれを書物の形にした『太平記秘伝理尽鈔《たいへいきひでんりじんしょう》』の方法にならったものと考えられる。『理尽鈔』においては、「評云」「伝云《でんにいわく》」という形で、『太平記』の記事に対する論評や補説が記されている。甫庵は、それを秀吉や諸士の事跡に対する評価を記すことに応用したのである。『太閤記』冒頭の「凡例」には「褒善貶悪《ほうぜんへんあく》正しければ、天下太平にして栄久なりとかや。故《ゆえ》に秀吉公之事も、善を善とし、悪を悪とし之を記す」とある。その方針に最適な手法として採用されたのが、「評曰」であったのである。

また、同じく「凡例」には「此書、太田和泉守記しをけるを便とす」とも記されている。「太田和泉守記しをける」とは、『大かうさまくんきのうち』や『豊国大明神臨時御祭礼記録』を指すものと思われる。『言緒卿記』慶長十八年四月六日の条に記された仙洞《せんとう》御所の御物目録中には、「大閤（ママ）軍記、補歴二冊」と見える。『大かうさまくんきのうち』は、その名称が、別に『太閤軍記』なる著作の存在を想像させるが、現存本にも甫庵『太閤記』本文との類似箇所は指摘できる。『信長記』の場合と同様に、甫庵が牛一の著作に取材したことは間違いなかろう。

だが甫庵は牛一の著作だけではなく、大村由己《ゆうこ》の『天正記《てんしょうき》』と総称される著作類も用いたことが明らかとなっている。ことに『太閤記』巻十一は、全般にわたって由己の『聚楽行幸記《じゅらくぎょうこうき》』を利用している。また『聚楽行幸記』ほどではないものの、巻三においては『惟任謀反記《これとうむほんき》』が、巻五と六においては『柴田退治記《しばたたいじき》』が、それぞれ主要な典拠として利用されている。加えて巻十には、秀吉の九州攻めを慰撫するため、細川幽斎《ゆうさい》が下向した際の紀行文である『九州道の記《きゅうしゅうみちのき》』が「幽斎道之記」として、そのまま収められている。

以上のように甫庵は、牛一の著作のみならず、様々な先行書を利用して『太閤記』を編んだのである。それは牛一のものした秀吉関係の著作類が、『信長公記』ほどまとまった形にはなっていなかったためであろう。

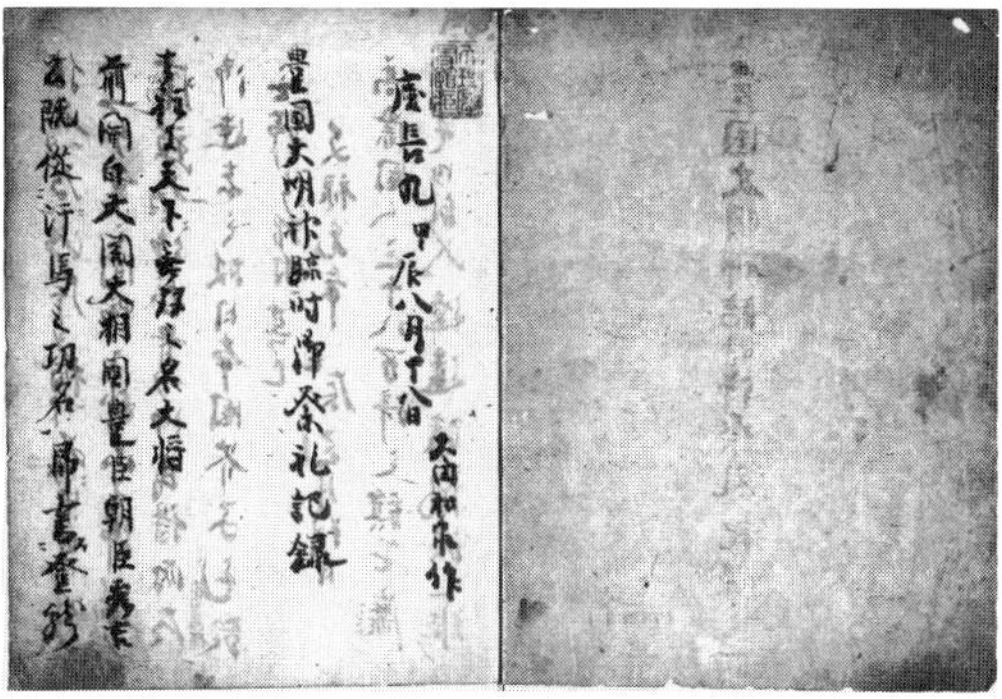

23　豊国大明神臨時御祭礼記録

史実改変の実態

『太閤記』は甫庵『信長記』と同様に、ほぼ編年体の形を採用している。しかし、それは厳密には履行されていない。例えば「五奉行《ごぶぎょう》之《の》事《こと》」という記事は、年次を記さず巻七に収められている。そのため、実際は慶長三年（一五九八）七月のことであった五奉行の制定が、天正十三年（一五八五）の出来事と誤解されることとなる。林羅山の『豊臣秀吉譜』や『寛永《かんえい》諸家《しょか》系図《けいず》伝《でん》』『寛政《かんせい》重修《ちょうしゅう》諸家譜《しょかふ》』などの重要記録類が、天正十三年説を採ったため、近代までその誤りが持ち越されることとなった。また「北野《きたの》大茶湯《おおちゃのゆ》之《の》事《こと》」も同じ巻七に収録され、こちらは「天正十三年十月朔日」のことと年月日が明記されている。そのため、天正十五年十月一日の催しであった同茶会の年次は、これも後世に誤って伝えられる結果となったのである（桑田忠親・一九四〇）。

『太閤記』における年次の誤り、もしくは改変は、このように月日のレベルに止まらない。しかもそうした改変の中には、ある明確な意図のもとに行われたと思われるケースが存在するのである。それは、巻十三から十五と巻十六の一部に及ぶ、秀吉の朝鮮出兵に関する記事である。

秀吉は、文禄元年（一五九二）と慶長二年（一五九七）の二回、軍兵を朝鮮半島に進めている。だが『太閤記』には、二度目の出兵が記されていない。そして文禄二年に行われた明との講和交渉を、翌三年のこととする。さらに再出兵時における慶長二年の巨済島《きよさいとう》海戦を、講和交渉の前の文禄二年六月のこととし、同じく慶長二年十二月に勃発した蔚山《ウルサン》城の戦いを、講和交渉後の休戦期間である文禄三年同月のことと記す。ちなみに蔚山城の戦いは、日本が朝鮮南部を支配する拠点として築城中であった同城を、朝鮮と明の連合軍が急襲し、加藤清正らが籠城戦を強いられたものである。

これらの改変の結果、実際には講和交渉中の文禄二年六月に行われた日本軍の第二次晋州城攻めは、講和交渉前の出来事ということになった。巨済島海戦も同様であり、日本は講和交渉とそれに伴う休戦期間に攻撃を行わず、加えて文禄四年九月の交渉決裂後も再出兵しなかったという図式が、見事に完成したのである。そしてその図式に綻びを生じさせぬように、巻十四においては三通の文書の日付を、しかるべく改竄《かいざん》したのであった。

以上の改変と改竄は、休戦を守り再出兵しなかった日本という虚構を作り出すためになされた。甫庵の素朴なナショナリズムが、その背後に窺われるようにも思える。

しかしこの図式の原型は、太田牛一の『豊国大明神臨時御祭礼記録』に認められるのである。天理大学附属天理図書館蔵本により、同書の朝鮮出兵記事の内容を要約してみよう。①度重なる戦いに日本は一度も負けなかった。②明皇帝は武略でかなわないので、講和使を送ってきた。③和平が整い日本は撤兵したが、講和条件は守られなかった。④日本は朝鮮に二十箇所の要害を築いて兵を駐留させた。⑤再来日した明使を日本は歓待したが、明は約束を破った。⑥秀吉は寛仁大度の君ゆえ、明使の命を助けて帰国させた。

この流れは、すべて『太閤記』にも当てはまるのである。甫庵は、牛一の提示した虚構の図式に具体的な肉付けをすべく、年次の改変や文書の改竄を行ったことがわかる（柳沢・一九九七）。朝鮮出兵関連記事に関しては、史実改変の汚名を甫庵にのみ着せるのは不公平だといえよう。しかしながらそれは、甫庵が『太閤記』においても、牛一の提示した史観の大枠を基本的に踏襲しようとしたことを示す事例とも解釈できる。その大枠の中で、個々の戦いや出来事を合理的に配置して見せたのである。

ところが甫庵は、慶長三年の秀吉の死を記さない。『豊国大明神臨時御祭礼記録』には、秀吉の死と辞世《じせい》、そして豊国大明神として崇められる様子が記されていた。『太閤記』では、巻十六の醍醐の花見の記事の後、秀吉はその姿を消し、巻二十二に御遺物目録が記される。『太閤記』が刊行された寛永期には、豊臣氏はすでに滅亡して存在せず、豊国大明神の神号も剝奪されていた。大坂の陣の前に没した牛一は、その歴史の転換を見なかった。逆に豊臣の子孫が「栄久」でなかったという現実を目撃した甫庵は、秀吉が神として祀られる死の神話を描くことができなかった（長谷川・一九九九）。そして「評曰」の形式を採用し、秀吉の「悪」について論述せざるを得なかったのである。

コラム

信長公記の諸本

和田裕弘

太田牛一《おおたぎゅういち》著『信長公記』は自筆本、写本に加え、抄録や抜書等まで含めると七十ほどの伝本が確認されている。ひと口に『信長公記』といっても、その体裁は様々。外題も「信長公記」のほか、「信長記」「安土《あづち》日記」「安土記」「織田記」などと一定していない。

大別すると、永禄《えいろく》十一年（一五六八）の上洛から本能寺の変のあった天正《てんしょう》十年（一五八二）までの十五年間を編年体で一年一帖ずつに纏めた十五巻本と、これに上洛以前の事績を綴った「首《しゅ》巻《かん》」を付加したものだが、このほかにも数種類の残闕《ざんけつ》本が伝来している。残闕本といっても「安土日記」（尊経閣文庫《そんけいかくぶんこ》）のように文字通りの残闕本もあるが、「天正年中本願寺大坂立退」（仮称）のように一つのテーマを取り上げて完結している伝本もある。

これら伝本の中でもとくに重要なのが牛一自筆本だが、現在確認されているものでは、建勲《たけいさお》神社蔵「信長公記」（十五巻）、池田家文庫蔵「信長記」（十五巻だが、巻十二のみ別筆）、尊経閣文庫蔵「永禄十一年記」（巻一に相当）、織田家蔵「太田牛一旧記」（本願寺攻めの顛末などを中心に記したもの）の四本に過ぎない。

これら自筆本にも匹敵する史料的価値を持っているのが尊経閣文庫の「安土日記」。残念ながら天正六年と同七年の部分しか伝わっていない。写しではあるが、信長のことを一貫して「上様」と表記しており、他本と比べて最も成立の古いものである。

また、前記「天正年中本願寺大坂立退」も信長のことを「上様」と記し、「信長公記」の成立過程を推測する上で重要な抜書である。

一方、上洛以前のことを記した「首巻」は信長の逸話を数多く載せるなど貴重な史料だが、残念ながら自筆本が見つかっていない。首巻を持つ伝本も一覧表に示したように少ない。首巻は十五巻本とは執筆事情や体裁も異なることから、自筆の首巻が発見されれば、「信長公記」成立の過程が解明できる手がかりになるものと期待されている。

伝来している十五巻本は池田家本系統のものが大半を占め、建勲神社本系統は、忠実な写しである陽明《ようめい》文庫本など少数。このほか、牛一の子孫に伝来した太田家本や藤井家本、某家本、天理本などが伝わっているが、これらの伝本の間には少なからず異同がある。

「信長公記」の成立過程を追究するにあたっては、自筆本のほか、最も古態である「安土日記」や「天正年中本願寺大坂立退」、および前記伝本などの異同を丹念に確認することが必要だろう。また、池田家本や建勲神社本には摺り消しや牛一自身の追記、さらには別人の追記も見られることから、こうした情報も加味して分析する要がある。加えて、十五巻全体で成立過程を解明するのではなく、巻別、さらには日付別（挿話別）まで踏み込まなければならないと思われる。

こうした研究は、現状ではまったくといっていいほど進んでいない。その意味では「信長公記」の研究は緒についたばかりなのかも知れない。

冊数	首巻	備　　考
1冊		巻一～巻十．内閣文庫本の写（戦後）
6冊	○	池田家本系統の写だが，他本で校訂．首巻は陽明文庫本系統の写
1冊		残闕．諸本中，最も古態を留める
1巻		自筆，巻一に相当
1冊	○	首巻は陽明文庫本とは別系統
5冊		池田家本系統の写
15冊		池田家本系統の写だが，他本による校訂や大幅な増補がある
15冊		
10冊		所在不明
2冊		池田家本の忠実な写
7冊		池田家本の写
3冊		池田家本系統の写
1冊		巻十四の馬揃え該当部分など
1冊		尊経閣本の写
抜書		「山田治太夫武辺場所之覚」所収
5冊	○	尊経閣文庫「織田記」と同系統
8冊		池田家本系統
5冊		池田家本系統
1冊		巻四・巻五のみの残闕．上杉家旧蔵本
1冊	○	首巻のみ．芝村織田家旧蔵
4冊		旧南葵文庫本．巻四～巻六，巻十～巻十三の残闕
9冊	○	旧南葵文庫本
1冊	○	陽明文庫本首巻の写
抜書		「徴古雑抄」所収．「天正八年八月大田又助牛一」
抜書		「徴古雑抄」所収
3冊		慶應義塾大学付属研究所
1冊		巻五～巻八の残闕．池田家本系統の写
16冊	○	黒川真頼写．我自刊我書の系統か
2冊		内閣文庫「原本信長記」の影写

信長公記諸本一覧表

	表　　題	書写年代	所　　蔵
1	原本信長記		東北大学附属図書館
2	信長記	元禄2年9月書写	彰考館文庫
3	安土日記	江戸初期	尊経閣文庫
4	永禄十一年記	太田又助の署名	尊経閣文庫
5	織田記	寛文5年書写	尊経閣文庫
6	信長記		尊経閣文庫
7	信長記	慶長18年自筆本の写	尊経閣文庫
8	安土記	自筆本から書写	尊経閣文庫
9	安土記	元禄8年写	尊経閣文庫
10	原本信長記	自筆本から寛延3年書写	内閣文庫
11	安土日記	自筆本から書写	内閣文庫
12	安土記		内閣文庫
13	信長公御馬揃		内閣文庫
14	安土日記	明治13年	内閣文庫
15	安土御天主之次第		内閣文庫
16	太田日記		成簣堂文庫
17	信長記		成簣堂文庫
18	信長記		成簣堂文庫
19	織田信長公一世	正保・慶安頃の写	成簣堂文庫
20	(信長記附録)	正徳2年の写	成簣堂文庫
21	信長公記		東京大学図書館
22	信長記	自筆本から寛永18年書写の写	東京大学図書館
23	信長公記首	明治初期	東京大学史料編纂所
24	天正年中本願寺大坂立退		国文学研究資料館
25	安土御天主之次第		国文学研究資料館
26	安土記		斯道文庫
27	安土記		国立国会図書館
28	信長公記	明治写	東京国立博物館
29	原本信長記		明治大学図書館

15冊		池田家本系統の写
8冊		刈谷市中央図書館．池田家本系統の写
15冊		池田家本系統の写
15冊		池田家本系統の写
1冊		巻一〜巻三の残闕．池田家本系統の写
5冊		所在不明．甫庵信長記か
15冊		加賀市立図書館．池田家本系統の写
15冊		同文庫蔵「信長記」と同系統
1冊		巻十三の本願寺の大坂退城を記す．記主不明
1冊		金沢市立玉川図書館．抄録
7冊		山内秋郎氏旧蔵
1冊		山内秋郎氏旧蔵．上記写本の巻九のみの影写
1冊	○	福井県立図書館．古本草稿摘録．他本と異なる．目録を持つ
3冊		奥書などの記載なし
1冊		巻八のみ．「難波家蹴鞠書」92所収．池田家本系統
1冊		奥書に「前田利嗣氏蔵本謄写」
15冊		自筆
16冊	○	角川文庫に読み下し文で翻刻．首巻以外は建勲神社本の写
1巻		織田家本の写
1巻		No. 48の天理図書館本と同内容だが，用字に異同あり
10冊	○	首巻は他本と異なる．第七冊(巻十二に相当)は甫庵信長記系統の写
1冊		信長記の成立過程を知る上で貴重
15冊		早い時期の池田家本系統の写
8冊		池田家本系統の写．柏原織田家旧蔵
15冊		岡山大学附属図書館．巻十二以外自筆
5冊		津山郷土博物館．池田家本系統の写
5冊		島原図書館．池田家本系統の写
2冊		目録類による．甫庵信長記の可能性あり
1綴		目録類による．「大田和泉守」
1通		目録類による．甫庵信長記の可能性あり
15冊		稲葉家旧蔵．池田家本系統

30	安土記		明治大学図書館
31	惣見記		村上文庫
32	信長記	江戸中期写	中京大学図書館
33	安土記	自筆本から書写	蓬左文庫
34	信長記		蓬左文庫
35	信長記		蓬左文庫
36	信長記	寛文2年8月自筆本を透写	聖藩文庫
37	安土記		聖藩文庫
38	門跡大坂退城記		聖藩文庫
39	信長記 亜相公御夜話 太田日記 土方家系		加越能文庫
40	信長日記		福井県文書館
41	太田和泉之守日記写		福井県文書館
42	信長記		松平文庫
43	安土記		安土城考古博物館
44	信長記実録		滋賀県大津市平野神社
45	安土日記全		京都大学文学研究科図書館
46	信長公記		建勲神社
47	信長公記	元禄12年書写	陽明文庫
48	(太田牛一旧記)		陽明文庫
49	教如上人大阪御退散之記		大谷大学博物館
50	信長記	江戸前期の写	天理大学附属天理図書館
51	天正八年庚辰八月二日新門跡大坂退散之次第	慶長14年正月吉日の奥書	天理大学附属天理図書館
52	信長記		阪本龍門文庫
53	信長公記		丹波市教育委員会
54	信長記	慶長15年2月23日の奥書(巻十三)	池田家文庫
55	信長記	貞享5年写	道家大門文庫
56	信長記		松平文庫
57	信長記抜書		永青文庫
58	信長記抜書		細川文庫
59	信長記天正三年越前退治之内		細川文庫
60	信長記		臼杵市教育委員会

3冊	○	首巻，巻二～巻五，巻七～巻十二，首巻は陽明文庫本とは別系統
5冊	○	前田家に仕えた太田家子孫に伝来
16冊		巻十五は2分冊．首巻は持たない．建勲神社本の写と思われる
1巻		自筆，原本無題，残闕
1冊	○	首巻
9冊		巻十五欠．青木家に仕えた太田家子孫に伝来
1巻		奥書は慶長十四年己酉年六月十七日．原本無題．織田家本の写
3冊		
3冊		アーネスト・サトウ旧蔵
	○	我自刊我書所収．改定史籍集覧，戦国史料叢書などに再録．所在不明
15冊		所在不明
		新発田藩の御記録(歴代廟紀)に引用．所在不明
16冊	○	補訂版国書総目録に記載されるが，陽明文庫本のこと
8冊		戦災等で所在不明
2冊		戦災等で所在不明
4冊		巻一～巻四の4帖．所在不明
8冊	○	所在不明．「筱舎漫筆」に引用．『屋代弘賢・不忍文庫叢書目録』第一巻所収
15冊		鹿児島大学図書館．昭和27年4月24日の火災で焼失
抜書		「本能寺志稿」に本能寺の変の部分のみ抜粋．他本とやや異なる

は2007年～2009年度科学研究費補助金・基盤研究C「『信長記』諸本の史料学的研究」

61	信長記		東京某家
62	大田和泉守日記		藤井良史氏 (富山県立公文書館寄託)
63	信長公記		織田澄子氏
64	(太田牛一旧記)	慶長14年6月17日の奥書	織田澄子氏
65	附録		織田澄子氏
66	信長記	牛一七十余歳の時の奥書	太田直憲氏 (大阪歴史博物館寄託)
67	(太田牛一旧記)	元禄5年写	木田玲子氏
68	安土記		石井国之氏
69	安土日記	江戸中期写	イギリス・ケンブリッジ大学付属図書館
70	信長公記		町田久成氏旧蔵
71	安土日記		旧南葵文庫
72	安土記		
73	信長公記		京都大学
74	信長公記		旧浅野文庫
75	信長公記		旧浅野文庫
76	安土日記		阿波文庫
77	安土日記		旧不忍文庫
78	安土日記		玉里文庫
79	信長記	明治24年12月纂録	京都府立総合資料館

※分類は，概ね公共機関，個人蔵，所在不明の順（先行研究や目録類も参照した）．なお，一覧表（研究代表者・金子拓）の成果の一部である．

二　信長と安土城

松下　浩

1　安土城のイメージ

安土城の歴史

安土城は織田信長が天下布武《てんかふぶ》の拠点として近江国琵琶湖東岸の安土山上に築いた大城郭である。その豪壮華麗な姿は、これまでの城には見られなかったものとして、当時来日していた宣教師を通じて遠くヨーロッパにまで知れ渡っている。

安土城は天正《てんしよう》四年（一五七六）から築城が開始された。その様子を『信長公記』は次のように記している。

四月朔日より、当山大石を以て御構《おんかまへ》の方《かた》に石垣を築《つ》かせられ、又其内に天主《てんしゆ》を仰付けらるべきの旨にて、尾《び》・濃《ぢよう》・勢《せい》・三《さん》・越《ゑつ》州、若《じやく》州・畿内の諸侍、京都・奈良・堺の大工《だいく》・諸職人等《しよしよくにんら》召寄せられ、在安土《ざいあづち》仕候て、瓦焼唐人《かはらやきたうじん》の一観《いつくわん》相添へられ、唐様《からやう》に仰付けらる。観音寺山・長命寺山・長光寺山・伊《い》場《ば》山、所々の大石を引下《ひきおろ》し、千・弐千・三千宛《づゝ》にて安土山へ上《のぼ》せられ候

(『信長公記』巻九　二〇七頁)

尾張・美濃・伊勢・三河・越前・若狭そして畿内から人夫が集められているが、これは当時の信長の勢力圏にほぼ一致している。領国全体から人夫を徴発しているのである。また京都・奈良・堺という当代随一の技術を持った職人たちを動員しているあたりも注目される。そして、観音寺山をはじめとした安土近辺の山々から大石を運ばせて石垣を築いている。これについては、使われている石材の大半が湖東流紋岩とよばれる、安土山周辺の山々で採取できる石であることが城内の石垣分布調査で確認され、『信長公記』の記載が裏付けられている。

その後、天正七年(一五七九)五月十一日に、信長が天主に移っていることが『信長公記』巻十二に記されており、この頃、天主が完成したことが分かる。

しかし豪壮華麗を誇った安土城の寿命は短い。天正十年(一五八二)六月二日の本能寺の変で織田信長が明智光秀の謀叛によりこの世を去ると、安土城には明智軍が入城する。その明智光秀が六月十三日、羽柴秀吉との山崎の戦いに敗れると、留守居役であった明智秀満は安土城を出て本拠地である坂本城に向かう。安土城は六月十四日から十五日にかけて炎上するが、おそらくはこの時、城を出る秀満が火をかけたものと考えられる。発掘調査では炎上の範囲は主郭部に限定されており、意図的に焼かれたものであることは明らかである。

安土城の終焉

しかし、ここで安土城の歴史が終わったわけではない。信長の死後、安土城には信長の息子である信雄《のぶかつ》や孫の三法師《さんぼうし》などが入城しており、安土城の機能が失われていなかったことを示している。安土城は織田家の天下を象徴する城であり、安土入城は信長の継承者として天下人たることを宣言する行為だからである。この段階ではのちの天下人秀吉といえども織田家中の一武将に過ぎず、他の宿老たちと織田家の存続を図っている。

しかし不幸にして、信長亡き後その意志を継いで天下布武を実現させうる人材が織田家にはいなかった。嫡男信忠は本能寺の変によってすでに死に、三男信孝は柴田勝家と組んで反秀吉の兵を挙げるものの、結局敗れて自害する。次男信雄は徳川家康と組んで小牧・長久手の合戦で秀吉と対峙するも、外交戦に敗れ、最終的に秀吉の軍門に下る。この段階で秀吉と織田家の序列は逆転し、名実ともに秀吉の天下が定まるのである。

こうなると織田家の天下を象徴する城である安土城はその存在意義を失い、むしろ天下統一を目指す秀吉にとっては邪魔な存在となる。そこで天正十三年(一五八五)、養子の羽柴秀次をとなりの八幡に入れ、八幡城を築かせるとともに、安土城下から八幡城下へと住人を移住させる。この時、安土城が廃城となるのである。

近世城郭の始祖、安土城

ところで、安土城に関する文献資料としてまず最初に頭に浮かぶのが『信長公記』巻九(写本によっては天正七年の部分に記されている)に記されている「安土山御天主之次第」である。安土城の姿をもっとも具体的に記したものとして、近世城郭の始祖としての安土城のイメージ形成に大きな影響を与えている。

それによると、天主は七階建てで、各階の部屋は狩野永徳《かのうえいとく》によって描かれた障壁画によって飾られ、その画題も花鳥風月から仏教・儒教・道教に関する故事まで幅広いテーマで描かれている。一方外観の特徴として、六階部分は八角形で外側の柱には朱が塗られ、内側の柱には金箔が施されており、最上階の七階は方形で、総金箔貼りと記されている。さらには、建築に携わった職人として金具師の後藤平四郎、たい阿弥（＝躰阿弥）、大工岡部又右衛門など当代一流の技量を持ったものたちが関わっている。要するに、その時代の最高の技術と多量の労働力を動員して建てられた、それまでにはなかった豪壮華麗な城郭だったのである。そしてこのような安土城に関する描写は、後の近世城郭の嚆矢としてのイメージを我々に抱かせる。

深まる安土城の謎

もちろん、安土城が城郭史上のエポックメイキングな存在であることはいうを待たない。高石垣の上にそびえ立つ高層の天主。そして建物の屋根を飾る瓦。近世城郭において当たり前のように見られるこうした要素が、城郭史上初めて本格的に登場するのが安土城なのである。しかしながら、このような安土城のイメージは主として天主の姿から形成されるものであり、天主以外の部分も含めた、安土城の全体構造についてはその知名度や城郭史上の重要性とは裏腹に不明な部分が多い。それは城の存続期間が十年と短く、安土城について記した史料が少ないことに起因する。こうした中で、平成元年（一九八九）度から実施されている発掘調査によって、これまで知られていなかった構造が次々と明らかにされ、逆にそのことが新たな問題を提起しており、安土城の研究は新たな段階を迎えたといえる。

ただ、発掘調査によって発見された遺構や遺物の評価については、やはり文献資料の解釈が重要な鍵を握ることになる。その意味で、数少ない安土城に関する文献資料のうち、イエズス会関係の記録と並んで、基本資料としての『信長公記』の重要性は大方の認めるところであろう。いまだ、一般的には安土城に関する基本事実は『信長公記』によって確認されることがほとんどであるといっていい。しかしその一方で、『信長公記』には書かれていないことが発掘調査で明らかにされてもいる。そして、中には記述が発掘調査によって裏付けられたり、具体化されたり、あるいは相反する結果が得られることもある。そこでここでは最新の発掘調査成果を紹介し、『信長公記』の安土城関連記事との関わりについて考えてみたい。

2　発掘調査にみる安土城の構造

発見された築城当時の大手道

これまでの調査成果のうちで、もっとも大きなものの一つが築城当時の大手道の発見である。調査前の大手道は幅約三㍍、石段の間隔も約五〇㌢と狭い、寺の参道のような道であった。しかし発掘調査によってその下から築城当時の道が姿を現した。石段の幅約七㍍、その両側に幅一㍍の石敷側溝を

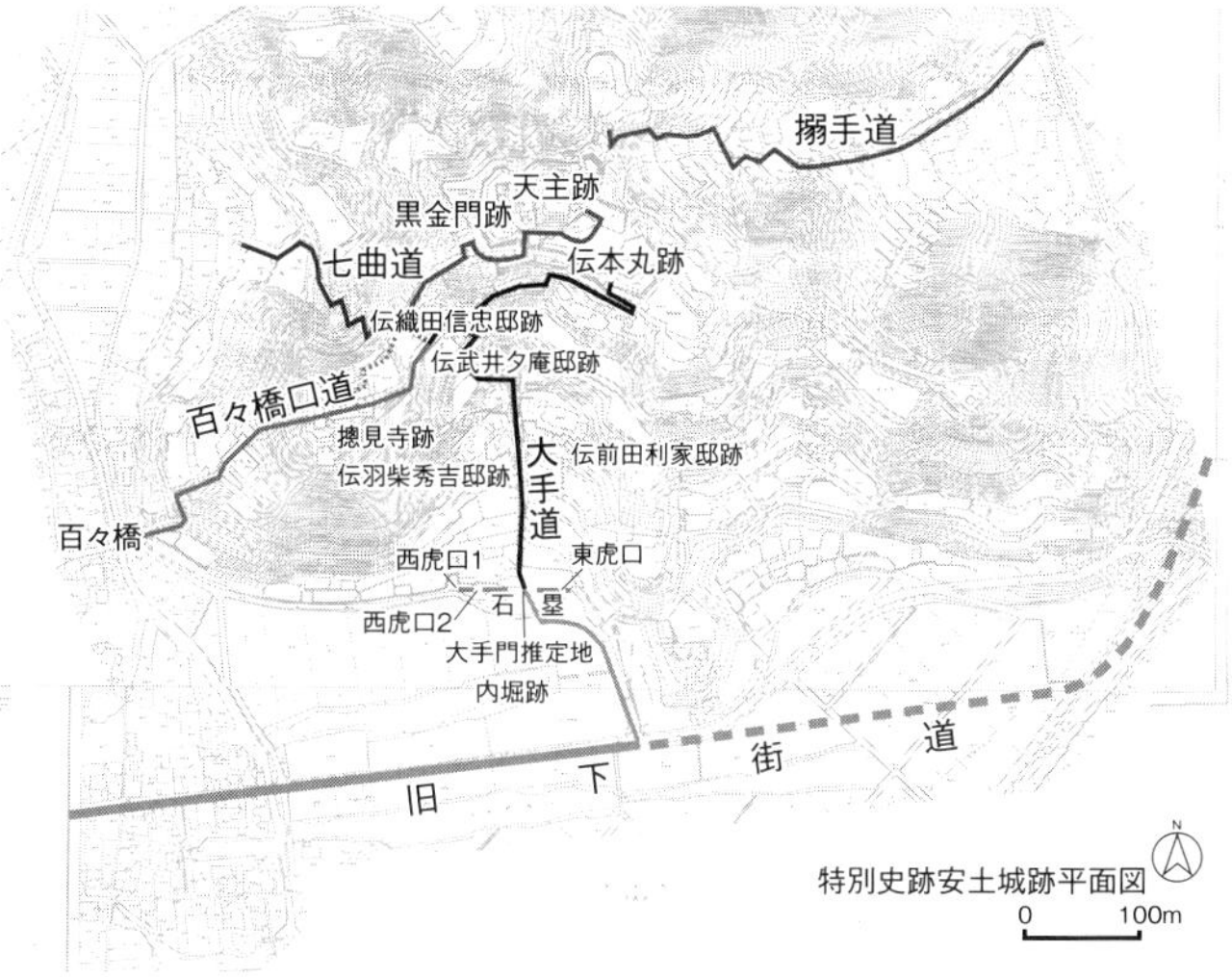

24　特別史跡安土城跡平面図

持ち、さらにその外側に石塁がそびえ立つ。石段の間隔も約一㍍と広がり、城内道の中でももっとも規模の大きな道だったことが明らかになったのである。また道のルートについても現摠見寺《そうけんじ》の石垣を迂回してさらに上に進んでいたものが、実は石垣の下をまっすぐに進んでいたことが確認された。さらにはそれまで石段の麓が大手門であると思われていたのが、そこからは門の遺構は発見されず、さらに道が続いている状況が確認された。結局大手門の遺構は発見されなかったが、大手門から東西に延びる石塁の基礎部分が発見され、大手道との交点が大手門跡と推定されるにいたった。こうして最終的に明らかになった大手道は、大手門推定地から直線で北へ約一八〇㍍進み、西に折れて直線で約三〇㍍進んだ後、北の斜面をジグザグに登っていく。従来は、そこから主郭部の西の虎口《こぐち》である黒金門《くろがね》へ進むと考えられていたが、そこへの道は確認されず、主郭南面を通って伝三の丸跡南の主郭部南東虎口へいたる可能性が高くなった。

このようにして明らかとなった築城当時の大手道の実態は、従来一般的に知られている城内道のあり方とは大きく異なるものである。特に大手門推定地から直線に進む構造は城内道の常識を大きく逸脱しており、大手道が単なる城内道ではなく、特殊な目的のために造られた道であることを予想させる。また、もし大手道が主郭部南東虎口へいたることになれば、他の城内道とは重ならずに大手門から主郭部までいたることになる。こうした隔離性を持つことも大手道の一つの特徴といえよう。

しかし、この大手道については『信長公記』をはじめ、史料に一切記述が出てこない。あるいは使用されたことがないのかもしれず、特殊な目的で使用する以外は封印されていた可能性もある。

大手門周辺から発見された複数の虎口

発掘調査では大手門の遺構自体は発見されていない。しかし、大手門から東西に延びる全長約一〇〇㍍の石塁が発見され、この石塁と大手道との交点が大手門跡と推定されている。発掘調査ではさらに、石塁の両端から大手門とは別の虎口が検出された。西石塁の西端には枡形虎口があり、そこから東に一〇㍍のところで石塁が途切れて平虎口が存在する。一方東石塁の東端付近が途切れて平虎口が存在する。このように大手門を含め、合計四つの虎口がわずか一〇〇㍍程の距離の間に一直線に並んで存在していたのである。

こうした虎口のあり方を城郭のセオリーで理解することは難しい。仮説ではあるが、都城との類似性が指摘されている。都城の基本形は東西南北の城壁にそれぞれ三門が開いている。そこで、大手周辺の四つの門のうち、西端の枡形虎口は城郭に特有の門形式であり、他の三門とは位置づけが異なると考え、これを除く三つの平虎口を都城南壁の三門に比定しようというのである。

大手南面の広場

最新の調査成果としては大手南面の様相が明らかになったことがあげられる。調査前までは安土城

25　安土城大手周辺西虎口

26　安土城大手周辺東虎口

の南面は山裾の石垣まで湖に接していたと考えられていた。しかし調査によって、そうした予想とは異なる結果が得られた。大手周辺西枡形虎口の西壁石垣は安土山南面山裾の石垣に接続しているが、これらの石垣の裾から石敷の溝が発見され、そこからさらに陸地がつづくことが明らかとなった。また、大手門から東に延びる石塁の南側の地面は南面山裾石垣裾の溝よりも標高が高く、石塁の南側についても陸地であったことを示している。

さらには平成十七年（二〇〇五）、大手門推定地から約四四㍍南に下がった地点で、東西方向の石垣が発見された。この石垣は基礎に胴木が据えられており、内堀の石垣であることが確認された。つまり、大手門周辺からさらに四四㍍南が内堀との接点であり、そこまで陸地がひろがっていたのである。ただ、内堀から大手門にかけての陸地部分にどのような施設が存在したかは、今のところ確認されていない。しかしながら大手門の外側に城に関わる施設があったとは考えにくく、ただ単に陸地が広がっていただけと考えられる。

ところで、このような大手門の外側に広がる広場もまた、城郭のセオリーからは大きく逸脱している。通常大手門は城の外郭を囲う堀や土塁（石塁）上に位置するため、大手門の外側には堀が存在するからである。そこで、はなはだ極論ではあるが、こうした構造についても、都城との類似性を指摘することができるのではないだろうか。宮城南壁の南側には二条大路が通っているが、この道は東西方向の大路の中でもっとも道幅の広い道であり、あたかも広場のような様相を呈している。大手門とその東西の虎口の南面に広がる広場は、宮城南壁の門の南に広がる二条大路の景観に類似しているというのは極論に過ぎようか。

城内屋敷地の構成

大手道の石段を登ってすぐ、道の西側に位置する屋敷地が伝羽柴秀吉《はしばひでよし》邸跡である。伝羽柴邸跡は全

27　安土城内堀跡石垣遠景

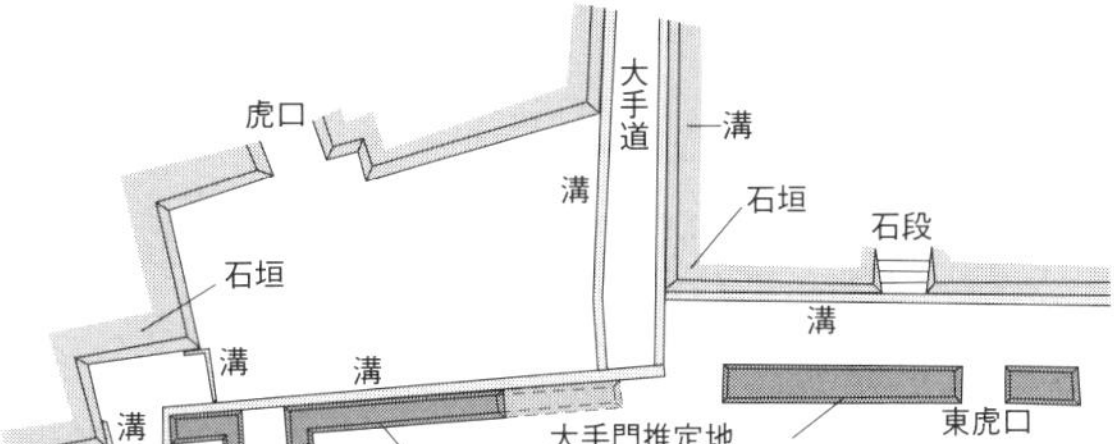

28　大手門周辺概念図

域が調査され、安土城跡において屋敷地内のすべての建物構成が明らかとなった唯一の事例である。

伝羽柴邸跡は大きく上下二段の郭《くるわ》で構成されており、両者は上段郭の裾を通る武者走《むしゃばし》りによってつながっている。大手道から下段郭へ入る虎口部分からは櫓門《やぐらもん》跡が発見された。櫓門跡を通り、石段を登ると下段郭からは厩《うまや》が検出されている。一方大手道から高麗門《こうらい》をくぐって上段郭へ入り、台所跡の脇を通って奥に進むと主殿跡にいたる。主殿は、上段郭ほぼ一杯に建てられており、手前に送迎の挨拶を交わす場である式台と取次を行なう武士が詰める遠侍《とおざむらい》があり、さらに進むと中心施設である主殿とその奥に内台所と遠侍がある。その他、高麗門脇の一段下がった郭には隅櫓があるが、位置から考えて大手道と下段郭の警固・見張りをしていたものと思われる。

ところでこの屋敷地を伝羽柴秀吉邸跡と呼ぶのは貞享《じょうきょう》四年（一六八七）作成の「近江国蒲生郡安土古城図」にそのように記載されていることによる。しかし、あくまで廃城後に作成されたものであり、伝承の域を出ない。発掘調査でも羽柴秀吉の屋敷であることを示すものは何一つ発見されていない。ちなみに伝羽柴秀吉邸跡の正面には伝前田利家《まえだとしいえ》邸跡が存在するが、これについては古絵図にも記載されておらず、昭和《しょうわ》四年（一九二九）に、信長三五〇回忌に向けて城内整備を行った際に付された郭名称であることが確認されている。

ではこれらの屋敷地は家臣団の屋敷といえるのであろうか。フロイス「日本史」の記述などから、城内に家臣の屋敷地があったことは確認できるが、その場所については特定されていない。また発掘調査の結果からもここが家臣の屋敷地である確証は得られていない。つまりは、現在のところこの伝羽柴秀吉邸跡を（伝前田利家邸跡についても）どのような性格の郭と判断するかについては確固たる材料に欠けるのである。ただ、先述したような大手道や大手門周辺地の特殊な構造を踏まえるならば、ここに家臣の屋敷があったとは考えられず、大手道同様、何か特別な目的に使用するための施設と考えるのが適当であろう。

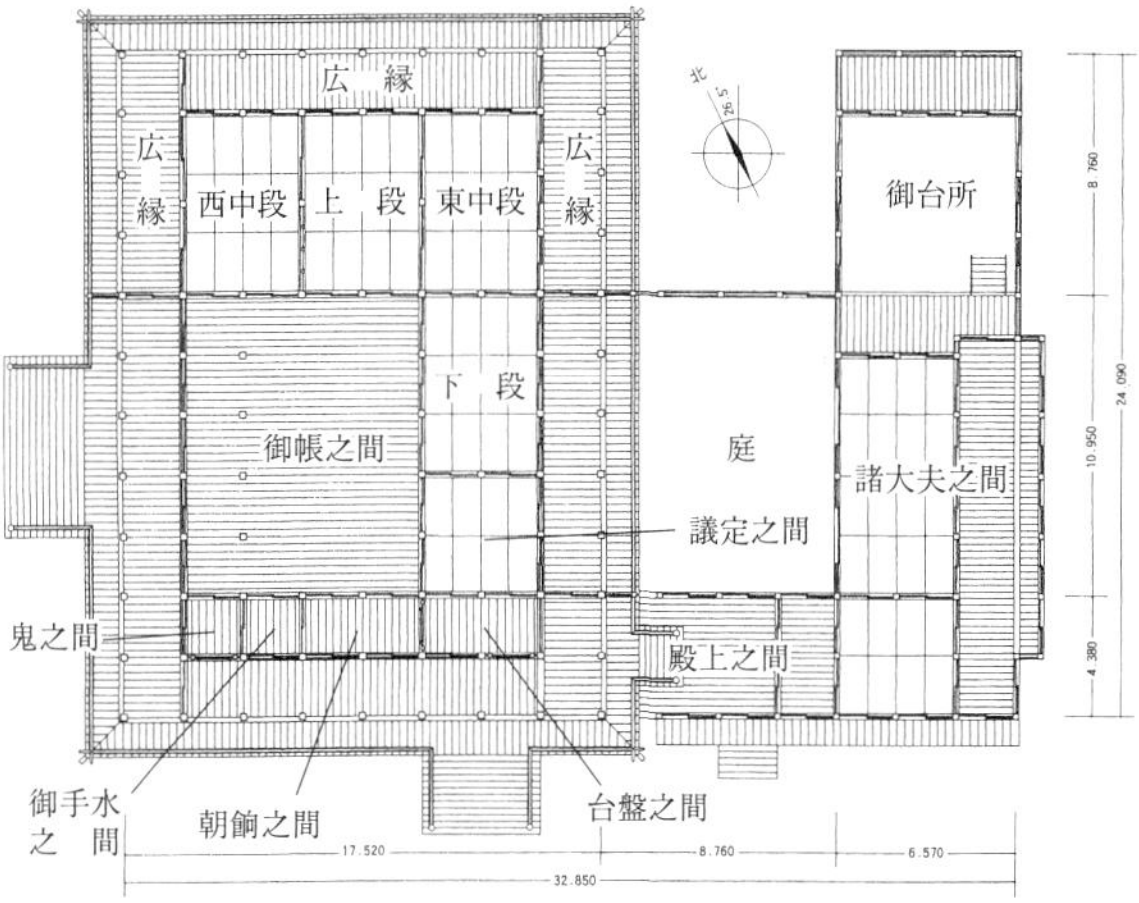

29　伝本丸建物復元平面図

伝本丸跡から発見された建物跡

平成十一年（一九九九）の発掘調査で伝本丸跡の建物礎石が抜き跡も含めてすべて検出された。検出された礎石群から考えると伝本丸建物は東西二棟の建物と、それらをつなぐ渡廊下状の建物の合計三棟からなる。建物は伝本丸の敷地のほぼ一杯に建ち、礎石の大きさや礎石上に残された柱痕から、高床構造であったと考えられる。また伝本丸跡の北に位置し、一段高い郭である伝本丸取付台や、東に位置するやはり一段高い郭である伝三の丸跡からも建物跡が発見されているが、これらの郭への入口が見られないことから、これらの郭にあった建物と伝本丸建物とは渡り廊下で繋がっていたことが考えられる。

ところでこの伝本丸建物については、天正年間に豊臣秀吉が内裏《だいり》に建てた清涼殿《せいりょうでん》をそのまま裏返しにしたのと同じ平面プランを持つとする復元案が出されている。その正否については現状結論を出すことはできないが、たとえそうであったとしても、信長時代の清涼殿はまったく別のプランを持つ建物であり、清涼殿を模して伝本丸建物を造ったわけではない。一部報道では「安土城から清涼殿が発見された」といったセンセーショナルな取り上げられ方をしたが、そのような理解が誤りであることはいうまでもない。

この建物が清涼殿と同じかどうかということより、むしろ重要なのはこの建物が『信長公記』巻十五に記された「御幸の間」、すなわち行幸御殿に比定されるということである。しかし近年、そのことについて異論が出されているので、次節で詳しく検討してみたい。

3　安土行幸と安土城

信長の安土行幸計画

安土行幸については、橋本政宣氏の研究によって、天正四年（一五七六）頃から計画されていたことが確認されている。しかし、この安土行幸計画そのものを否定する見解が出されており、あらためて確認しておく。

橋本氏が根拠としている史料は「言経卿記紙背文書」に含まれる消息の中の、「又申候、ミやうねん（明年）

ハあつち（安土）へ大りさま（内裏様）きやうかう（行幸）申され候ハんよし、あら〳〵めてたき（目出度）御事候や」という一節である。

橋本氏はこの消息を、当時越前にあった山科言継《やましなときつぐ》の娘阿茶が、信長による越前一向一揆殲滅の後、天正四年の秋か冬に、父山科言継宛に出したものと推定している。つまり、明年（＝天正五年）には内裏様（＝天皇）が安土へ行幸すると述べているのであり、安土行幸の計画があったことは紛れもない事実である。

　当時の時代背景を考えても、信長が行幸を計画していたことは十分首肯できる話しである。天正四年という時期を見た場合、前年に長篠合戦で武田勝頼を討ち破り、東方の脅威をひとまずは排除している。そしてその年の暮れには家督を嫡子信忠に譲っているが、これは戦国大名としての地位を信忠に譲り、いよいよ自らは天下人としての立場を明確にしたものということができる。安土築城はまさにそうした段階において実施された行為であり、天下人であることの意志を象徴するものである。一方、武家の棟梁が行幸を仰ぐことは、自己の権力をさらに誇示する行為である。過去に行幸を迎えた室町将軍にしても、後の豊臣秀吉、徳川家光にしても天下に号令する権力者としての地位を権威付けることを意図して行幸が実施されたのであり、信長が天下人の象徴安土城への行幸を仰ぐことは、これらの事例とも十分に整合することであろう。つまり、中央権力として天下統一にさらに一歩近づいた段階において、自らの立場をイデオロギー面から強力に支える意味で、安土行幸が計画されていたのである。

行幸を考えて築かれた安土城

このように、安土築城当初から安土への行幸が計画されていたことは明らかであり、逆にいえば安土城には行幸に対応する構造があったと考えられるのである。ところで先述した大手道や大手門周辺の特殊な構造について、特別な目的の存在を示唆したが、行幸こそその目的として想定できるのではないだろうか。また大手道の直線部も、大手門の都城との類似性を考えたとき、都城の朱雀大路《すざくおおじ》のイメージを思い浮かべられる。つまりは、安土城大手周辺の空間は、都城の景観を持ち込んだものであり、その目的としては、現在のところ行幸以外に考えられないのである。

大手道が主郭部にいたるまで他の城内道と交わらない隔離された空間であり、また一切の記録類に登場しないことも、行幸の時にのみ使用するつもりであったのかもしれない。つまり、大手門から大手道を通って主郭へといたる空間は、行幸のために作られた特別な空間であったと考えられるのである。

ところで最近、この大手道を信長の近臣たちが道沿いに屋敷を構える大名小路と評価し、両側の郭から見下ろす非礼な構造は行幸道にふさわしくないとする見解が出された。しかし、城内道においてもっとも立派な道であるこの道以上に行幸にふさわしい道は存在しない。また、両側の郭についても、これを家臣団屋敷とする根拠は何もなく、非礼とするにはあたらない。むしろ、この大手道沿いの屋敷地は家臣団屋敷ではなく、行幸にともなう施設と考えるべきであろう。

伝本丸跡の行幸御殿

さて、伝本丸跡の建物がはたして行幸御殿であるかどうか。まずは、『信長公記』の「御幸の間」に関する記述を見ておこう。天正十年（一五八二）正月の記事である。

> 正月朔日、隣国の大名・小名御連枝の御衆、各《おのおの》在安土候て、御出仕あり。百々《どど》の橋より惣見寺へ御上りなされ、生便敷群集《ヲビタヽシキクンジュ》にて、高山へ積《ツミ》上げたる築垣《ツイガキ》を踏みくづし、石と人と一つになつてくずれ落ちて、死人もあり。手負は数人員《かず》を知らず。刀持ちの若党共は、刀を失ひ、迷惑したる者多し。
>
> 一番　御先、御一門の御衆なり。
>
> 二番、　他国衆、
>
> 三番、　在安土衆、
>
> 今度は大名・小名によらず、御礼銭百文づゝ自身持参候へと、堀久太郎・長谷川竹両人を以て御触れなり。惣見寺毘沙門堂御舞台見物申し、おもての御門より三の御門の内、御殿主の下、御白洲まで祗候仕り、爰にて面々御詞を加へられ、先々次第のごとく、三位中将信忠卿・北畠中将信雄卿・織田源五・織田上野守信兼、此外、御一門歴々なり。其次、他国衆。各階道《キザハシ》をあがり、御座敷の内へめされ、忝くも御幸の間拝見なさせられ候なり。御馬廻・甲賀衆など御白洲へめされ、暫時逗留の処、御白洲にて皆々ひゑ候はんの間、南殿《なんでん》へ罷上り、江雲寺御殿を見物仕候へと上意にて、拝見申候なり。

正月一日に、皆から礼銭百文ずつを徴収して「御幸の間」を見物させた時の記事である。そのルー

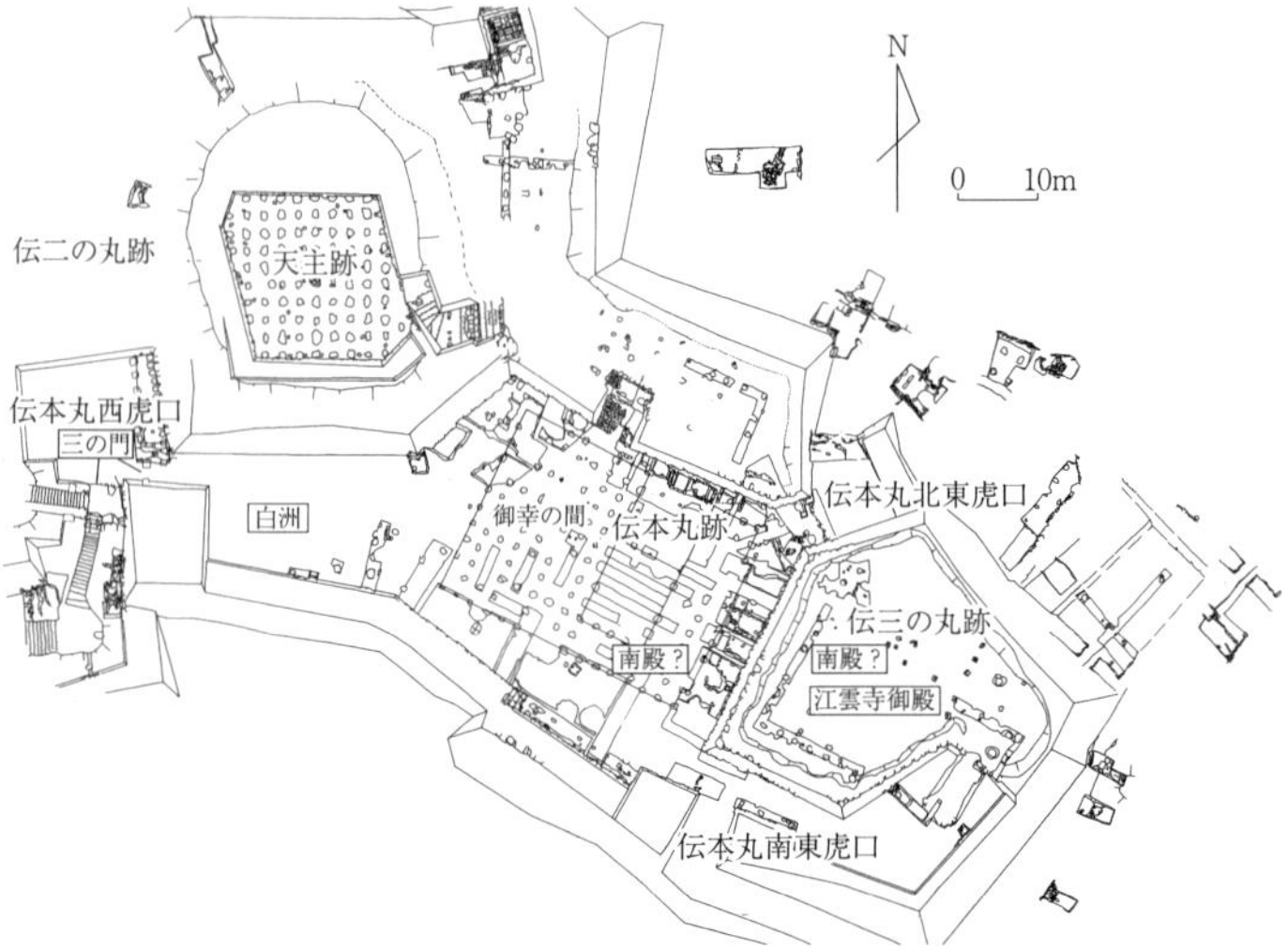

30　主郭中心部遺構平面図

トを確認しておこう。まずは、惣見寺（捴見寺）を通っており、百々橋口から上っていることが分かる。その先に「おもての御門」があるが、これは百々橋口からのルートを考えた場合、黒金門にあたると考えられる。その後「三の御門」にたどり着くが、三の御門があるならば当然二の御門もあるはずで、黒金門から主郭へといたるルート上では、伝二の丸南帯郭で検出された門を二の御門、天主台の南西、伝二の丸東溜りのすぐ南で検出された門を三の御門に比定することができよう。ちなみにこの三の御門は、南からの石段を登りきって伝二の丸東溜まりに入る部分と、天主台南西の石垣裾と南側の石垣の間の部分との二つの門で構成され、二つの門に挟まれた空間は、北面と西面とを伝二の丸の石垣で塞がれた枡形となっている。

この三の御門を過ぎてから到達する御殿主

（天主）の下の白洲とは、伝本丸の西側、天主台の南側の空間を指すと考えられる。そこからも建物礎石が発見されているが、その範囲は東半部のみであり、白洲となりうる空間は想定できる。なお、御殿主とは御殿か天主か意見が分かれるところであるが、御殿を御殿主と書くとは考えにくく、同音異字語と理解して天主としておきたい。

そこから、御一門と他国衆は階段を登り、座敷にあがって御幸の間を見物する。これまで述べてきたルートをたどれば、御幸の間は伝本丸建物以外には考えられない。一方、馬廻・甲賀衆らは白洲でしばらく待ったあと、南殿へ入り、江雲寺御殿を見物している。この記述より考えると、南殿と江雲寺御殿とは接続しているように考えられる。南殿については、伝本丸建物のうち渡廊下から東側部分か、あるいは伝三の丸建物が考えられる。いずれかを決定する根拠には欠けるが、南殿に罷上りという記述に従うならば、伝本丸跡よりは一段高い伝三の丸跡の建物に比定するのが妥当であると考えられる。いずれにせよ、南殿の後に見物した江雲寺御殿は伝三の丸建物として間違いないだろう。

御座敷惣金、間毎に狩野永徳仰付けられ、色々様々あらゆる所の写絵《うつしゑ》筆に尽くさせられ、其上四方の景気、山海・田薗・郷里、言語道断《ごんごどうだん》面白き地景申すに計りなし。是より御廊下続きに参り、御幸の御間拝見仕候へと御諚にて、かけまくも忝き、一天君《いってんのきみ》・万乗の主の御座《ござ》御殿へ召上《のぼ》せられ、拝濫《ラン》に及ぶ事、有難く、誠に生前《しやうぜん》の思ひ出なり。御廊下より御幸の御間、元来檜皮葺《ひはだふき》、金物日に光り、殿中悉く惣金なり。何《いつ》れも四方御張付け、地を金に置上げなり。金具所は悉く黄金を以て仰付けられ、斜粉《ナヽコ》をつかせ、唐草を地ぼりに、天井は組入れ、上もかゝやき下も輝き、心も詞も及ばれず。御畳、備後表《びんごおもて》、上々に青目なり。高麗縁《かうらいべり》、雲絹縁《うんげんべり》、正面より二間の奥に、皇居の間と覚しくて、御簾の内に一段高く、金を以て瑩立《みがきたて》、光輝き、衣香当《あたり》を撥《はらつて》四方に薫じ、御結構の所あり。東へ続ひて御座敷、幾間もこれあり。爰には御張付、惣金の上に色絵に様々かゝせられ、御幸の御間拝見の後、初めて参り候御白洲へ罷下り候処に、御台所の口へ祗候候へと上意にて、御厩の口に立たせられ、十疋宛《づゝ》の御礼銭、悉くも信長直《ぢき》に御手にとらせられ、御後へ投《ナゲ》させられ、他国衆、金銀・唐物、様々の珍奇を尽し上覧に備へられ、生便敷《おびたゝしき》様躰申し足らず。

（巻十五　三七三頁〜三七五頁）

この後馬廻衆・甲賀衆は、江雲寺御殿から廊下続きに御幸の間を見学に向かう。江雲寺御殿が伝三の丸建物とすれば、そこから伝本丸建物に廊下づたいに入ったことになるが、そのルートとしては現在二通りが考えられている。一つは、伝三の丸から直接に伝本丸へといたるルートである。伝本丸跡の東端、伝三の丸跡石垣裾からは礎石が検出されており、伝本丸建物と伝三の丸建物とをつなぐ施設である可能性がある。しかしながら、伝本丸建物と伝三の丸跡との間にはこのほか、笏谷石製の埋甕や石枡などが存在し、渡廊下の存在を想定するには少し無理がある。もう一つは、伝三の丸跡から伝本丸取付台を通り、北から伝本丸建物へと入るルートである。伝三の丸跡の北端、伝本丸北東虎口付近からは虎口にかかる渡櫓《わたりやぐら》と考えられる建物の礎石が発見されており、伝三の丸跡から伝本丸取付台にかけては一連の建物であった可能性がある。現状こちらの方が可能性が高いと考えられるが、確証には欠ける。

伝二の丸跡には行幸御殿は無かった

いずれにせよ、御幸の間とは伝本丸建物を指すことについては間違いないと思われる。最近、行幸御殿の位置について、伝本丸ではなく伝二の丸ではなかったかとする見解が出されている。しかし、伝二の丸跡は未調査で建物の存在は未確認である。また、三の御門は二つの門と枡形で構成される構造であるのに、伝二の丸に進むには一つめの門を通って枡形内から伝二の丸に進まなければならず、これでは枡形にする必要性がなくなってしまう。さらには、伝二の丸に行幸御殿があった根拠として、ここが現在信長廟となっていることから、信長にとって重要な空間であったとするが、そのような郭の理解は行幸御殿の存在を前提としての議論であり、行幸御殿がここに存在したことの根拠とはなりえない。また古代から近世にかけての行幸の事例を検討し、行幸御殿に必要な要素として諸行事を行なうための御殿の南側の庭や、御殿から直接庭に出るための階段をあげ、伝本丸建物のまわりにはそうした空間がないとしてこれを行幸御殿とすることはできないとする見解も存在する。しかしながら安土行幸の具体的な中身が分からない以上、こうした過去の事例に即した行幸御殿を前提として行幸御殿の有無を議論すべきではないだろう。

4　信長と安土城

信長のイメージ

近世城郭の嚆矢としての安土城のイメージは、そのまま近世という時代の扉を開いた人物としての信長のイメージにもつながっている。しかしながら、安土城における行幸に対応した構造を見る限り、信長がこの行幸を重く見ていたことは疑いない。信長は決して既存の秩序を破壊しようとしていたわけではなく、伝統的権威を温存し、それを利用することを忘れてはいないのである。信長の政策を詳細に見ると、決して旧慣を破壊し、ドラスティックな改革を実施するものではなかったことがよく分かる。安土城は、信長のそうした側面をも象徴した存在ということができよう。

三　信長と合戦

桐野作人

1　信長の合戦の特質

織田信長を天下人に押し上げた最大の要因が、武威、つまり強大な軍事力にあったことに異論はないだろう。

では、それはどのようにして形成されたのだろうか。むろん、尾張国守護代織田氏の奉行人という家柄から出発した信長に、それが一朝一夕で可能になったわけではない。信長の軍事力の特質を、他の戦国大名と比較してみると、尾張統一期というかなり早い段階から際だった個性がみられるように思われる。それは少数精鋭の旗本衆に依拠した軍事力編成と合戦形態であり、他方、火器と攻城戦を組み合わせた戦術の重視である。

すでに指摘されているように、十六世紀は世界史的にも「軍事革命」が進行した時代だった。それは従来の槍兵・弓兵・騎兵が火器（大砲・小銃）の組織的使用に取って代わられたことである。それは戦術や築城術にも大きな影響を与えた。戦術においては、密集槍兵や騎兵を主力とした戦いから、小銃（マスケット銃と火縄銃）の比重がそれらを上まわり、歩兵と騎兵の突撃も小銃の斉射戦術に太刀打ちできなくなった。築城術でも、敵の攻城砲を寄せつけないための工夫がなされ、鋭角的な稜堡《りょうほう》をもつイタリア式築城術が登場したという（ジェフリー・パーカー・一九九五）。

一方、十六世紀日本においても、信長は鉄炮をはじめ火器全般にかなり早い時期に着目し、もっとも活用した大名である。また信長の時代には、高石垣と堅固で攻撃的な虎口《こぐち》（枡形や馬出が付属）をもつ、いわゆる織豊系城郭も登場している（千田嘉博・二〇〇〇）。朝尾直弘氏も「十六世紀後半以降、鉄炮の普及した段階の戦争は、鉄炮と城との組み合せに特徴があった」と指摘している（朝尾・一九九三）。戦術と築城術における日本的な相関関係を見ると、信長の戦争史もこの世界史的な「軍事革命」の展開とパラレルな関係にあったと考えてよいのかもしれない。

もっとも、何をもって「軍事革命」とするかは議論がある。火器や火薬の大量使用という技術革新という面よりも、規律ある軍隊＝常備軍の登場が「軍事革命」の本質的意味をなすという指摘もある（長尾雄一郎・一九九七）。それを踏まえて、鉄炮・火薬が「軍事革命」をもたらしたとしながらも、鉄炮の伝来や生産だけに注目するのではなく、鉄炮の導入がどのような革命をもたらしたのかを検討すべきだという指摘もある（小林一岳・則竹雄一・二〇〇四）。

筆者も鉄炮の登場が「軍事革命」の重要な要素だと考えているが、単に量的な問題ではなく、それが信長の合戦、とくにその軍事力編成においてどのような質的変化をもたらしたのかを検討すべきだと考えている。

2 尾張統一期における合戦の特質――軍団構成と軍事カリスマ性――

旗本衆を中心とする軍団構成

信長は永禄《えいろく》二年（一五五九）までに尾張統一を成し遂げるが、それを軍事的側面から見れば、二つの特質を指摘できる。ひとつは譜代旗本衆を中心とした軍団構成、もうひとつは、早くも火器と攻城戦を重視する傾向が先駆的に見られることである。

まず軍団構成からみてみよう。信長は天文《てんぶん》二十一年（一五五二）、父信秀の死後、家督を継ぐが、家中に弟信勝《のぶかつ》（信行《のぶゆき》）という潜在的な競争相手を抱えながら、尾張の上四郡と下四郡の両守護代家をはじめ、織田一門の諸家と敵対関係か対抗関係にあった。そのため、尾張国において、決して抜きん出た存在ではなく、むしろ、合戦では劣勢な立場に置かれることが多かった。

たとえば、天文二十一年四月、尾張南部の赤塚《あかつか》の戦いのときは、鳴海《なるみ》城主の山口《やまぐち》左馬助《さまのすけ》・九郎二郎《くろうじろう》が千五百人だったのに対して、信長は八百人だった。弘治《こうじ》二年（一五五六）八月、稲生《いのう》の戦いでは、信勝方の柴田勝家・林秀貞《ひでさだ》の連合軍が千七百人、対する信長勢は半分以下の七百人にすぎなかった。

これらの不利な戦いで、信長が勝利を収められた要因は、何より信長麾下の結束力の強さと信長自身の軍事カリスマ性にある。軍事カリスマ性とは、単に軍略に秀でているとか、勇猛であるというだけにとどまらず、人々（家来）の情緒に訴えて畏敬もしくは畏怖させ、人格さえも支配する作用という意味で使っている。ルイス・フロイスも「彼はわずかしか、またはほとんどまったく家臣の忠言に従わず、一同からきわめて畏敬されていた」と記している（『日本史』第三二章）。

信長は直属の旗本衆を陣頭指揮する戦いを好んだ。好んだというより、本来なら軍団の主力である先手備えを構成すべき老臣衆（林秀貞や柴田勝家ら）の向背が定かではなかったため、信頼する旗本衆に依拠するしかなかったのかもしれない。

旗本衆は主に馬廻《うままわり》（譜代家臣かその長男が多い）と小姓《こしょう》（譜代家臣の二男以下が多い）により構成されている（谷口克広・一九九八）。『信長公記』首巻（以下、同書は巻数のみ記す）に活写されているように、彼らは若年の信長が「大うつけ」とか「たわけ」と呼ばれた頃から、日常的に信長に従っていた近習たちで、信長と濃密な主従関係にあった。そしていざ合戦となると、信長への忠誠と勇猛を示したのである。

たとえば、天文二十三年（一五五四）一月、今川方の村木《むらき》城を攻めたとき、城の南手から織田方は攻めかかった。おそらく二十歳前後と思われる若い小姓たちの戦い方はすさまじかった。首巻にも「若武者共我劣らじとのぼり、撞落《つきおと》されては又はあがり、手負・死人其数《かず》を知らず」とか「信長御小姓衆歴々其員を知らず手負・死人、目も当てられぬ有様なり」とあるほどで、若手の旗本衆の命知らずが信長を支えていた。弘治二年（一五五六）頃の信長旗本衆を、首巻は「か様に攻一仁《いちじん》に御成り候へども、究竟《くっきょう》の度々の覚《おぼえ》の侍衆七・八百甍を並べ御座候の間、御合戦に及び一度も不覚これなし」と述べており、信長を取り巻く七、八百人の屈強な親衛隊が信長軍団の中核を占めていたことがわかる。

彼らがなぜそれほどまでに信長に心服しているのか。とくに小姓は譜代家臣の二男以下か、名主クラスの土豪の子弟が多く、ほとんど家督を継いだり一家を立てられる見込みがなかった。前者の代表が前田利家・佐々成政《さっさなりまさ》、後者の代表が羽柴秀吉であろう。信長は彼らをその武功と能力に応じて取り立てた。信長にこのような親衛隊の育成を可能にさせたのは津島・熱田を掌握した経済力だったという指摘もある（谷口・一九九八）。

軍事カリスマの萌芽

もうひとつは、信長の軍事カリスマ性がすでに萌芽していることである。それは前述の稲生の戦いによく表れている。敵は弟信勝方の林秀貞・柴田勝家らだった。数が少ない信長方は押されて味方が本陣にまで敗走してきた。信長のそばにはわずかの部将と鑓持ちの中間衆含めて四十人ほどしかいなかった。そのときの信長の姿を首巻は次のように記している。

爰《ここ》にて、上総介殿大音声を上げ、御怒りなされ候を見申し、さすがに御内の者共に候間、御威光に恐れ立とゞまり、終《つい》に迯《のが》れ候キ

信長の怒髪天を衝く勢いに、もともと織田家中だった敵は恐れおののいて逃げ出したという。信長はそのまま追撃に移り、敵の大将の一人である林美作守《みまさかのかみ》（秀貞の弟）を自ら鑓で突き伏せて首級を挙げた。総大将自ら敵将を討つ姿は、若い旗本衆に畏敬の念を植え付けたのではないだろうか。

稲生の戦いでみせた信長の率先垂範は決して例外的ではなかった。その後も、桶狭間の合戦、元亀《げんき》四年（一五七三）八月、近江大嶽《おおづく》での朝倉義景追撃戦、天正《てんしょう》四年（一五七六）五月、本願寺勢との天王

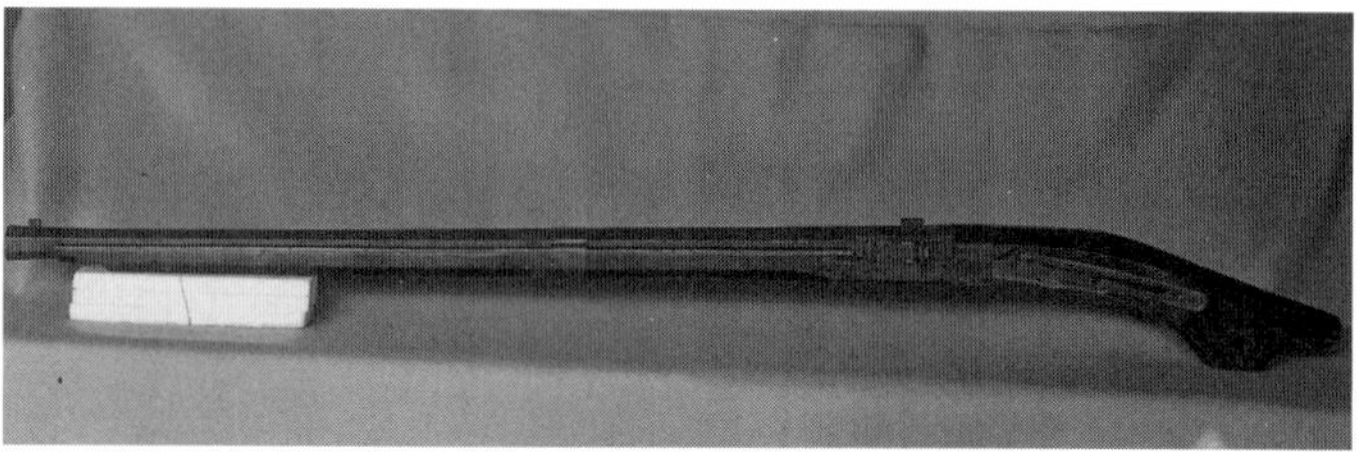

31 火縄銃

寺合戦など、何度かある。軍事カリスマ性はこうした合戦の積み重ねで形成されたと考えられる。

鉄炮の活用と攻城戦方式の萌芽

尾張統一の終盤になると、旗本衆の結束力と信長の軍事カリスマ性だけでない別の面が見えてくる。それは火器の重視と周到な攻城戦方式の登場である。

信長はかなり早い時期から鉄炮に関心を示している。首巻によれば、信長が十六歳から十八歳の頃というから、天文十八年から二十年（一五四九〜五一）に、橋本一巴《はしもといっぱ》を師匠として鉄炮の稽古をしている。種子島への鉄炮伝来からわずか八年前後のことである。そして、同二十二年四月、有名な聖徳寺での斎藤道三《さいとうどうさん》との会見で、信長は三間間中（三間半）の長鑓五百本のほか、「弓・鉄炮五百挺」を道三に誇示している。弓と鉄炮の比率は不明だが、信長は弱冠二十歳にして相当数の鉄炮を保有していたとみてよい。

信長が鉄炮をはじめて使用した実戦例は、翌二十三年一月の村木城攻めである。信長が城の堀端で自ら指揮して、狭間《さま》三つの鎮圧を自分で担当し、「鉄炮取かへ〳〵放させられ」という様子だった。これは敵の矢狭間を制圧して、味方の塀への仕寄りを掩護する役割だったと思われる。

永禄二年三月頃、信長は岩倉城を攻めた。岩倉城は尾張上四郡の守護代である織田伊勢守系統の居城で、当主は織田信賢《のぶかた》だった。信長の岩倉城攻めは首巻によれば、次のようだった。

> 町を放火し、生城《はだか》になされ、四方しゝ（鹿）垣二重・三重丈夫に仰付けられ、廻番《めぐりばん》を堅め、二・三ヶ月近く陣をとりより、火矢・鉄炮を射入れ、様々攻めさせられ

岩倉城を裸城にしたうえで、四方を鹿垣で二重三重に囲んで長期戦も覚悟しながら、城中に向けて火矢・鉄炮を撃ち込んだ。信賢は進退窮まって信長に降伏した。岩倉城攻めは火器と攻城戦を組み合わせた戦術であり、その後の信長の戦い方の先駆を成したといっても過言ではない。

この合戦は、信長の尾張統一の最終段階であり、信長が圧倒的に優位に立っていた。信長は彼我の兵力における優劣により、戦い方を変えてきた。劣勢だと旗本衆を率いた接近戦を多用し、自ら陣頭に立つことも厭わなかった。しかし、優位に立つと一転して、決して負けない確実な戦術を採用している。そして、上洛以後は一部の例外を除いて、戦力の優位を活かした戦術（火器と付城の組み合わせによる攻城戦）を多用していく。

3　桶狭間合戦の論点——正面攻撃説の再検討——

正面攻撃説と乱取状態急襲説

尾張統一をほぼ成し遂げた信長の前に立ちはだかったのは、東海三国の太守たる今川義元《いまがわよしもと》である。両者が激突した永禄《えいろく》三年（一五六〇）五月の桶狭間の合戦は有名である。

32　桶狭間古戦場跡碑

首巻によれば、今川軍は四万五千の大軍だった。これは過大すぎるように思われるが、それでも、信長本隊の二千人より圧倒的に多いのは間違いないだろう。この極端な兵力比にもかかわらず、信長が採用したのは籠城戦ではなく、やはり旗本衆に依拠した接近戦だった。尾張統一戦期と同じパターンの再現である。ここにも信長の積極性が表れている。

信長の予想外の勝因はこれまで迂回奇襲攻撃にあるとされてきた。これは百年以上前の参謀本部編『日本戦史　桶狭間役』が提唱したもので、典拠は江戸時代後期に成立した『桶狭間合戦記』（山崎真人筆）だと考えられる。

定説となっていた迂回奇襲説を否定して、新たに正面攻撃説を主張したのは藤本正行氏である（藤本・一九九三、二〇〇三）。藤本説の特徴は、小瀬甫庵『信長記』など粉飾の多いとされる軍記物を排除し、首巻を根本史料として緻密に検討したもので、桶狭間合戦研究の新段階を画したといえる。ただ、藤本説の方法論にも疑問がないわけではない。首巻を根本史料とするならば、信長勢の進撃経路、今川前軍の動向など、信長勢が義元本陣を攻撃するまでの途中経過が総じて省略されているという史料的な制約に直面する（桐野・二〇〇一）。すなわち、信長勢がなぜ容易に義元本陣に接近できたのか、首巻では解明できず不明な点が多い。

近年、その点にひとつの回答を示したのが黒田日出男氏である。黒田氏は「正面攻撃」説に疑問を呈し、信長勢がいともたやすく義元本陣に殺到できた理由として、今川軍兵士が緒戦の戦勝によって乱取《らんどり》に夢中になって散開した隙に、信長勢がひそかに義元本陣に接近して攻撃したという「乱取状態急襲説」を新たに主張した（黒田・二〇〇六）。黒田氏は信長勢が今川勢に混じり込むようにして接近したとするから、奇襲説の新たな変種の登場だといえるかもしれない。

黒田説も首巻の史料的制約と正面攻撃説の不自然さを、「乱取」をキーワードにして止揚しようという意図がうかがえる。ただ、『甲陽軍鑑』の再評価が進められているとはいえ、果たしてどこまで信頼して依拠できる史料なのかという疑問はまだ横たわっているように思える。

義元の進路と本陣の位置

首巻の史料的な限界もあって、信長の攻撃方法が正面攻撃か奇襲攻撃かという結論は容易に下しえない。そのことを検討する前提として、義元が合戦にあたり、どのようなルートをとり、どこに本陣を置いたのかという問題が重要だと考える。というのは、首巻を読むかぎり、義元が本陣を置いた「おけはざま山」（桶狭間山）が信長に襲撃された最後の本陣なのか、途中で休息した中継点にすぎな

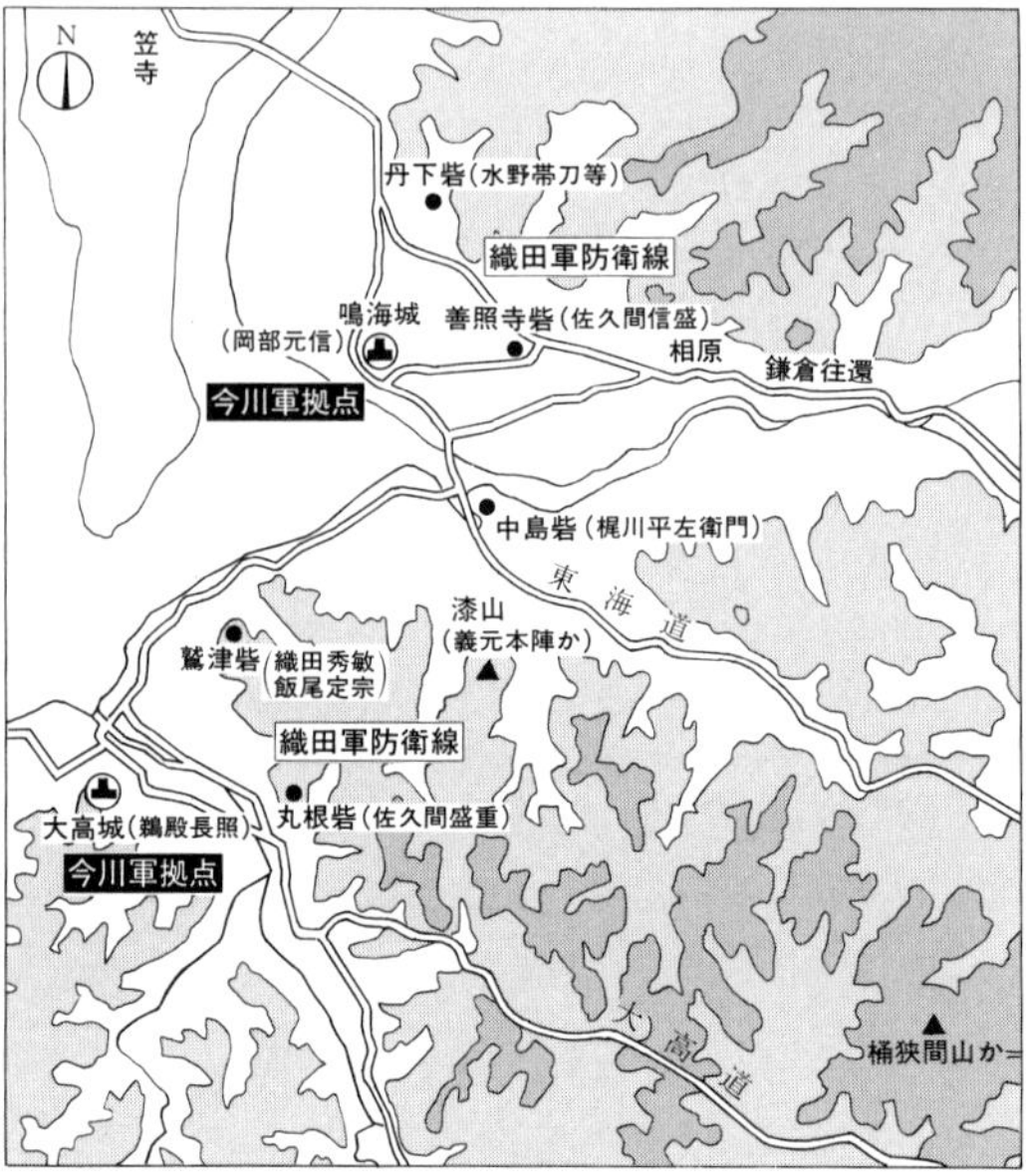

33　桶狭間合戦要図

(小和田哲男『桶狭間の戦い』学習研究社, 1989年より作成)

いのかはっきりしないのである。また、この山が実際にどこに比定されるべきかも定説がない。

いずれにせよ、義元がどのような進路をとり、最終的にどこに本陣を定めたかが明らかになれば、信長との位置関係も明確になるわけで、信長の攻撃がどのようなものだったか、ある程度推察することが可能になるのではないだろうか。

まず、義元の進路を検討する。首巻では、義元は合戦の二日前の五月十七日、沓懸《くつかけ》(沓掛城)に入り、十九日に「おけはざま山」に本陣を移している。なお、『三河物語』では少し異なり、義元は十八日までに池鯉鮒《ちりゅう》に宿営し、合戦当日の十九日、同所を発って大高方面に向かっている(沓懸には駿河衆の番衆を入れる)。十九日での出発点が異なるのはとりあえず措いて、その後のルートを両史料で比較してみよう。

〔首巻〕（括弧内は天理大学本『信長記』一より補訂）

五月十九日午剋《うまのこく》、戌亥《いぬい》に向て（段々に）人数を備へ、鷲津・丸根攻落し
して

〔三河物語〕

五月十九日に、義元は、池鯉鮒より段〳〵に押て大高へ行、棒山の取出《（砦）》をつく〳〵とじゆんけん《（巡見）》して

義元の進路について両史料はほぼ同じ趣旨を述べていると考えてよい。義元はまず、織田方に包囲されている大高城救援に向かったのである。また双方に「段々に」とあることから、今川軍は義元の本陣の前に何段かの備えが展開していたことがわかる。なお、「棒山の取出」とは織田方の佐久間盛重が守っていた丸根砦のことで、今川方はこの砦と鷲津砦を攻略している。

ところで、藤本説はここでの解釈が異なっている。首巻にある「戌亥」の方角を重視して、義元は中島・善照寺の両砦方面をめざして東海道（近世東海道、手越川沿い）を志向したとする。藤本氏の正面攻撃説はこの解釈に立脚している。一方で藤本氏は『三河物語』を首巻に準じる史料と位置づけて援用しているが、同書の記述との整合性に疑念があるのもたしかである。この点に関しては、大高方面を志向したとする有光友学氏の指摘が妥当ではないかと考える（有光・一九九七）。

それでは、義元の本陣が大高方面を志向し、本陣もそのルート沿いに置かれていることになれば、今川方前軍もそのルートの先端にいたことになる。『三河物語』によれば、駿河衆が徳川家中と思われる石河六左衛門を呼んで、高台から見下ろして織田軍の人数を概算する一節がある。これは丸根・

鷲津の両砦を攻略したのち、今川方が丘陵突端まで進出して、信長が着陣した中島砦方面を見下ろした場面だと思われる。そのあとに「歩行者は早五人三人づゝ山へあがるを見て、我先にと除《のく》」という記述がある。これは、織田方の徒武者が丘陵を攻め上ってくるのを見て、今川方の前線の兵が退却する様子を描いたものである。この記述が正確ならば、信長率いる織田軍主力は東海道方面ではなく、鷲津砦方面を志向していたことになる。このように考えると、紙数の関係で詳しく述べられないが、従来の理解とは合戦の様相が相当異なってくることを、とりあえず指摘しておきたい。

その一方で、首巻には義元の本陣が前線に近い場所に位置していたのではないかと思わせる記述もある。織田方の千秋四郎と佐々隼人正らが今川方に攻撃を仕掛けて敗退した一節で、「是を見て、義元が戈《ほこ》先には天魔鬼神も忍《たまる》べからず。心地はよしと悦んで、緩《ゆる》々《ゆる》として謡をうたはせ陣を居《すえ》られ候」とあるのがそれである。すなわち、義元は千秋・佐々らが敗れるのを視認できる場所にいたことになる（あるいは単なる修辞なのか）。なお、近世の絵画史料「桶狭間合戦之図」（蓬左文庫所蔵）では、東海道筋に突き出し中島砦にも近い丘陵突端（漆山か）に「義元本陣」と書かれている。これは義元本陣が前線近くに置かれていたことの傍証となるのか。

以上のように、義元の進路と本陣の位置を検討してきたが、首巻のなかにも互いに矛盾する記述があるし、首巻と『三河物語』との間でも食い違いが散見される。今後の史料発掘にそれほど期待できない以上、比較的信頼できるとされる両史料を整合的に解釈できるよう、考証の精度を高めるのが課題ではないだろうか。

4　攻城戦方式の確立——付城と長期的遮断戦術——

元亀争乱の限界性

永禄十一年（一五六八）九月、信長は足利義昭を擁して上洛を果たす。それ以降の信長の合戦形態は、姉川《あねがわ》合戦や長篠合戦など一部の例外を除いて、圧倒的に攻城戦が多くなるという特徴がある（長篠合戦も純粋の野戦＝不期遭遇戦とはいえない）。

それは畿内近国に存在する敵対勢力の拠点に対し、人員・物資（武器弾薬・兵粮）・情報などの出入りを広域的に長期間遮断することによって、敵を屈服もしくは潰滅に追い込み、敵領全体の征服＝一円支配を実現するために不可欠な方法だった。そして、この攻城戦は味方の犠牲が少ないかわりに、長期戦化する傾向があった。大坂本願寺との戦いは断続的な和睦期間も含めて足かけ十一年、別所長治（播磨三木城主）との戦いも足かけ三年（実質一年十カ月）の長きにわたっている。

信長が尾張統一の末期から大規模な攻城戦を重視していたことはすでに見た。それが本格化した端緒は浅井《あざい》・朝倉《あさくら》両氏との元亀争乱にある。信長は四年近くに及んだ戦いの後半から、浅井長政の小谷《おだに》城封じ込めを図る。信長は小谷城を牽制するために、その西南にある虎御前山《とらごぜやま》に付城《つけじろ》を築き、羽柴秀吉に城番を命じていた。しかし、浅井方のたび重なる城外出撃で、防御線が寸断されるため、信長は虎御前山から横山《よこやま》城までの約一二キロの間で八相山と宮部に要害（つなぎの城）を築いた。信長が命じた連絡路と土塁の普請の様子が巻五に詳しく描かれている。

虎御前山より宮部迄路次一段あし《(悪)》く候。武者の出入のため、道のひろさ三間々中《まなか》に高々とつかせられ、其へり敵の方に高さ一丈に五十町の間築地《ついじ》をつかせ、水を関入れ、往還たやすき様に仰付けらる。事も生便敷《おびただしき》御要害申すも愚《おろか》に候

虎御前山と宮部の間の道が悪かったので、守兵同士の連絡のために、幅三間半（約六・三㍍）の道路をつくり、小谷城側の縁には高さ一丈（約三㍍）の築地を長さ五十町（約五・五㌔）にわたって築いた。さらにその前面に水を流し込んで、浅井方が土塁に近づけないようにしたのである。

これは浅井方の城外突出を阻止する防御線の意味合いが強い。しかし、浅井方は小谷城の北方にある大嶽《おおづく》などを通じて朝倉義景の加勢と連絡が可能だった。元亀年間の信長は大名居城を丸ごと封鎖するまでには至っていなかった。

大坂本願寺包囲戦の意義

信長の攻城戦が敵の本拠のまわりに多くの付城を築くという形で完全封鎖を実現できたのは、天正四年（一五七六）五月からの大坂本願寺包囲であろう。畿内近国で大坂本願寺が反信長勢力の策源地となっているため、信長は早くからこれを封じ込めようとしていた。この年五月、荒木村重《あらきむらしげ》・細川藤孝《ほそかわふじたか》・明智光秀《あけちみつひで》・原田直政《はらだなおまさ》の諸将が野田・森口・森河内・天王寺《てんのうじ》の四カ所に付城を築いたうえで、陸海から大坂本願寺を包囲し、海側にある本願寺方の木津砦を攻め落とそうとした。その狙いは「木津を取り候へば御敵の通路一切止候」（巻九）というもので、本願寺方の連絡路を遮断するものだった。

しかし、それに気づいた本願寺方に逆襲され、直政が討死するなど織田方は大敗北を喫した。

激怒した信長は自ら陣頭に立った。敵の鉄炮で足を負傷しながらも、本願寺勢を何とか押し戻した。そののち、「是より大坂四方の塞々に十ヶ所付城仰付けられ」（巻九）とあるように、信長は本願寺の周囲に十カ所の付城を築き、佐久間《さくま》信盛《のぶもり》などの諸将を城番として詰めさせた。そのほか、住吉浜手にも要害を築き、真鍋《まなべ》七五三《しめの》兵衛《ひょうえ》・沼野《ぬまの》伝内《でんない》など海賊衆を配して海上を封鎖した。

大坂本願寺は軍事拠点としてみても「近年、大坂端城《はじろ》五十一ヶ所相拘《かか》へ」（巻十三）とあるように、御堂の周囲に五十一の支城を配するほど守りが堅固だった。そのため、付城による包囲戦も大規模なものにならざるをえなかった。

戦国大名をも凌駕するほどの軍事拠点をもった大坂本願寺への攻城戦において、陸海での完全封鎖態勢を構築して、ついには全面降伏に追い込んだことは、織田権力の軍事面における大きな達成であるとともに、統一権力の成立とも軌を一にするものだろう。

大坂本願寺に対する完全封鎖という攻城戦方式は他の戦いにもすぐに応用された。たとえば、天正六年十二月、本願寺に通じて離反した荒木村重の摂津有岡城攻めでは、十三カ所に付城を築き、それぞれに有力部将を在番衆として詰めさせた（巻十二）。村重は一年近く籠城をつづけるが、翌七年九月、村重はわずかな供とともに城を脱出したため、主を失った城は十一月に開城せざるをえなくなった。

方面軍の分節と付城戦術の展開

織田権力は戦国大名から統一権力へと上昇していく過程で、多方面の敵に同時に対応できる力量をたくわえ、方面軍ともいうべき地域軍団を次々と分節していく。谷口克広氏によれば、方面軍とは、敵対する大名（や国単位の一向一揆）と単独で戦えるだけの戦力をもった軍団と規定されている。天正元年（一五七三）の信忠軍団の成立を皮切りに、同四年の北陸方面軍（柴田勝家）、大坂方面軍（佐久間信盛）、同八年の中国方面軍（羽柴秀吉）、畿内方面軍（明智光秀）という具合に、有力部将の統率する独立した軍団が成立した（谷口・二〇〇五）。

これらの方面軍においても、完全封鎖の攻城戦方式が採用された。たとえば、明智光秀が波多野秀治《はたのひではる》の丹波八上《やがみ》城を包囲した様子は次のようなものだった。

波多野が舘取巻き、四方三里がまはりを維任《これとう》一身の手勢を以て取巻き、堀をほり塀・柵幾重も付けさせ、透間《すきま》もなく塀際に諸卒町屋作に小屋を懸けさせ、其上、廻番を丈夫に、警固を申付けられ、誠に獣の通ひもなく在陣候なり。（巻十一）

敵城の周囲約一二キロにわたって、堀を掘り、何重もの塀と柵を設けて完全に包囲している。大坂本願寺の攻城方式と同様である。光秀のほかにも、秀吉の播磨三木城攻め・因幡鳥取城攻め・備中高松城攻め、勝家の越中魚津《うおづ》城攻めなども同様の方式である。城中は外部から完全に遮断され、時間の経過とともに兵粮と士気を消耗し、開城か玉砕かの選択を余儀なくされる。とくに八上・三木・鳥取の城攻めは寄手に損害が少ないのにくらべ、干《ひ》殺し、飢《かつえ》殺しと呼ばれるほど、一方的で悲惨な結末を迎えることもあった。

34　長篠合戦古戦場

5　信長と火器について——鉄炮と大砲——

長篠合戦と鉄炮

右でみたような多数の付城による攻城戦方式の確立は人員・物量の優越に基づくのはむろんだが、火器・火薬の調達や戦術の進化とも密接に関連している。また、鉄炮と大砲の機能の差異によって戦術の違いが生じていることも無視できない。

信長の軍事戦略を語るときには、まず長篠合戦などの鉄炮戦術が注目される。鉄炮は野戦だけでなく城をめぐる戦いでも使用された。もっとも、攻城戦では鉄炮の威力は堅固な城壁を凌駕できないという限界があった。その機能は攻城戦よりも守城戦のほうに適していた。後北条氏一門の北条宗哲《むねあき》が大藤式部丞《おおとうしきぶのじょう》に宛てた書簡（永禄四年三月二十四日付）で「当城の事は、備え堅固に候、鉄炮五百丁籠り候間、堀端へも寄せ付くべからず候」と書いている（『戦国遺文　後北条氏編』一、六八七号)。これは上杉謙信の小田原城攻めに対して、北条方が寄手を城の近くに寄せつけない鉄炮の有効性を述べたものである。

鉄炮の機能との関連でいえば、やはり長篠合戦に触れておく必要がある。一般に、長篠合戦は信長の野戦における鉄炮戦術の代表例だと考えられているが、少し誤解がありそうである。

先ほど述べたように鉄炮は守城戦において、もっとも威力を発揮する。信長が長篠合戦で普請させた陣城は武田勝頼が述べているように、一種の城郭に準じる施設だったといってよい。現地に行けば、土塁や曲輪《くるわ》の跡もある。また巻八でも、武田軍の攻撃を待ち受ける織田方の鉄炮足軽集団の射撃場面を「人数を備へ候身がくしをして、鉄炮にて待請けうたせられ候」と述べており、鉄炮足軽たちは何らかの防御物の背後に潜んで射撃したことがわかる。これは事実上、城郭の遮蔽物からの射撃と変わらない。長篠合戦における鉄炮戦術は守城戦的な側面をもっていたといえるのではないか。

ところで、小瀬甫庵『信長記』によって、長篠合戦では三千挺の鉄炮による三段撃ちがあったとされ、信長の革新的な鉄炮戦術だと評価されてきた。近年、この通説の批判的見直しが行われている。藤本正行氏が指摘するように、千挺ずつの鉄炮による三段撃ちは史実だとするのは困難で、甫庵の記述は潤色だといえよう(藤本・一九九三)。

論点のもうひとつは織田軍の保有していた鉄炮数である。近年、信長の鉄炮戦術の意義を低く見る傾向があるが、必ずしもそうとはいえないと考える。巻八には、武田方の鳶ヶ巣《とびがす》砦を奇襲した「信長御馬廻五百挺」と、佐々成政以下の五人の奉行衆が指揮した「鉄炮千挺ばかり」の二カ所登場し、合わせて千五百挺になる。

では、鉄炮の実数は三千挺の半分かと結論づけるのは早計である。この千五百挺は信長直属の鉄炮衆（旗本鉄炮）の合計であるにすぎない。織田軍はほかにも滝川一益《たきがわかずます》・羽柴秀吉・丹羽長秀《にわながひで》などの先手衆、織田信忠・同信雄などの連枝衆、佐久間信盛・池田恒興・水野信元《みずののぶもと》・蒲生賦秀《ますひで》らの宿老・旗本衆・国衆などが多数従軍していた。巻八ではこれらの諸将が保有する鉄炮をカウントしていない。織田軍の鉄炮総数をはじき出すには、史料に表れないこれらの鉄炮を加算する必要がある。そうすれば、実数は不明ながら千五百挺より相当多数であるのは明らかである。織田軍（徳川軍を含めて）が数千挺の鉄炮をもっていたのは確実で、その鉄炮戦術を過小評価するのは妥当ではないだろう。

また鉄炮の運用法にも際立った特徴がある。信長は長篠合戦に臨んで、参陣しない畿内駐在の武将たちに「諸手のぬき鉄炮」（甫庵『信長記』）といわれる鉄炮の徴発を命じた。たとえば、山城の長岡藤孝は「鉄炮足軽百人に頭を添て御加勢」（『綿考輯録』二）し、大和の筒井順慶は「テツハウ（鉄炮）衆五十余合力」（『多聞院日記』二）している。藤孝が提供した鉄炮足軽は信長の鉄炮奉行の一人塙直政の指揮下に入った。これらから、信長の旗本鉄炮千五百挺の内訳は、鉄炮奉行―「頭」（組頭）―足軽という編成をとったことがわかる。信長は旗本鉄炮を強化することによって、それまでの分散的な使用法を克服して、集中的・統一的な運用を可能にしたのである。

言いかえれば、給人の鉄炮軍役を増やすという「量」から、信長直属の旗本鉄炮の強化という「質」への転化である。その後、戦国大名や近世大名も同様の傾向を示すようになる。このような新たな軍事力編成の基盤には多数の足軽の徴発があった。それは一定程度の兵農分離の達成による専業武士団化の進行を展望させているのではないか。そして同時に、「軍事革命」の一端を示しているといえるかもしれない。

信長と大砲

信長の鉄炮戦術は有名だが、大砲も使用していることはあまり知られていない。大砲については鉄炮以上に史料的な制約があるが、『信長公記』に見える大砲の記事を中心に、信長がどのような大砲の運用思想をもっていたのか、その一端を述べてみたい。とくに大砲は先に述べた信長の攻城戦方式の確立と密接な関連があると考えられる。

大砲といっても、鉄炮とどこが違うのか定義が難しい。ここでは、鉄炮が対人用の小火器であるのに対して、大砲は攻城戦や海戦などで城壁・櫓・軍船などの構造物を物理的に破壊することを目的とする火器だと定義しておきたい。

信長の時代、大砲は石火矢《いしびや》、仏郎機《ふらんき》、波羅漢《はらかん》などの大口径（数百目玉以上）の青銅製鋳造砲（主に外国製）だけでなく、それより小口径ながら、鋼を鍛造した大鉄炮や大筒も攻城戦や海戦で用いられているので、大砲の範疇に含めてよい。また信長は国産の青銅製大口径砲を保有していた形跡もある。

巻三によれば、信長が大砲の一種である大鉄炮を初めて用いたのは元亀元年（一五七〇）九月である。摂津の野田・福嶋両城にこもった三好三人衆方に対して、「其数を尽し、城楼《せいろう》を上げ、大鉄炮にて城中へ打入れ責められ候」という形で、大鉄炮を攻城戦に用いている。

軍船からの使用例もある。元亀三年七月、琵琶湖に浮かぶ竹生島《ちくぶ》の浅井・朝倉方に対して、明智光秀らが湖上の囲舟から火矢・鉄炮のほか大筒を使って攻撃している。大筒は大鉄炮より大口径だと思われる。

天正二年（一五七四）九月、伊勢長島の一向一揆を攻めたときは、織田方の伊勢水軍数百艘が海上から一揆方の城郭に「大鉄炮を以て塀・櫓打崩し、攻められ候」という戦い方をしている（巻七）。同六年十一月、木津川河口で九鬼嘉隆《くきよしたか》の率いる鉄張船六艘が毛利水軍を撃破した戦いでは、鉄張船に「余多《あまた》」の大鉄炮が艦載され、敵船を引き寄せて打ち崩したと書かれている（巻十一）。艦載の大鉄炮・大筒が城郭や軍船の破壊に威力を発揮したことが判明する。

短期型「遠攻」戦術の中核としての大砲

では、陸上における大砲運用はどうだろうか。大砲が主要火器として攻城戦の戦術体系に組み込まれたことを史料上で確認できるのは、天正六年六月、毛利方に付いた別所長治（播磨三木城主）の支城、神吉《かんき》城を攻めたときではないかと思われる。

巻十一によれば、同城の東口から攻めた丹羽長秀は「先一番に城楼高々と二つ組上げ、大鉄炮を以て打入れ、堀を填《うめ》させ築山を築上げ」云々と記し、同じく南口から攻めた滝川一益も「かねほり（金掘）を入れ、城楼を上げ、大鉄炮を以て塀・矢蔵打くづし、矢蔵へ火を付け焼落し」という攻め方である。細川家の『綿考輯録』一にも「翌十七日神吉の城に向ひ、町を打破り裸城になし、井楼をあけ竹把をつらね、大筒石火矢を放ち、遠攻にせらる」と書かれている。「遠攻」という攻撃方法だと認識されていることに注目したい。

神吉城攻めは織田信忠を総大将に、織田軍の有力部将が参陣して四方から包囲している。「此外諸手手前々々に城楼・築山をつき、日夜責められ」（巻十一）云々とあることから、丹羽・滝川だけでなく、諸将が同様の攻城法を採用している。すなわち、竹束で塀際まで近づき、井楼・築山などを設けて、その上に配置した大鉄炮を城中に撃ち込み、塀や櫓を破壊するというものである。これは先に見た付城による攻城戦方式が長期戦化するのに対して、大砲の強攻によって短期戦での決着を志向する「遠攻」戦術だったと思われる。

元亀年間から用いられていた大鉄炮や大筒などの大砲が次第に攻城戦に有効だと認識されたのち、その運用法が急速に体系化されて「遠攻」戦術が成立したことが、神吉城攻めでよくわかる。また大砲には井楼・築山などの付帯施設が伴っている。これらは攻撃対象に対して、高所から有効な射角設定を可能とする施設であり、織田軍内でその運用法が共有化されていたことをうかがわせる。

6 統一権力の戦争——接近戦から遠攻戦へ——

信長の戦争史の一端を概観してみた。それを一言でまとめれば、接近戦から遠攻戦への転換ということになるだろうか。むろん、それは合戦の現象的ないしは形態的な面を意味するだけでなく、人員・物資・火器・火薬・土木技術・情報・戦術などの社会的諸力を軍事的に総動員できる体制の成立を前提にしていることはいうまでもない。とくに、鉄炮や大砲といった各種火器の調達と、その集団的かつ統一的な運用法の確立によって、他に隔絶する軍団編成が可能となった。それは統一権力の生成過程に照応していたともいえるだろう。

信長は尾張統一期における接近戦重視から、上洛後は付城による攻城戦方式を多用するようになる。この方式は大坂本願寺攻めを頂点にして達成されたといえるが、敵対する大名領国だけではなく、宗教勢力や惣国《そうごく》一揆など各種の自立的な地域権力に対して、残虐で仮借ない面を容赦なく見せつけた。

この方式の確立に伴い、方面軍が分節されて単独で戦ったり、後継者の信忠が総指揮官となるケースが多くなり、信長自身は親征しなくなる。それはむしろ、織田権力の一層の軍事的展開を示しており、信長の軍事カリスマとしての本質を減じさせるものではなかった。

コラム

本能寺の変―信孝の処遇と明智家中の利害―

桐野作人

本能寺の変を考える視座はいろいろあろうが、光秀《みつひで》の謀反動機が信長との葛藤に由来することは明らかである。そうだとすれば、おのずとその動機形成の時期も絞られてくるのではないか。天正《てんしょう》八年（一五八〇）初頭、光秀は信長から丹波《たんば》国を与えられた。光秀にとって、これ以上の「御恩」はない。国持大名になった光秀の感慨は想像に難くない。そうであれば、これ以前に、謀反動機が形成されたとは考えにくい。

では、同八年以降だと、どのような要因が考えられるのか。これについては、すでに先行研究でも指摘されている。高柳光寿・桑田忠親の両氏が共通して指摘しているのは長宗我部《ちょうそかべ》氏の問題である。光秀は長宗我部氏の取次をつとめていた。また家老の斎藤利三《さいとうとしみつ》は長宗我部元親の義兄弟にあたるなど、両家中の間で濃密な関係が築かれていた。

長宗我部氏は天正三年から信長と修交していたが、同九年初頭、信長が三好康長《みよしやすなが》に阿波《あわ》渡海を命じたのを境に関係が悪化していく。大坂本願寺が健在だったときには、その背後に位置する長宗我部氏との修交は織田権力にとって意義を有した。とくに本願寺に味方する阿波三好氏を背後から牽制する役割が大きかった。

ところが、同八年に本願寺が降伏すると、長宗我部氏の利用価値が減じてしまった。ここに四国の再編成問題が浮上してくる。信長は長宗我部氏を抑える代わりに、三好康長の勢力を阿波・讃岐《さぬき》に扶植しようとしたのである。

信長が長宗我部氏の反発を覚悟のうえで、このような四国再編成を強行したのは、三男信孝《のぶたか》の処遇とも関わっていた。信孝は長兄信忠《のぶただ》、次兄信雄《のぶかつ》にくらべて、所領・官位などで差をつけられ

35 明智光秀

36 織田家墓所

ていた。信長も信孝の処遇を気にしていたらしく、同八年七月頃、一度は信孝を大和《やまと》の筒井順慶《つついじゅんけい》の猶子にしようと考えた形跡がある。しかし、大和国が武家には縁起が悪い国柄だと考え直して、この話を沙汰止《さたや》みにしたようである（『蓮成院記録』）。

その直後、三好康長から阿波三好家の再興要求があったため、信長は信孝処遇問題の解決をそこに求めたのではないか。信孝の所領である伊勢神戸《いせかんべ》の僧侶が「三七様連々《れんれん》お望み候四国へ」と書いたように、信孝もまた四国への国替を信長に申し入れていた（『神宮文庫所蔵文書』）。

その結果、同十年五月、信長は信孝に宛てた朱印状で、信孝を康長の養子としたうえで、讃岐を信孝に、阿波を康長に与えるという四国国分《くにわけ》令を発した。信長は畿内近国に新たな一門領を創出しようとしたのである。これによって、長宗我部氏の改易が決定的になった。

光秀は取次といい条、家中あげて長宗我部氏との間に取次の域を超えた濃密な親族・姻族関係を築いてしまっていた。それは信長の家臣団統制からの逸脱だったが、長宗我部氏との関係を解体することは、自己の死活的利害に関わっており、もはや不可能だった。光秀が家中あげて謀反へと飛躍した最大の要因もそこにあったといえよう。

四　宣教師からみた信長・秀吉

松本和也

1　宣教師の日本国家観

西洋と東洋との出会い

外国人は日本をどう見ているのであろうか。国際化が進む現代社会にあって、我々が最も関心を寄せることの一つである。日本は島国であるが、古くより隣国中国・朝鮮とつき合いがあり、東アジアでの日本の地位をこれまで築いてきた。しかし、西欧との出会いとなると十六世紀半ばまで待たなければならない。ポルトガル人の初来日によって、日本と西欧との交流の幕が開かれたわけだが、これにより西洋の文物ならびにキリスト教が伝えられ、日本に大きな変革をもたらすこととなった。その一方で、彼らもまたヨーロッパとはまったく異なる日本の社会・文化に驚き、興味を抱くのである。我々は西欧人の書いた諸記録によって、それをうかがい知ることができる。中でも、イエズス会は最初に日本で宣教活動を行った修道会で、彼らは膨大な数の書翰・報告書等を各布教地から発信している。しかも、その多くが幸いにして現存（写本も含む）しており、それらが一般公開されたことによ

37　フランシスコ・ザビエル

り、神学はもとより歴史学・文学等様々な分野での研究が飛躍的に進展した。現在、このマニュスクリプトを用いた研究が主流となり、当時のイエズス会宣教師の伝えた日本像がより鮮明に描き出されている。そこから見えてくる論点は多岐に及ぶが、ここでは彼らが日本の権力者をどう捉えていたのかを中心に見ていくこととしたい。

ザビエルの日本国王観

日本で最初にキリスト教を布教した人物は、周知のようにフランシスコ・ザビエルである。その彼が日本布教を強く決意したのは、日本人アンジロー（ヤジロウ）との出会いによる。ポルトガル語を多少話せたというアンジローとの対話を通して、彼の知的好奇心と理路整然と話す姿に触れ、日本での布教成果を期待するのである（岸野久・二〇〇一）。

ザビエルは日本布教を決意すると、当時ゴアの聖パウロ学院の院長であったニコラオ・ランチロットに日本情報の収集を依頼した。アンジローに教理教育を施すかたわら、日本情報を聴取して作成したのが彼の日本報告である。この報告は大きく第一情報・第二情報の二種類（細かくは四種類）作成された（岸野・一九八九）。そこには権力者情報も記されており、天皇と足利将軍の名が登場する。

天皇については、第一情報に「最高の国王はその国の言葉で「皇」と呼ばれています」という説明から始まり、あらゆる事柄に対して絶対的権限を保持するが、それを「御所」という将軍に全権委任しているとある。その将軍も命令権と支配権を有すとあるが、最終的には天皇に服従していると書かれている。これを見る限り、天皇が唯一日本の最高権力者として説明しているように思われる。しかし、その一方で第二情報には将軍を「最高の国王」と説明しており、将軍もまた日本の最高権力者と評価されている。もちろん、先の第一情報から分かるように両者は対等ではなかったものの、日本の「国王」は天皇と将軍であったことが読みとれるのである。つまり、日本最高の「国王」は天皇であり、全権を委ねられた「国王」が将軍であるという理解だった。

ザビエルは、このランチロットの日本報告の情報をもとに来日する。来日したら、まず日本国王に謁見し、国王の庇護のもとに布教活動を展開する計画であった。だが、実際入京してみると、荒廃しきった京都の有り様を目の当たりにすることとなる。将軍義輝は京都を離れ近江に滞在中であり、後《ご》奈良《なら》天皇は京都にいたものの、内裏はあまりに荒れ果てていた。そのため、ザビエルは、天皇も将軍も日本の国王に値する権力者ではないと認識するに至ったのである。そして、戦国大名が日本の実質的な権力者であると認識し、彼らに対して「国王」と記すようになっていく。それ以降、戦国大名の大内や大友の領国を中心に布教活動を展開していくことになる。

畿内布教と権力者観の変化

こうした大名領国を国家とみなす宣教師の日本国家観も、ガスパル・ヴィレラによる畿内布教が開始されることで大きく進展することとなる。多武峰《とうのみね》の僧が山口にやってきてキリシタンになったこと、その僧の紹介で比叡山訪問の機会を得たことにより、イエズス会は畿内布教の足がかりを得ることとなった。畿内布教が本格的に展開される中で、彼らの権力者観に大きな変化が見られるようになる。一つはこれまでの大名領国単位での権力者情報から、日本全国の情報も伝達するようになったこと、もう一つは再び天皇と将軍を権力者として位置づけ直したことである。

日本全国にわたった権力者情報を伝達した書翰は数通確認できる。共通して書かれていることは、日本の支配者の変遷と現在の統治状況である。日本は六十六ヵ国に分かれ、かつては天皇が唯一人の日本君主として君臨していたが、やがて将軍がすべてを支配するようになり、天皇に従わなくなった。事態はさらに進み、各領国の統治者が次々と蜂起し、現在複数の大名が各領国を支配する国家となったというものである。

その一方で、この時期天皇と将軍の存在に再び注目するようにもなる。かつては両者にも実体的な権力が備わっていたが、西欧人が来日した頃は実質的な支配力をもたない、権威のみの権力者として理解される。しかし、そうした名誉のみの権力者である天皇と将軍に対して、実力では勝る戦国大名が敬意を示している様子を見て、宣教師たちは権力のみでは把握できない日本の権力構造を看取したのである。

この段階に入って、彼らは戦国期日本の国家を権力と権威の両側面から理解するようになり、その支配状況の特徴を歴史的変遷によって把握し、説明していったのである。

戦国期日本の国家観

このように、畿内布教が開始されると、日本の権力者情報もより詳細に記されるようになった。戦国期の国家観はほぼこの時点で確立したといえるだろう。そこで、宣教師がいかなる判断のもとに、日本の「国王」を見極めて国家観を形成していったのか確認しておきたい。

まず、宣教師の書き記す「国王」は南欧（南ヨーロッパ）語の訳語であり、日本側の史料に登場する日本語の「国王」とはまったく次元の異なる語句であることを忘れてはならない。彼らは通常「命令権」や「支配権」を有する実質的な権力者に対して、「国王」と表記する。そして、それに値するのが天皇と将軍であると、ザビエルは認識して来日した。だが、入京してその認識を改めたことは、すでに述べた通りである。すなわち、日本は統一国家ではなく、戦国大名が各領国の「国王」として君臨している複数からなる国家と判断したのである。この時点で「国王」の支配領域が日本全国から大名領国へと変更されている。それは、宣教師の間で、大名領国がある程度独立した国家であると判断されたからに他ならない。

それが畿内布教後再び天皇と将軍に注目する。権力だけでは把握できない日本の国家事情を見抜き、戦国期の国家を権力と権威の両面から理解することで、日本を連合国家的な国家と捉えるのである。それはすなわち、実態は大名領国を基盤とする国家であるが、権威という側面から見ればある程度統一された国家であるとの理解であった。このような大名領国と日本全体をそれぞれ一国家とする、いわば重層的な国家構造が戦国期の日本であると、彼らは見たのである。

では、こうした理解はいつまで続くのであろうか。実は、戦国時代はもとより、織豊期・徳川初期にいたるまで変化がみられないのである。日本の上部構造に対する理解は、統一政権の誕生以降大きな変化をもたらすが、重層的な国家構造という枠組みに対する認識は、結局改められることはなかった。こうした宣教師の国家観は、中世国家と近世国家の移行過程を考える上で大きな意味を持つ。国家構造、とりわけ大名領国を国家とみなす理解は、戦国期から徳川初期に至るまで断絶的な変化はなく、連続性が認められるのである。

2　宣教師のみた信長

尾張の国王信長

宣教師が信長のことを初めて書翰に書き記したのは、ルイス・フロイスが京都退去を余儀なくされて、堺で都復帰にむけて奔走していた時であった。当時フロイスは足利義栄《よしひで》擁立に大きく関わった篠《しの》原長房《はらながふさ》を介して、京都復帰を画策していた。それがなかなか進展をみないでいた時に、織田信長が足利義昭《よしあき》を奉じて上洛したという情報を入手したのである。翌年和田惟政《これまさ》と佐久間信盛《のぶもり》が接収奉行として堺にやって来た時、フロイスは彼らと対面し、とりわけ惟政の尽力によって京都復帰が実現した。フロイスが京都に戻ると、惟政は次に信長に会わせようと奔走する。信長は一度目の訪問では対面を断ったものの、二度目に二条城普請現場でフロイスとロレンソに会った。これ以降、フロイスをはじめイエズス会宣教師は信長に数十回にわたって会うこととなる。

そのイエズス会宣教師は、信長のことをどう説明したのであろうか。フロイスがまだ堺にいた永禄十一年（一五六八）では、「尾張の国王」が上洛してきたとの説明をしている（一五六八年十月四日付フロイス書翰）。この場合の「国王」は、領国を支配する戦国大名に対して用いられる「国王」である。したがって、この段階では西国に多数いる戦国大名と同等の評価しかされていない。

翌年、フロイスは信長と初対面を果たす。その直後に彼が書いた書翰には、有名な信長の人物評が書かれている（一五六九年六月一日付書翰）。背は高くて痩せ型、ヒゲは少ないなどの信長の容貌をはじめ、人と話をする際には長い前置きを嫌うといった信長の人となりが読みとれておもしろい。もう一つ興味深いのが、宣教師の信長に対する呼び方である。もちろん信長の面前では違うのであろうが、書翰や報告書を作成する際、彼らは呼び捨てで「信長」と表記している。宣教師の史料では、戦国大名は「豊後の国王」「山口の国王」のように支配地域の「国王」という書き方が一般的である。その他の武将に対しては「〜殿」とたいてい書かれている。しかし、信長に対しては、「尾張の国王」や例外的に「上総殿《かずさどの》」という表記があるものの、本能寺の変に至るまでそのほとんどが「信長」である。のちの秀吉や家康はそれぞれ「関白」「内府」と書かれており、呼び捨てでは表記されてはいない。「信長」の表記はイエズス会史料の中でも特異な事例に位置する。情報提供者が「信長」と呼んでいたからと思われるが、現存する史料からそれを特定できないのが残念である。

信長の呼称自体には変化はなかったが、彼に対する評価はその支配領域の拡大とともに大きく変化していく。天正年間（一五七三―九二）に入ると、信長を「全日本筆頭の君主」（一五七九年十二月二十五日付フランシスコ・カリオン書翰）や、「日本最大の君主」（一五七八年十月十六日付フロイス書翰等）と説

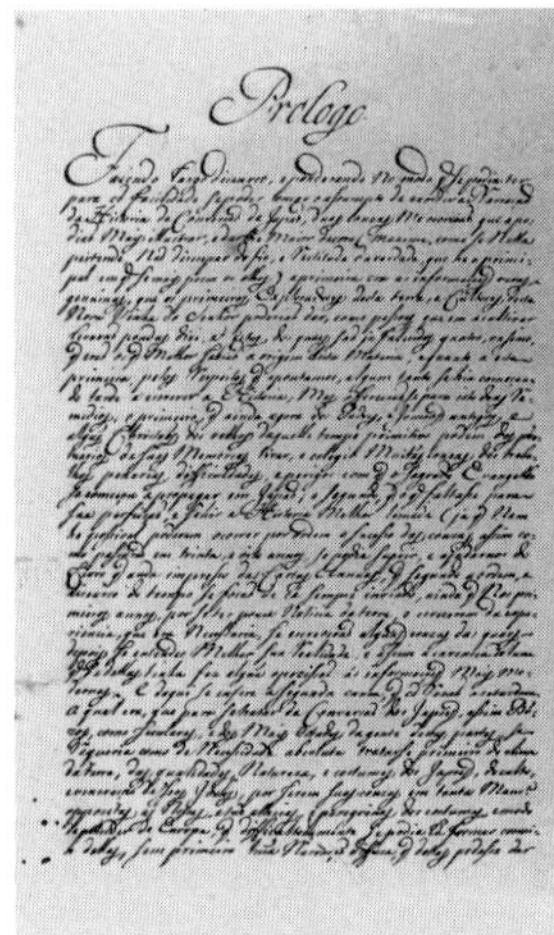

38　フロイス日本史

明するようになる。「君主」はセニョールという単語の訳語で、「領主」「主人」とも訳せる幅広い意味をもつ語句である。したがって、この単語をもって高く評価すべきではない。しかしながら、「全日本筆頭の」や「日本最大」という説明部分を含めて考えると話は変わってくる。これまで、宣教師が領国単位で戦国大名を「国王」と位置づけ、日本全国を単位として「国王」や「君主」を説明したのは、天皇と足利将軍に対してだけであった。この天皇や将軍と同じような説明をした点において、信長を他の戦国大名とは異なる評価をしていたことが読みとれる。それは、信長が戦国大名の中でも突出した権力の持ち主であり、それゆえこうした表記がされたものと考えられる。

けれども、このような説明は以前にもあり、大内義隆に対しても同様であった。フロイス「日本史」に「(ザビエルは、)当時日本中で最大の君主は、人々が語っているとおり、既述の山口の国王「大《おお》内義隆《うちよしたか》」であることを看取し」たと書かれている。信長と義隆とでは、権力の面において比較にはならない。だが、日本布教間もないイエズス会にとって、西日本最大の大名であった大内義隆も、信長同様戦国大名の中で特別強大な権力者と映ったのであろう。このことから、信長はこの時点で畿内諸国の大領主ではあったが、天皇や将軍のような日本全国の支配者とはみなされず、かつての大内義隆同様、日本の主たる権力者として認識されるにとどまったのである。

また、こういった説明も見られるようになる。一五七八年七月四日付ジョアン・フランシスコ書翰に「今や全日本の皇帝のようになっている信長」とある。これまで日本の「皇帝」と宣教師の史料に書かれていれば、それは天皇もしくは足利将軍のことを指していた。宣教師が「皇帝」という語句を用いる場合、「国王」である大名を束ねる権力者もしくは統括者として使用していた。信長にもこういう表記がされるようになったことは、この時期宣教師の目から見ても、信長は日本の統一権力者に近づきつつある権力者であったといえるだろう。こうした説明は、他の戦国大名には見られないものであり、注目に値する。先ほどの「日本最大の君主」という説明と併せて考えると、宣教師は信長を天皇や将軍と同等、もしくはそれに近い権力者として位置づけようとしていたと考えられる。ただし、これもあくまで「皇帝のように」であり、宣教師はいまだ信長を日本全国の統一権力者として位置づけてはいない。それは、彼らの布教の拠点は豊後や北九州であり、この地域にまで支配力が及んでいない信長を、日本全国の権力者として評価するには至らなかったのである。

結果、信長は畿内においては絶対的な支配力をもちつつも、九州で宣教活動を続ける宣教師にとっては日本全国の権力者としての実感が沸かず、統一権力者とは記さなかった。とはいえ、信長が日本全国の統一権力者となるのも目前であり、それだけの権力を伴っていたと、彼らが評価していたことも見過ごすべきではない。

天下の君主

信長は統一権力者とはみなされなかったものの、強大な権力者であったことはイエズス会宣教師も認めており、これまでの権力者とは一線を画する説明をしている。「天下の君主」の使用もまたその一つである。本能寺の変後に書かれた一五八一年度日本年報には「信長は都および天下の君主」であると書かれており、より詳しい史料が一五八二年に書かれたフロイスによる信長の死に関する報告書である。該当部分を引用しよう。

彼〔信長〕は尾張と称する国の半（国）の領主に過ぎませんでしたが、策略と軍事力によって日本全国の国王内裏に次ぐ人物である公方様を都（の君主〔将軍職〕）に就任させました。また、戦さでは勇敢であり、寛大な気質で、策略に長けており、元来思慮深いので、つねに日本人の心をつかんでおります。その後、公方を都から追放して、日本の君主国と呼ばれる天下という近隣諸国の征服に乗り出しました。これが成功を収めたので、彼はさらに名声と領土を広げ、わずか数年で五十国以上を征服し支配下に置きました。

この部分は信長の統一事業への過程を明快に説明したものである。尾張の一領主でしかなかった段階から、義昭を将軍に就かせ、その後義昭を追放して天下の支配に乗り出し、達成したと書かれている。

このように、イエズス会宣教師は本能寺の変が起きる直前に、信長を「天下の君主」と説明するようになる。天下は一般的には日本全国を指すように思われているが、宣教師は信長を日本全国の支配者とは見ていないので、天下と日本全国とは別の語句であると理解していたことが分かる。学界での天下に対する見解も、日本全国を指すというよりは京都を中核とした畿内諸国としており、そのことが宣教師の認識からも裏付けられたといえるだろう。

では、この「天下」という語句を彼らはどのように理解していたのか。『日葡辞書《にっぽじしょ》』には「帝国もしくは君主国」と説明がされているが、宣教師の史料から読みとるに、おおむね「日本の君主国」と宣教師には理解されていたようである。その「君主国」とは、本来ただ一人の最高権力者、すなわち君主・皇帝による支配体制を指す。つまり、信長が「天下の君主」と記されたことは、彼が日本の君主国の王として評価されたことを意味している。

VOCABVLARIO
DA LINGOA DE IAPAM
com adeclaração em Portugues, feito por
ALGVNS PADRES, E IR-
MÃOS DA COMPANHIA
DE IESV.
COM LICENÇA DO ORDINARIO,
& Superiores em Nangasaqui no Collegio de Ia-
PAM DA COMPANHIA DE IESVS.
ANNO M.D.CIII.

39　日葡辞書

もちろん、「天下」という文言自体は古来からあり、信長自身も上洛以前より使用している。また、フロイスも永禄十二年（一五六九）に信長から朱印状を得ているので、天下布武印《てんかふぶのいん》の意味について多少の知識はもっていたことだろう。しかし、宣教師が信長を「天下の君主」と認めたのは、安土に居を移した頃であった。彼らがこの時期になって初めて「天下」を使用して説明したことを考えるならば、この時信長は全日本の統一権力者ではないが、これまでとはまったく異なる権力者になったと認識されたといえる。彼らが信長を君主国の王と理解していたことから考えて、天正年間の織田政権を足利幕府に代わる新たな中央政権の誕生と位置づけられる。言い換えれば、「天下の君主」という文言の使用を契機に、新たなる時代の幕明けを見て取ることも可能なのである。

3　宣教師のみた秀吉

信長の一部将秀吉

フロイスが秀吉とはじめて顔を合わせたのは、おそらく永禄十二年（一五六九）にフロイスが京都復帰を果たし、信長のいる二条城普請場を訪問した時であると思われるが、彼の書翰からは確認できない。フロイスが秀吉について語るのは、それよりも少し後のことで、岐阜に赴いた時である。信長が岐阜に戻ると、まもなく伴天連《ばてれん》追放の綸旨が発せられ、宣教師の京都滞在が困難な状況になった。そこで、助けを求めてフロイスたちは信長のいる岐阜に赴くのである。信長はそれを受けて、京都滞在を再び認めた朱印状を出すこととなるが、秀吉はこの件で取り次ぎ、副状も与えている。この時のやりとりがフロイスの書翰に書かれており（一五六九年七月十二日付書翰）、これがイエズス会書翰における秀吉の初見である（ただし、この記事は「日本史」では「（大津）伝十郎（長昌）」となっており、秀吉の初見時期を訂正する可能性を残す。ただ、写本も含めて現存する書翰すべてが「藤吉郎」になっていることから、ここでは秀吉としておく）。

その後は、「信長の重立った部将の一人」といった説明がされており、信長の重臣として宣教師に認識されていたことが分かる。しかし、それ以上の評価はなく、秀吉が宣教師に注目されるのは、本能寺の変まで待たなければならない。本能寺の変後、しばらく経って書かれた一五八三年度日本年報に、信長の家臣の一人であった「羽柴筑前殿」が天下の支配や統治を行ったと書かれている。

だが、周知のように秀吉が天下一統を果たすには、熾烈《しれつ》な争いが繰り広げられた。宣教師の書翰によれば、信長の地位であった「天下の君主」を望んだのは、秀吉のほかに織田信孝らがいたという。秀吉はこうした信長の子息や重臣たちを従えていく必要があった。とりわけ秀吉は柴田勝家を恐れていたと宣教師は書き記す（一五八三年度日本年報）。その勝家を賤《しずが》ヶ岳《たけ》の戦いで破り、他の信長の重臣たちを従えると、秀吉の目指していた「天下の君主」になるに至った。もちろん「天下の君主」というのは宣教師側の評価や認識であり、何をもって「天下の君主」と認められるのかという定義はない。信長の時と同様、畿内諸国を従えたことと、信長の後継者となったことが理由なのであろう。秀吉はこの時点で信長の後継者として周囲にも認められ、信長の最終的な地位であった「天下の君主」の座についたのである。

40　豊臣秀吉

関白秀吉

「天下の君主」となった秀吉は、次に「日本全国の絶対君主」すなわち日本全国の統一権力者を目指した。「日本全国の絶対君主」は信長の目指していた地位であり、フロイスも「信長もそのつもりであったように、(秀吉は)日本全国の絶対君主になるまで、足を止めることはないようです」と書いている(一五八四年一月二十日付フロイス書翰)。秀吉がその「日本全国の絶対君主」として評価されるのが、秀吉の関白就任時である。

秀吉の関白就任については、宣教師も注目したところであり、フロイス書翰(一五八五年十一月十三日付書翰)にもこのように書かれている。

羽柴筑前殿は、全日本の国王である(天)皇から、同人が与えることができた最高の権威と栄誉を受けるため都に向かいました。それは、すなわち(天)皇が彼を名誉において(天)皇のすぐ次の(地位に当たる)関白殿に任じたことであり、これは(織田)信長の才知や権力、(天)皇に示した多大なる庇護をもってしても、彼がたいへん望んでいたこの称号を与えなかったものであります。(中略)このようにして、彼は日本全国の絶対君主となりつつあります。

宣教師は関白を天皇に次ぐ地位であると認識しており、信長が望んでもなしえなかった関白就任が実現したと書かれている。そして、秀吉権力がいかに強大なものかを説明している。信長が関白を望んでいたかどうかは、フロイスが関白を日本全国の君主の代名詞として理解していた節もあり、文言通りに読み取ってよいと断定はできない。しかし、信長が日本全国の絶対君主を目指していたと宣教師が考えていたのは確かであり、秀吉は関白就任によってその地位目前というところまできたと、彼らも感じることができたに違いない。

それ以降は、秀吉を「ほぼ（日本）全国の君主」（一五八六年十月十七日フロイス書翰）というように、日本全国の君主に近づきつつある権力者と評価し、最終的には「日本全国の絶対君主」（一五八八年度日本年報等）や「日本全国の国王」と記されるに至る。こうした表記がされるようになるのは、管見の限りにおいて一五八八年二月二十日付フロイス書翰からであるので、秀吉が関白に就任し、九州の平定を果たした時期をもって、宣教師は秀吉を「日本全国の国王・絶対君主」と呼ぶようになったといえよう。つまり、宣教師の宣教活動地域である西日本一帯を支配した時点で、秀吉をこのように評価したのである。実際全国統一は、北条氏を滅ぼし、奥州平定を果たした時点の一五九〇年であるので、宣教師の認識は若干のズレがあるが、今我々が読んでいるのは、イエズス会宣教師の書いた史料であることを常に念頭に置く必要がある。

秀吉と天皇

このように秀吉が宣教師から「日本全国の国王」と評価されるとともに、この時期彼らの権力者観で注目される記事が見られるようになる。それは彼らの天皇観である。イエズス会が最も天皇に注目していたのは、ザビエルが来日して入京するまでのことであった。来日する以前ザビエルは天皇が「日本国王」であると認識していた。だが、先に述べたように京都と内裏の荒廃ぶりを目の当たりにして、布教方針を大きく転換させることとなった。それ以降は時々天皇に関する記事が載せられるもののの、かつては「日本国王」であったが、現在は名誉のみの権力者であるとの表記に留まっている。信長時代においても、伴天連追放の綸旨が発せられたことで、正親町《おおぎまち》天皇の存在がクローズアップされはしたが、それも天皇の存在を注目してのことではない。宣教師は天皇の権威というものは認めていたものの、日本の権力者としてこれまで重視したことはなかった。

しかし、秀吉が統一権力者になって以降、天皇に対する認識に変化が生まれてくる。名実ともに日本の統一権力者となった秀吉であったが、彼の地位は天皇より下位の関白であったと宣教師は認識し、天皇に実質的な権力がないことを分かった上で注目するようになる。もちろん、天皇に対する評価が変わったわけではない。しかし、秀吉が関白に就任して以降、天皇情報をたびたび宣教師の書翰や報告書に記載している。とりわけフロイスは、天皇こそが「真実・本来の国王」なのだということを書翰や年報および「日本史」に書き記している。秀吉による武家政権が全国統一して以降もなお、天皇および朝廷の存在が否定されなかったことが、宣教師にとって奇異に映り、注目に値する事柄と捉えたのであろう。

このことは、豊臣政権ひいては武家政権に、天皇と朝廷を否定するという選択肢は存在していなかったことを示しているともいえる。豊臣政権期の公武関係を考える上で、留意すべき事柄といえよう。

宣教師の信長・秀吉への期待

これまで、宣教師が信長と秀吉をどう見てきたかについて述べてきたが、キリシタン世紀と呼ばれる約一世紀にわたる日本布教史の中で、宣教師は信長と秀吉をどう評価し、何を期待していたのかをまとめることにしたい。

ザビエルの布教方針からも窺えるように、イエズス会は布教地の権力者から布教許可ないしは保護を受け、効率的に布教成果を挙げようと考えていた（五野井隆史・一九九〇）。日本布教に際してはザビエルが語るように、来日後すぐに「日本国王」である天皇と足利将軍のいる京都を訪れ、両者の保護のもと一気にキリスト教界を拡大させる計画であった。しかし、それが入京によって不可能であると悟ったのである。

その後は戦国大名領国ごとに宣教活動を続けていくが、このうち誰が日本の統一権力者になるかということは、イエズス会宣教師たちの重要な関心事だったに違いない。そうした中、信長が畿内地域で強大な権力を持つようになったことから、日本の中央政局をおさえたものと判断し、信長を「天下の君主」と呼ぶようになっていく。そして、日本全国の絶対君主となるのも目前という段階に至り、天皇や足利将軍とは違った、実質権力の伴う統一権力者が誕生することを期待していたと思われる。しかも、その信長は既存の宗教である仏教に批判的であったことから、彼らは信長を高く評価していた。

しかし、本能寺の変直前、その評価は一変する。天下の君主と評価される頃と時期を同じくして、信長は神になろうとしたと宣教師に説明される。実際信長が神になろうとしたか否かは定かではない。だが、神になろうとしているようにみえた信長の行動・言動とは何だったのか。これまでにも、信長神格化の是非が論じられてきたが、まずはこのことを明らかにする必要があるのではなかろうか。ここではその一因を挙げるに留めるが、宣教師は信長にキリスト教界の拡大とデウスの崇敬を期待してきたものの、それとはかけ離れた方向へと信長が進んだこと、すなわち崇敬の対象がデウスではなく、自身に向かわせる行動を信長がとったことが、信長批判や神格化を思わせる説明になったと考える。

その信長が本能寺の変でたおれると、秀吉がその後継者として躍り出た。それまでたいして気にもとめなかった秀吉が、信長の地位であった「天下の君主」となり、信長の目標であった日本全国の絶対君主にもなった。その間、秀吉とイエズス会の関係は良好であったが、突然伴天連追放令が発せられ、イエズス会はこれまでにない不遇の時代を迎える。それ以降宣教師は秀吉を「暴君」と呼んで批判するとともに、再び戦乱の世が到来することを期待する。しかし、そうなることはなく、秀吉の死後家康が後を継ぎ、日本のキリスト教界は一時的には盛況であったが、その後史上最悪の宣教師追放とキリシタン弾圧が行われ、彼らにとっての「鎖国」の時代を迎えるのである。

コラム

戦国の村社会

齋藤悦正

戦いや争いが絶え間なく起きていた戦国時代、人々は、常に作荒《さくあ》らし・放火・人さらい、そして殺傷などの恐怖と背中合わせの環境の中で、個人や集団で自らの権利を守らなくてはいけない、自力救済の社会を生きていた。そのため村は防御上の機能を併せ持つ景観を形成し、多くは一軒から数軒が垣で囲まれた集落、垣内《かいと》集落をつくって生活していた。

当時は兵農未分離の状態で、村落には多くを占めていた百姓のほかに、在地領主や武力を持ちつつも農業を営む地侍《じざむらい》・土豪《どごう》層が屋敷を構えて居住し、下人《げにん》など家内労働力を多く抱えながら大経営を行っていた。これらの他には自らの土地を持たずに大経営の小作をする自立困難な下層農民も多数存在していた。

村は、地域の鎮守に奉仕する集団である宮座《みやざ》が中核となって運営された。村の構成員は年齢階梯制に則った集団を形成し、老《おとな》は村を主導し、中老がこれをうけて村の執行役である若衆《わかしゅう》を指揮し、若衆は村の実力（武力）を担っていた。このような組織は惣《そう》（惣村）とよばれた。惣では、村掟《むらおきて》を定めて自治的な運営をし、村内で発生する盗みなどの犯罪・事件に対しては、犯人の捜索から処罰に至るまで自検断で処理していた。惣には村有財産もあり、領主に対しても村として一法人格を認められ、年貢の村請を行う村もみられた。

人々は、一味神水《いちみじんすい》の手続きを経て、一揆とよばれる強固な社会結合を形成した。これは、外敵に対する防御や領主への抵抗などに発揮され、領主の恣意的な権力行使を規制する役割を果たした。畿内では、一揆が地域の裁判権も掌握して、これを主導する地侍層が大名権力の被官となりながらも、独自の権力機構をもって郡中惣を形成した地域もあった。

山林や用水の用益をめぐっては、周辺の村々との協同が必要とされる一方で、自村の利益のためにそれらの村と対立することもあった。開発地の拡大、または凶作や飢饉など、村の生産・生活と大きな関わりをもちながら、地域内の村どうしでの戦争状態も惹起された。このような際には村の武力として地侍以下、惣の若衆などが実行部隊として参加した。また、地域的な利害関係から連合し、協同体制をとって他の勢力と争われることもあった。

一揆は、領主の厳しい支配に抵抗する核となり、年貢・公事の減免要求や年貢上納の対捍《たいかん》の際に、一同で逃散《ちょうさん》するなどの抵抗が行なわれた。このため戦国大名は、在地領主を利用したり、地侍層を被官化して村社会への支配を貫徹しようとした。一方で在地領主や地侍層のなかには、戦国大名に対抗することでなく、大名権力に結びつくことで村内の支配権を掌握しようとするものもあった。

統一政権として立ち現れた豊臣政権は、こうした村社会の自力救済を否定し、地域小領主の中間搾取を否定するなどの政策を推し進めていった。刀狩りや太閤検地などの諸政策を経て、戦国の村社会は変貌していったのである。

Ⅱ　構想と世界観

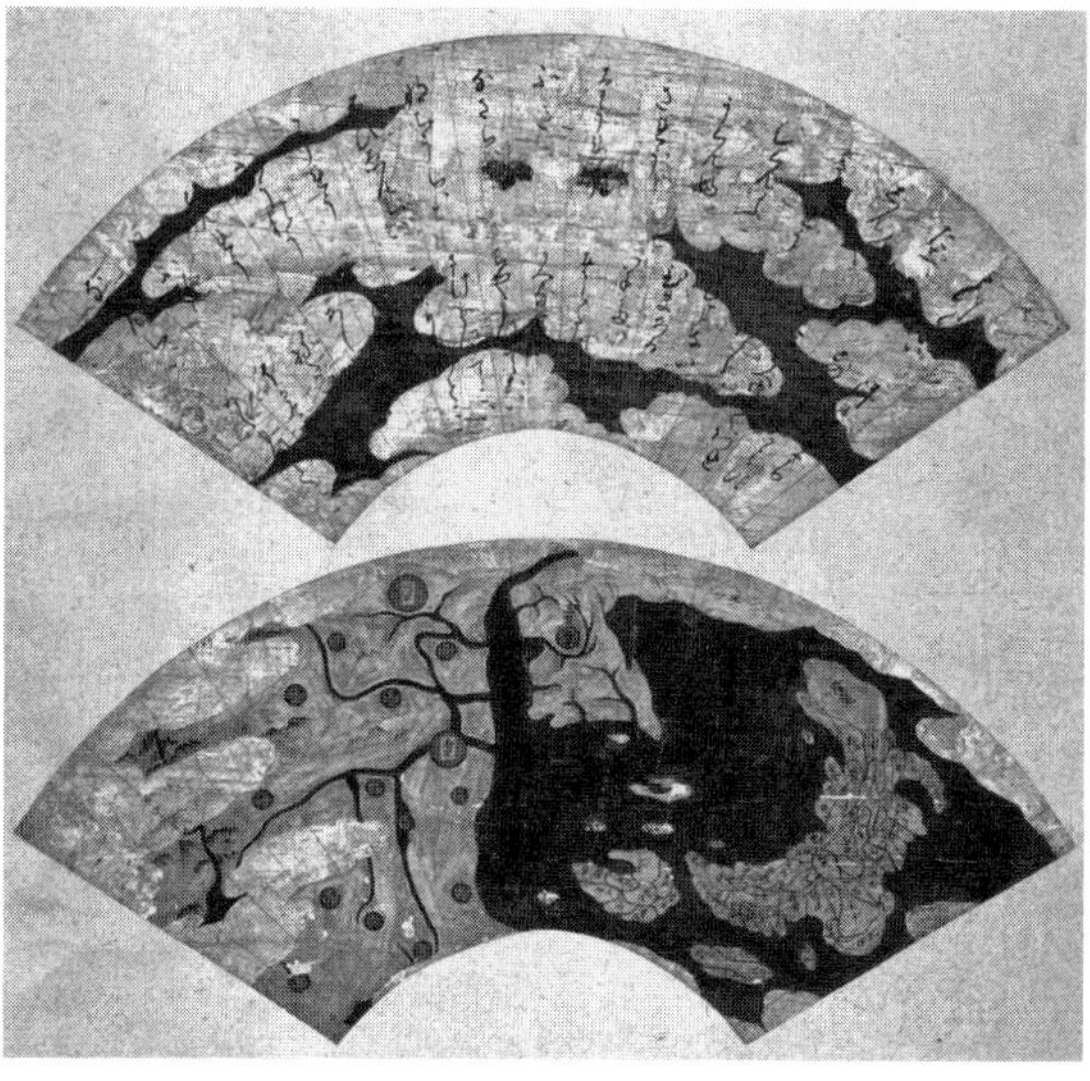

41　三国地図扇面

豊臣秀吉が作らせ，手元に置いていたとされる扇の面．片面にハングルとそれに対応する日本語，もう片面には明・高麗(朝鮮)・日本の地図が描かれている．「日本国王」から「中華皇帝」へと展開する天下人たちの国家構想を伝えているとは考えられないだろうか．

一　太田牛一の歴史認識

村上　隆

1　和辻哲郎の鎖国論と信長

『鎖　国』

かつて和辻哲郎《わつじてつろう》は、遠くポルトガルのヘンリ王子に始まる「東方への視界拡大の運動」から語り起こした、その著書『鎖国《さこく》』を、信長の死をもって終わらせた。彼は言う。

> つまり日本に欠けていたのは航海者ヘンリ王子であった。あるいは王子の精神であった。おそらくただそれだけである。そのほかにさほど多くのものが欠けていたのではない。慶長《けいちょう》より元禄《げんろく》にいたる一世紀、すなわちわが国の十七世紀は、文化のあらゆる方面において創造的な活力を示している。その活力は決して弱いものではなく、もし当時のヨーロッパ文化を視圏内に持って仕事をしたのであったならば、今なおわれわれを圧倒するような文化を残したであろうと思われるほどである。学者として中江藤樹《なかえとうじゅ》、熊沢蕃山《くまざわばんざん》、伊藤仁斎《いとうじんさい》、文芸家として西鶴《さいかく》、芭蕉《ばしょう》、近松、画家として光琳《こうりん》、師宣《もろのぶ》、舞台芸術家として竹本義太夫《たけもとぎだゆう》、初代団十郎、数学者として

関孝和《せきたかかず》などの名をあげただけでも、その壮観は察することができる。
文化的活力は欠けていたのではない。ただ無限追求の精神、視界拡大の精神だけが、まだ目ざめなかったのである。あるいはそれが目ざめかかった途端に暗殺されたのである。（和辻・一九五〇）

この和辻の議論が、いわゆる「鎖国得失論」の範疇《はんちゅう》にあることは言うまでもない。それはまたこの書物が「日本の悲劇」という副題をもち、序説を「太平洋戦争の敗北によって日本民族は実に情けない姿をさらけ出した」と語り出すことからも明らかなように、強いナショナリズムと表裏一体でもあった。

鎖国の概念

和辻は戦時中、海軍大学校における講演で次のように述べてもいる。

フロイスは日本の歴史を書き残しましたかなりの傑物《けつぶつ》でありますが、それが当時の世界の最強国民であるスペイン人よりも日本人の方が優れているとはっきり言い切っているのであります。そうして日本民族の優秀性がシャビエルの日本伝道の理由であったと解しているのであります。これらの伝道師の見当は当たっておりました。ヨーロッパにはもう千年も殉教者が途絶えておりました

42　和辻哲郎

が、日本ではこの後まもなく続々と殉教者が輩出いたしました。これは当時のヨーロッパ人が実際驚嘆したところでありますが、日本にとっては危険この上もなかったのであります。スペイン人がメキシコやペルー（インカ帝国）において何をしたかを知っている者にとっては、全く冷汗《れいかん》を催さざるを得ません。幸にして我々の祖先は、インカ帝国の運命など詳しくは知らないながらも、勘でもってこの危険を防ぎました。その際にこの防禦の方法が積極的であったら、と我々は考えますが、しかし当時の事情としてはやむを得なかったかも知れません。（和辻・一九四四）

この講演が行われた時と場所を考えると「殉教者」や「防禦の方法が積極的であったら」などという和辻の言葉には、それを字義通り受けとるわけにはいかない響きがある。「鎖国」という事態に対する和辻の認識は、和辻の置かれた状況、というより日本が置かれた状況に深く根差している。

そもそも「鎖国」という言葉自体が、きわめて状況的な言葉であった。一八〇一年にオランダ商館医師ケンペルの「日本誌」の一部を「鎖国論」と名づけ訳出し、「鎖国」という語を世に広めた志築忠雄の仕事は、当時の南下するロシアの脅威という日本の状況ないし危機意識に裏打ちされたものであったろう。

「鎖国」という概念は、日本を世界との関わりにおいて、総体として捉える言葉であってみれば、それは一定の歴史的現実を指示する言葉であると同時に、その後の日本の在りようを論者自身がどう捉えるかを示す象徴的な表現としても理解されることは避けられないだろう。

従来の鎖国観

従来の鎖国観には、鎖国を過度に孤立的なものと捉え、またあまりに対西欧に偏った視点から捉えるという問題点が存在すると言われる。荒野泰典氏は「『鎖国』という言葉が歴史的実態から離れてリアリティを失い、閉鎖的なイメージのみが一人歩きしている」として、「従来『鎖国』と呼ばれてきた近世日本の体制は、『海禁《かいきん》』と『華夷秩序《かいちつじょ》』という二つの概念に置きかえることが妥当である」と主張する（荒野・一九八八）。

これまで見落とされてきた東アジアとの関係の中で「鎖国」を見直せば、「鎖国」下の近世日本は必ずしも「アウタルキー」（自給自足経済）ではなかったし、日本はウエスタン・インパクトに対してただひたすら消極的に「国を閉ざした」のではなく、「対外関係を積極的に編成していく」営みがそこにはあったという。

和辻の信長評

しかしながら、そうした見解を認めた上でもなお、というよりはむしろ「海禁」と「華夷秩序」の中で近世日本が「東アジアの伝統的な国家像の規定性」を受ければこそ、和辻のいう「世界的視圏をおのれのものとなし得なかった」ことは否定できまい。和辻は信長について次のようにいう。

信長は信仰の要求を持たず、従って宣教師の要求する第一の資格を欠いてはいたが、しかし未知の世界に対する強い好奇心、視圏拡大の強い要求を持っていた。それは権力欲の充足によって静まりかえるようなものではなかった。それをフロイスは感じていたのである（和辻・一九五〇）。

あまりに多くを宣教師の言葉に負うている和辻の信長評ではある。しかし「鎖国」というその後の日本の在りようの成立、あるいは「海禁」と「華夷秩序」というその後の日本の情況形成に信長の死が深く関わっている、そのことは確かだろう。「開国とはある象徴的な事態の表現としても、また一定の歴史的現実を指示する言葉としても理解される。象徴的にいえばそれは『閉じた社会』から『開いた社会』への相対的な推移を意味する」という、「開国」という事態に関する丸山真男氏の言葉（丸山・一九九二）にならって「鎖国とはある象徴的な事態の表現としても、また一定の歴史的現実を指示する言葉としても理解される。象徴的にいえばそれは『開いた社会』から『閉じた社会』への相対的な推移を意味する」と今、「鎖国」という事態を表現することは思弁に過ぎるだろうか。

ともあれ時代の分岐点に存在する一人の武将、信長をめぐる様々な言説の遡源に位置する『信長公記』の筆者太田牛一《おおたぎゅういち》は信長にはたして何を見たのか。信長の生きた時代をどのように捉えたのか。そこから始めていくこととしよう。

2　信長公記の性格

記録性と大衆性

太田牛一の『信長公記』の類書に、『信長公記』を信長の「功の是非をろんするに、はくに約なり、上世の史ともいいつへし」としながらも「ろだつなきにあらず。予是を本として、かつうは公の善、ことことくそなはらさる事をなけき、かつはこう有て、もれぬる人、そのいかんいかはかりそやと、おもふまゝにかつかつひろひもとめ、かさねてこれをえらぶ」として執筆された小瀬甫庵《おぜほあん》『信長記』がある。

太田牛一『信長公記』と小瀬甫庵『信長記』、両書の関係はすでに「前者は事実を直叙した記録性に、後者は読みやすくまとめた大衆性と儒教色に、それぞれ特色がみられる」(加美宏・一九八五)と言われ、それはまた簡潔に「『信長公記』の記録性と、甫庵本『信長記』の思想性」(沢井耐三・一九九六)とも言われている。

その「記録性」に関連して加美氏は、『信長公記』を「家記の一変型である一代記を縦軸として、そこに合戦記を横軸として配置しており、戦国軍記の主要な形態を吸収・統一したもの」であり、「拡散・混乱を続けた戦国時代が統一・吸収されてゆくという歴史の大きな流れが、彼らの戦いと生涯の記録の中に集中化されているといった意味で、軍記物の伝統を継承したもの」であるという(加美・一九八五)。つまり「記録性」の背後には、武将たちの行実を語ることそのこと自体にその時代を見る眼が存在している、ということであろう。

信長公記の記録性

では『信長公記』の「記録性」の背後にあってそれを支える眼とはどのようなものか。

太田牛一は自著『信長公記』の執筆姿勢について、「儻、一点ノ虚ヲ書スルトキンバ、天道如何ン」(池田家文庫本『信長記』奥書)と、自著の「虚」を排した「記録性」を「天道」との関わりにおいて述べている。であれば牛一の「記録性」を背後から支える眼、信長という人物に対する眼差し、つまるところ『信長公記』叙述の姿勢、信長という武将の行実にその時代を見る眼は、さしあたりこの「天道」との関わりにおいて捉える必要があるだろう。

3　天道と信長

愚管抄にみる天道

小堀桂一郎氏は、我が国最初の歴史哲学書といわれる『愚管抄《ぐかんしょう》』にわずかに二箇所、一つは慈円《じえん》自身の言葉として、もう一つは引用された武士に対する訓辞の文案中の言葉として、それぞれ使用される「天道」についてかつて興味深い指摘をした（小堀・一九八七）。少し長くなるが氏の見解を見てよう。

まず一つ目は、九条道家《くじょうみちいえ》の子、まだ二歳の頼経《よりつね》を鎌倉に送り、初めて公家出身の将軍とするという計画について、九条道家の後見でもあった天台座主慈円が次のように記した文中にある「天道」である。

ソレニ今コノ文武兼行ノ摂籙《せつろく》ノイデキタランズルヲ、エテ君ノコレヲニクマンノ御心イデキナバ、コレガ日本國ノ運命ノキハマリニナリヌトカナシキ也。コノ摂籙臣ハ、イカニモ〳〵君ニソムキテ謀反《むほん》ノ心ノヲコルマジキナリ。タヾスコシホヲゴハニテアナヅリニク、コソアランズレ。ソレヲバ一同ニ、事ニノゾミテ道理ニヨリテ萬《よろず》ノコトヲコナハルベキ也。一同ニ天道ニマカセマイラセテ、無道ニ事ヲオコナハヾ冥罰《みょうばつ》ヲマタルベキナリ。

この箇所について小堀氏は、「公家の幼児の将軍職承襲といふ奇策には慈円といへどもそこから道理を抽出し表現すること困難」であった。そこで「道理の射程の圏外に出てしまったことを自覚した慈円」は「道理を超えた道理としての天道に思ひ到り、その命の下るのを要請したことを意味する」のではあるまいか、という。

もう一つは、「事毎に暴力沙汰で物事を解決しようとする傾向が見える」武士たちに対する訓辞《くんじ》の文案として引用された文中にある天道である。

先武士ト云フモノハ、今ハ世ノ末ニ一定當時《とうじ》アルヤウニモチイラレテアルベキ世ノ末ニナリニタリトヒシトミユ。サレバソノヤウハ勿論也。ソノ上ニハコノ武士ヲワロシトヲボシメシテ、コレニマサリタルトモガライデクベキニアラズ。コノヤウニツケテモ世ノ末ザマハイヨ〳〵ワロキ者ノミコソアランズレ。コノトモガラホロボサンズル逆乱《げきらん》ハイカバカリノコトニテハアルベキナレバ、冥ニ天道ノ御サタノホカニ、顕ニ汝等《なんじら》ヲニク、モウタガイモヲボシメスコトハナキ也

このいささか意味の取りにくい訓辞の文案を「今仮に武士を滅さうとする敵対者が現れたとしても、恐らく武士共の敵ではあり

43　慈円

えない。とすれば、今や汝等武士共が恐れねばならない相手とは、眼には見えぬ天道の御沙汰以外にはない。現実には他に汝等がその憎悪や疑惑を恐れねばならぬ相手は存在しない」とまとめた小堀氏はこれを、「道理が説得力を持たぬ次元に於て唯一権威を保つであらうものとしての天道の理念を彼が発見したことを示唆する措辞《そじ》」ではあるまいかと言う。そしてもちろんこの「天道」は「一つの普遍的な脈絡として武家社会の言語を貫流していた」と指摘する。

相良亨氏は『愚管抄』あるいは『貞永式目《じょうえいしきもく》』に見られる中世の「道理が慣習の次元をこえるものではないということ」「すくなくとも道理は、時代や場所をこえる普遍的な規範ではな」いと指摘する（相良・一九八九）。

だとすれば小堀氏の指摘する「道理の射程の圏外に出てしまった」という慈円の自覚において持ち出される「天道」とは、状況を超え出ているという意味において普遍性を持つ観念である。それはまた同時に、関白九条兼実《かねざね》の実弟である慈円が、結果として今に続く天皇という血統の連続性を中核とする正統性を合理化し正当化するものとして繰り返し主張する「道理」、その「射程の圏外」にあるという意味において、超越性を持つ観念でもあろう。

天道と運命

「天道」が「道理の射程の圏外」にあって、武士たちの行為を普遍的・超越的に規定する観念であるとするならば、「武士の台頭とともに使われるように」なり、「武士の特により多く戦闘にかかわる場面において用いられている」「運命」「運」（相良・一九七六）という観念との関わりを考えておく必要があるだろう。

相良氏は「運が開けるか運が尽きるか、それは勝敗にかけられるのである。その判定が運である」という。「前世現世来世という時間のつながりから言えば、そのようなつながりを断ったという意味で裸な存在としての武士に下る判定、それが武士のいう運なのである。それはあえて言えば天の下す判定なのであって、前世からの規定ではない」。

現在という直下の時間に生き、「運命という人間の力をこえたものの判定に対して、武士は、平然と毅然と『思い切る』ことをもってよしとしていたもののごとくである」といわれる武士の死の覚悟には、「人間の力をこえた」不可知なもの、それゆえ「超越的」ともいわれる「運」「運命」あるいは「天」を媒介とした武士の現実に対する果断な関わり方を見ることができる。

それはまた小沢栄一氏がいうように「漠然」としたものではあるが「歴史の背後の力に思い及ぶもの」でもあった（小沢・一九七三）。

「神明の加護・祟りや、諸悪莫作・諸善奉公の仏説の理や、儒教道徳などと組み合わされていないところに、運命が歴史に作用する場があったのである。それは既成の権威と秩序の伝統的・慣習的な立場と原理がくずれていって、まだなんら新しい道理が内容をともなってつくりあげるに至っていない時期に、それはむしろふさわしく、人の生き方に対して効果をもつ観念であったにちがいない」という小沢氏は、この「運命」と「天道」の関係について「現実には何より生臭い武力をもって事を決する武士の世界にあっては、人事の成りゆきをただこの漠然とした運命だけに帰するのでは、いかにもはかなく、たよりない。まもなく思想としての天道の観念が、この場所にもあらわれてくる」と述べ、「天道」が「運命」に代わって武士たちが自己の行動を委ねる観念として登場してくると指摘する。それは「一種の権威的な力の表現」であり、「現実には運命観に捉えられることが多くても、その運命を決定する方向への模索が、天道に結集されていく、ということなのである。軍記物に、教訓道徳書に、さらには多くの武家古文書に点綴《てんてい》される天道の意義を、このように見極めることは、けっして方向を誤ってはいないであろう」（小沢・一九七三）。

私たちはここで「天道」とは武士にあって、自己の行為・行動の成否を委ねるべき権威として、自己の行為・行動の成否を判定する普遍的な超越者として意識されたということ、それはまた「運命」よりも「歴史の背後の力に思い及ぶ」モメントの強い観念でもあるということをまず確認しておくことができよう。

4　戦国武将の天道思想

神秘性と倫理性

「南北朝時代から江戸時代初期へかけての流行語」であった「天道」について、その背景に「儒仏二教の一致、あるいは神儒仏乃至《ないし》儒仏道の三教一致の思想が瀰漫《びまん》した事実」を見た石毛忠氏は、「戦国武将の天道思想」には「相反する二つの側面」があるとかつて指摘した（石毛・一九六五）。

その一つは「神秘性」であると石毛氏は言う。「優勝劣敗を原則とする苛烈な争覇戦に命をかけ、自らの意志と力によって支配圏の拡充と新秩序の実現を図った戦国武将も、武力の大小強弱によるばかりでなく、まったくの偶然的な事件によって運命の決定されることがしばしばであった。が、そのために厭離穢土《えんりえど》の心を起し現実に背を向けることなく、かえってその偶然性を媒介として現実の関心を一層強めたともいえるのである」。つまり「天道の予見を拒否する神秘性がかえって戦国武将の生衝動を強め、現状打開のエネルギーを提供したのである」と言われる。

もう一つは「倫理性」であると言う。天道の持つ「神秘性」に駆られて行動・行為した、その結果を「必天道次第迄候」と「戦国武将」が受け止めるとき、「天道」には必然性が付与され、「天道」は「秩序と権威の根源に変貌する」という。「戦国大名として、対立と葛藤を常態とするような群雄争覇《ぐんゆうそうは》の世に生き残り、家名の存続を図るためには、家中の団結と秩序の尊重が必須の要件」であってみれば、「恩」あるいは「義理」といった「倫理的精神」涵養《かんよう》の重要性が「天道」の名において語られるようになったと言う。

「神秘性」と「倫理性」とは、「相反する」概念としてはいささか座りが悪いが、要するに、「偶然性」と「必然性」という「天道」の有する「相反目する二つの側面」とは、その「神秘性」として「下克上」の推進と、その「倫理性」として「下克上」の停止という「相反する」ベクトルをもつ概念であると具体的に言い換えることができるだろう。

下克上の精神

「下克上」の時代といわれる戦国時代について相良亨氏は「戦国時代の下克上の進行は、下克上をしのぐ精神の高まりと別のものではなかった」（相良・一九八四）と指摘する。「時に下克上として働き、時に下克上をしのぐものとして働いた一つの精神、それが転換期戦国時代の精神としてとりだされなければならない」という相良氏は、「実力の意識こそが転換期戦国時代の精神を代表すべきもの」であり、「実力の意識は一方に下克上を志向し、他方下から突き上げる下克上に対するものである」という。

つまり「天道」とは武士の行動原理としてみれば、石毛氏のいう「戦国武将の生衝動を強め、現状打開のエネルギーを提供する」という「神秘性」の一面をこそ本義とし、それに相反する「秩序と権威の根源に変貌する」ベクトルを有するとしても、まずはその「実力の意識」において「下から突き上げる下克上に対するもの」としてあったというべきであろう。その後、下克上をしおおせた者の、現状を固定化する説明原理として石毛氏のいう「倫理性」の一面が「天道」には出てくるとしても、「必天道次第迄候」と受け止められた「天道」の必然性とは、まず自己の実力の有無、その結果としての事の成否、として現実を受け入れる態度と解することができる。

より正確に言えば「秩序と権威の根源に変貌した」というよりも、武士にあって、自己の行為・行動の成否を委ねるべき権威として、また自己の行為・行動の成否を判定する超越者として意識された「天道」には、下克上を推進する時にも、また下克上を力によって圧する時にも「秩序と権威の根源」

としての性質を有するというべきではないか。それは、行動する武将が体現する、戦いに勝つことによって実現されるであろう未見の「秩序と権威の根源」であって、戦国の世が終息して後に、現状を固定化する説明原理として既存の「秩序と権威の根源に変貌」したと考えるべきであろう。

既存の秩序に対する反逆や具体的な支配関係を超えること、つまり下克上を社会的、政治的に正当化する「秩序と権威の根源」であるという意味において「天道」とは、まず戦国武将たちの「実力の意識」の相関観念として、「実力の意識」をその普遍的な超越性において支える観念として、捉えるべきなのではないか。彼らの実力の行使を超越的に支え、それを判定するものとして、「天道」とは、まずは超越的な行動原理をその本義とすると押さえる必要があるのではないか。

いま「実力の意識」を〈強さ〉と包括的に表現しておけば、この〈強さ〉とは、分節化すれば「運」の〈強さ〉であったり、意志の〈強さ〉であったり、知力の〈強さ〉であったり、またカリスマ性の〈強さ〉でもあるような、武将の発する総体としての〈強さ〉と考えておきたいが、その〈強さ〉に感応するものとして、また逆にその〈強さ〉が投影されるものとして「天道」があると言ってもよい。

5　首巻における天道

二書の比較

太田牛一の『信長公記』と小瀬甫庵の『信長記』という、それまで「埋もれた古典」であった二つの『信長記』に人々の眼を向けさせた松田修氏の「『信長記』の論はすべてこの牛一本と甫庵本との対比においてなされなければならない」という言葉に立ち返って、『信長公記』『信長記』二書を詳細に比較検討した阿部氏によれば、「天」を含めれば「天道」という言葉は『信長公記』に二二箇所見られるという（阿部・一九九五）。

阿部氏は「全二十二例中、『首巻』が六例、『本文・十五巻』（以下『本文』と略称する）が十六例であり、両者の分量を考慮すれば、『首巻』の比重がきわめて高い」と言われる。角川文庫で言えば「首巻」は約七五頁、阿部氏の言う「本文」は約三四〇頁という分量を考えれば、確かに「天道」という言葉は「首巻」に多く用いられている。

まず「首巻」における「天道」について検討していこう。

永禄一一年（一五六八）の信長上洛以前、天文一一年（一五四二）の小豆坂《あずきざか》の合戦から永禄一〇年の美濃奪取までを叙述する「首巻」の中でも、その後武将としての成長していく信長にとって大きな節目になった二つの出来事に関わる「天道」に対する検討から始める。

6 清州勢力との戦いと天道

戦いの経緯

二つの出来事の一つは信長が尾張半国を手中に収めるに到る経緯を語る出来事である。

これは、①尾張半国の首府である清洲《きよす》城に居住していた守護斯波義統《しばよしむね》が、守護代織田信友《のぶとも》配下の坂《さか》井大膳《いだいぜん》らによって自害に追い込まれる、②柴田勝家《しばたかついえ》らの清洲攻撃によって、首謀者坂井は逃れるものの義統を自害させた一味は壊滅する、③誓紙《せいし》を交わして坂井を謀り、清洲を信長に進上して自らは那《な》古屋《ごや》の城に入った信長の伯父織田孫三郎《まごさぶろう》が不慮の死を遂げる、という一連の事件で構成されている。阿部氏のいうように信長が尾張半国の権力を手中に収め、「戦国大名としての自立の第一歩」を歩みはじめた出来事とこれは意味づけられるだろう。

この三つの事件の顚末、つまり斯波義統の死、義統を自害させた一味の死、そして織田孫三郎の死、いずれも以下のように「天道」の名によって語られている。

斯波義統の死については、

主従《しゅじゅう》と申しながら、筋目なき御謀叛《むほん》思食たち、仏天の加護なく、か様《よう》に浅猿敷無下《むげ》無下と御果候。若公一人毛利十郎《もうりじゅうろう》生捕《いけどり》に仕候て、那古屋へ送り進上候なり。御自滅と申しながら天道恐敷《おそろしき》次第なり。

とあり、義統を自害させた一味の死については、

武衛《ぶえい》様逆心思食立といへども、譜代相伝の主君を殺し奉り、其因果忽《たちま》ち歴然にて、七日目と申すに、各々討死、天道恐敷事共なり。

とある。また、織田孫三郎の死については、

其年の霜月廿六日、不慮の仕合出来して孫三郎御遷化。忽ち誓帋《せいし》の御罰、天道恐哉と申しならし候キ。併《あわせて》、上総介《かずさのすけ》殿御果報《かほう》の故なり。

とある。阿部氏は、「三つの事件を有機的に結合させる核心的な役割を果たしたのが、『因果歴然の天道思想』であった」という。つまり「一連の事件には信長の背後での策動が感得されるのであり」、一連の出来事の最後が「上総介御果報の故なり」と結ばれていることをもって「天道」は、「〈下克上〉成功者」つまり尾張半国を手にした信長の「正当化の論理と化しているのである」といわれる。

記述の矛盾点

かつて阿部氏は、この一連の出来事の①②について『信長公記』と『清州合戦記《きよすかっせんき》』の記述を対照し検討して、義統を自害させた坂井大膳・織田彦五郎《ひこごろう》らを「賊徒《ぞくと》」とする保守的な立場を一貫させる『清州合戦記』に対し、『信長公記』は「この事件を二分し」前段において斯波義統が主君であるにもかかわらず殺害されたのは、義統自身が権力奪回のために「筋目なく御謀叛を思食」したからで「御自滅と申しながら天道恐敷次第なり」といい、後段では「武衛様逆心思食立といえど、譜代《ふだい》相代の主君を殺し奉り、其因果《そのいんが》忽然にて、七日と申すに各々《おのおの》討死、天道恐敷《おそろしき》事共なり」と述べていることに

ついて、「前者では武衛の謀叛を強調し、後者では譜代相伝の主君を殺害した点を強調するという一見矛盾を露呈している」と指摘した（阿部・一九七二）。

確かにこれを「矛盾」ととれば、この一連の事件に対する「天道」の使用は「〈下克上〉の勝利者の『果報』を公認し擁護するきわめて恣意的な『天』の声の歪曲的な利用となっている」ということになるのであろう。

しかし果たしてそうか。そうした「きわめて恣意的な『天』の声の歪曲的な利用」がもしあるのであれば、阿部氏自身が指摘する「この事件を一貫したものとして把握し、その内実をつぶさに表現するとともに、信長の行為・人間像を明瞭に描きき」るような叙述は果たして可能であろうか。「恣意的」で「歪曲的」な叙述の姿勢は、阿部氏が指摘する太田牛一の「刻々と推移する現況をその場に即して把握しようとする動的で新鮮な現状認識」を妨げてしまう。そう考える方が自然ではあるまいか。

天道と〈強さ〉

先に述べた転換期戦国時代の精神たる「実力の意識」、つまり〈強さ〉の相関観念として「天道」を考えればこれらは矛盾することにはなるまい。尾張の守護とはいえ、その〈強さ〉を備えぬまま権力奪回に走った斯波義統の死、また尾張を経略するだけの〈強さ〉もないまま守護義統を殺害した織田彦五郎らの死、信長と伍するだけの〈強さ〉もないのに、経略によって信長と尾張半国を折半しようと密約した織田孫三郎の死、それぞれを「天道」の名において語っているということではないか。

もちろん角川文庫本の補注にも示されているように、これらの一連の出来事の背後には信長の策動があったのかもしれない。おそらくはあったのであろう。だからこの一連の事件において、信長という存在のもつ〈強さ〉を光源として、敵対者・反対者の死があぶり出されるようにして語られる言葉として「天道」という観念は存在していると言える。「天道」は「恣意的」に「歪曲」されているわけではあるまい。太田牛一は、「天道」という観念に信長という存在の〈強さ〉を見ている、その〈力〉の類いまれな強度を「天道」という観念に投影させていると言うべきではないか。

7　桶狭間合戦と天道

天道で語る義元の死

二つ目は「首巻」の中心的な出来事である桶狭間《おけはざま》合戦である。『信長公記』は「四万五千」対「二千」の戦に敗れた今川義元《いまがわよしもと》の死を、以下の如く「天道」の名において語る。

信長に背き、今川方に忠節を尽くしてきた織田の部将・鳴海《なるみ》城主山口左馬助《やまぐちさまのすけ》父子を「御褒美は聊《いささ》かもこれなく、無情無下無下と生害」した今川義元に対し「因果歴然、善悪二つの道理」のしからしむるところとして「今川義元、山口左馬助が在所にきたり、鳴海にて四万五千の大軍を靡《しりぞ》かし、それも御用に立たず」敗死したこと「天道恐敷候なり」。

この「天道」とは、今川義元と山口左馬助父子の間の「忠節」をめぐる因果話として差しあたり解

することができる。しかしこの「忠節」の内実は、

　山口左馬助・同九郎二郎父子に、信長公の御父織田備後守累年御目を懸けられ鳴海在城。不慮に御遷化《せんげ》候へば、程なく御厚恩《こうおん》を忘れ、信長公へ敵対を含み、今川義元へ忠節として居城鳴海へ引入れ、智多《ちた》郡御手に属す。其上愛智《あいち》郡へ推入り、笠寺《かさでら》と云ふ処要害を構へ、岡部五郎兵衛《おかべごろうべい》・かつら山・浅井小四郎《あさいこしろう》・飯尾豊前《いいおぶぜん》・三浦左馬助《みうらさまのすけ》在城。鳴海には子息九郎二郎入置き、笠寺の並び中村の郷取出に構へ、山口左馬助居陣なり。かくのごとく重々忠節申すの処に

とあるように、山口左馬助父子の信長に対する謀叛であることが、その前段において述べられているのである。

山口左馬助父子の謀反

　この山口左馬助父子の信長に対する謀反は「首巻」において、これより前に二度繰り返し記載されている。まず著名な斎藤道三《さいとうどうさん》と信長対面の記述の直後「三ノ山赤塚《あかつか》合戦の事」で、次に「おどり御張行の事（山口左馬助父子御成敗幷河内・智多郡の事）」である。

　順に見てみよう。

　まず「三ノ山赤塚合戦の事」では、

　天文弐十弐年癸丑四月十七日、織田上総介信長公十九の御年の事に候。鳴海の城主山口左馬助・子息九郎二郎、廿年、〈父子、織田備後守殿御目を懸けられ候処、御遷化候へば程なく謀叛を企て、駿河衆を引入れ、尾州の内へ乱入、沙汰の限りの次第なり

と彼らの謀叛が語られる。

また「おどり御張行の事」においては、

> 熱田《あつた》より一里東鳴海の城、山口左馬助入置かれ候。是は武篇者《ぶへんしゃ》才覚の仁なり。既に逆心を企て、駿河衆を引入れ、ならび大高《おおだか》の城・沓懸《くつかけ》の城両城も左馬助調略を以て乗取り、推並べ、三金輪に三ケ所、何方へも間は一里づつなり。鳴海の城には駿河より岡部五郎兵衛城代として楯籠《たてこも》り、大高の城・沓懸の城番手の人数多太々と入置く。此後程あつて、山口左馬助・子息九郎二郎父子駿州へ呼び寄せ、忠節の褒美はなくして、無情親子共に腹をきらせ候

と彼らの謀叛とその後が語られている。

ここから窺われることは、この山口左馬助父子の信長に対する謀叛＝今川義元への「忠節」、それがいかに信長にとって痛手であったか、ということであろう。

謀反の意味するところ

父という強力な後ろ盾を失い、いまだ権力基盤が定まらぬ「十九歳」の信長にとって父親が「累年御目を懸け」、「武篇者才覚の仁なり」と言われる武将の離反は、対外的にも、また織田家中においても危機的な事態を引き起こしかねない出来事であったであろう。

また彼らの離反は、「駿河衆を引入れ、ならび大高の城・沓懸の城両城も左馬助調略を以て乗取り、推並べ、三金輪に三ケ所、何方へも間は一里づつなり」と強固な足掛かりを駿河方に与えることになり、尾張統一を急ぐ信長にとって「此式に候間、万御不《ふ》如意《にょい》千万なり」と語られる、思うに任せぬ現

状を象徴する出来事でもあった。

だがそれ以上に、父の死後時をおかず、後継者である信長を見限り、敵方へ寝返った山口左馬助父子の謀叛は、信長の〈強さ〉に対する不信を意味し、信長の「実力の意識」をひどく傷つけるものであったのではないか。

したがって今川義元敗死について語られる「天道」には、信長を見限った山口左馬助父子という存在を媒介として、信長の〈強さ〉が投影されていると考えるべきであろう。山口左馬助父子を持ち出して語られる今川義元敗死の経緯の背後には信長という存在がある。

「太田牛一は『天道思想』を原理としてこの事件を把握しようとしているのである」と阿部氏が言う「天道思想」の「原理」とは、「天道」を信長の「実力の意識」、〈強さ〉に感応するものとして捉えたときに、その意味を明らかにすることができるものではないか。ここでもまた、信長という存在のもつ〈強さ〉を光源として、敵対者・反対者の死があぶり出されるようにして語られる言葉として「天道」という観念は存在していると言える。

8　「勘十郎殿・林・柴田御敵の事」と天道

「勘十郎殿・林・柴田御敵の事」

次に、「首巻」に現れる「天道」六例の残り二つの「天道」について検討しておこう。

まずは「勘十郎《かんじゆうろう》殿・林・柴田御敵の事」で語られる「天道」で、それは以下のようなものである。

去程に、信長公の一おとな林佐渡守《はやしさどのかみ》・其弟林美作守《みまさか》・柴田権六《しばたごんろく》申合せ、三人として勘十郎殿を守《もり》立候《たてそうら》はんと候て、既に逆心に及ぶの由風説《ふうせつ》執々なり。信長公何と思食《おぼしめ》たる事哉覧。五月廿六日に、信長と安房《あわ》殿と唯二人、清洲より那古野の城林佐渡所へ御出で候。能仕合にて候間、御腹めさせ候はんと弟の美作守申候を、林佐渡守余におもはゆく存知候歟。三代相恩の主君を、おめおめと爰《ここ》にて手に懸け討申すべき事、天道おそろしく候。とても御迷惑に及ばるべき間、今は御腹めさせまじきと申候て、御命を助け、信長を帰し申候。

ここには「三代相恩の主君を、おめおめと爰にて手に懸け討申す」ことへの林佐渡守の恐れが、信長の弟、勘十郎（織田信行《のぶゆき》）を立て、信長を廃そうとする弟の美作守以下の信長配下の重臣たちの「逆心」を押さえた顚末が「天道」として語られているように差しあたり見える。その限りでこの「天道」とは主従道徳に関わるものであるように見える。

しかし信長を帰した後、「一両日過ぎ候てより御敵の色を立て、林与力のあらこの城、熱田と清洲の間をとり切り、御敵となる」とあって、結局、彼らは信長に敵対することになるのである。だとするならば、林佐渡守が、「天道おそろしく候」と「今は御腹めさせまじきと申候て、御命を助け」たのは信長が単に「三代相恩の主君」であったからではあるまい。彼らに「逆心に及ぶの由風説」があるにもかかわらず、「何と思食たる事哉覧」、弟である「安房殿」織田信時《のぶとき》と「唯二人、清洲より那古野の城林佐渡所へ御出で候」信長の大胆な行動に気圧されたからこそに他なるまい。

つまり信長の果断さ、眼前の信長の〈強さ〉が、彼らにこの場で信長を「手に懸け討申す」ことを思いとどまらせた「天道」の内実ではあるまいか。

それはいうまでもなく、その後の合戦において「爰にて、上総介《かずさのすけ》殿大音声《だいおんじょう》をあげ、御怒りなされ候を見申し、さすがに御内の者共に候間、御威光《ごいこう》に恐れ立ちとゞまり、終に迯《にげ》崩れ候キ」と柴田勢を追い崩した信長「大音声」「御威光」として語られる〈強さ〉と通底している。

「火起請御取り候事」

次に「火起請御取り候事」で語られる「天道」である。佐介という男が庄屋の甚兵衛の留守宅に盗みに入った。双方、守護に訴え「火起請」ということになり、佐介は熱した手斧を取り落とし虚言を吐いていることが証明されたにもかかわらず、左介は信長の乳兄弟《ちきょうだい》である池田恒興《つねおき》の被官であったため、池田衆が左介をかばい成敗させない、ということが起こった。

この出来事における「天道」とは以下のようなものである。

爰に天道恐敷事あり。子細は、左介火起請取損じ候共、其比、池田勝三郎衆権威に募り候間奪取り、成敗させ間敷催にて候。折節、上総介信長御鷹野御帰りに御立寄なされ、御覧じ、何事に弓・鑓《やり》・道具にて人多く候哉と仰せられ、双方の様子をきかせられ、早此有様一々御覧候て、信長御機色かはり、火起請取り候趣きこしめされ、何程にかねをあかめてとらせるぞ。元のごとくかねを焼き候へ。御覧候はんと仰せらる。かねよくあかめ申候て、かくのごとくにしてとらせ申候の由言上候。その時上総介殿御諚には、我々火起請とりすまし候はゞ左介を御成敗なさるべきの間、其分心得候へと御意候て、焼きたる横鍬を御手の上に請けられ、三足御運び候て柵に置かれ、是を見申したるかと上意候て、左介を誅戮《ちゅうりく》させられ、すさまじき様躰なり。

この「天道」も差しあたり裁判における不正義が正された、というだけの意味に受け取れる。しかし、この「天道」の「恐敷事」の実質は、左介らの不正義を見抜き、自ら「焼きたる横鍬を御手の上に請けられ、三足御運び候て柵に置かれ、是を見申したるかと上意候て、左介を誅戮」した信長の「すさまじき様躰」にあることは明らかだろう。不正義を前にした時、果断、苛烈な行動をとる信長の〈強さ〉こそ、この「天道」の意味するものである。

このように見てくれば、少なくとも「首巻」に現れた六つの「天道」に基本的に違いはない、と言ってもよいのではないか。どれも信長という存在の〈強さ〉＝「実力の意識」に照応するものとして「天道」という超越的な原理が機能しているのである。

9　一五巻にみえる天道

天道の位置付け

「首巻」を除く『信長公記』本文ともいうべき「一五巻」の「天道」も直接的に信長の〈強さ〉を投影する観念としての「天道」である。

以下、簡単に一五巻の「天道」について見ておこう。

例えば「巻三」「巻六」と二度にわたって語られる杉谷善住坊《すぎやぜんじゅうぼう》の鉄砲の記述である。

杉谷善住坊と申す者、佐々木《ささき》左京太夫承禎《さきょうだいぶしょうてい》に憑まれ、千草山中道筋に鉄炮を相構へ、情なく十二・三日隔て信長公を差付、二ッ玉にて打ち申候。されども天道照覧にて御身に少づゞ打ちかすり、鰐口《わにぐち》御遁れ候て、目出度《めでたし》五月廿一日濃州岐阜御帰陣

同様の「天道」は「御足に鉄炮あたり申候へども、され共天道照覧にて苦しからず」（巻九）と石山攻めの記述にも登場する。信長こそが「鉄炮」の威力を天下に知らしめた人物であるだけに、まさに信長の〈強さ〉を「天道」において語るものであろう。

石山攻めの記述にはさらに二つの「天道」が現れる。

御院宣の権威を語る天道

一つは、石山本願寺に対し信長に敵対することをやめ、退去することを求める勅使が派遣されてきたことを受けて発せられた、

爰にて、御院宣《ごいんぜん》を違背《いはい》申すに付いては、天道の恐れも如何候なり。其上、信長公御動座なされ、荒木《あらき》・波多野《はだの》・別所《べっしょ》御退治のごとく、根を断ち葉を枯らして仰付けらるべく候

という門跡顕如光佐《もんぜきけんにょこうさ》の言葉の中にある「天道」である。これもまた差しあたり「御院宣」の権威を語るものと受け取れるだろうが、その「御院宣」は信長の意向によって発せられたものであり、さらに直後において指示に従わなければ「信長公御動座なされ、荒木・波多野・別所御退治のごとく、根を断ち葉を枯ら」す信長の容赦ない攻撃があることを門跡顕如光佐が恐れていることを踏まえれば、や

はりこの「天道」にも信長の〈強さ〉が投影されていると考えるべきであろう。

一向一揆における天道

もう一つは、新門跡大坂退去後、一向門徒のこれまでの石山での戦いを振り返り総括する以下のような記述の中にある。

大坂もこう津・丸山・ひろ芝・正山を始めとして端城五十一ケ所申付け楯籠り、構への内にて五万石所務致し、運を天道に任せ、五ケ年の間時節を相守るといへども、身方は日々に衰、調儀・調略相叶はず。信長御威光盛りにして諸国七道御無事なり。

この一向門徒側の回想にある「天道」、彼らが戦において期待し、支えにした「天道」は、むしろ逆に信長の「御威光」を証したごとくである。この「天道」もまた、敵である信長の〈強さ〉を逆に表現する結果になっていると言えよう。

そもそも一向一揆なるものこそ、信長の覇業とならぶ下克上を象徴する行動・行為であったはずである。相良氏の言う「時に下克上として働き、時に下克上をしのぐものとして働いた一つの精神」の体現者である信長は、戦国期最大の下克上勢力とも言うべき一向一揆に「実力の意識」をもって対したのであろう。であればこそこの石山攻めの記述の中で「天道」の名において信長の〈強さ〉が語られる意味があったとも言える。

「叡山御退治の事」中の天道

また「叡山《えいざん》御退治の事」の中にも「天道」が現れる。それは、山門山下の僧衆、王城の鎮守たりといへども、行躰《ぎょうたい》・行法《ぎょうほう》、出家の作法にも拘わらず、天下の嘲弄《ちょうろう》をもぢず、天道の恐をも顧みず、淫乱《いんらん》、魚鳥服用せしめ、金銀賄に耽《ふけ》って浅井《あざい》・朝倉《あさくら》贔負せしめ、恣に相働く

という叡山の堕落を語る文中にある「天道」である。しかしこれもその直前に、信長が叡山に対し「忠節仕るに付いては、御分国中にこれある山門領、元のごとく還附せらるべきの旨」を伝え、「併、出家の道理にて一途の贔屓なし難きにおいては、見除仕候へと事を分けて仰聞けられ、もし此両条違背に付いては、根本中堂・三王廿一社初めとして、悉《ことごと》く焼き払はるべきの趣御諚候キ」と信長の〈力〉を背景にした通告があるにもかかわらず、叡山が「浅井・朝倉贔負せしめ」て、その結果として直後に「九月十二日、叡山を取詰め、根本中堂・三王廿一社を初め奉り、霊仏・霊社、僧坊・経巻一宇も残さず、一時に雲霞のごろく焼き払ひ、灰燼んも地と為社哀れなれ」と信長の容赦ない処置が語られていることを踏まえれば、信長の苛烈な〈強さ〉を投影するものとしてこの「天道」も位置づいていることは明らかだろう。

また伊勢在国の次男・織田信雄が、上方への出兵の下知に従わず、隣国の伊賀を攻め負け戦となったことを「今度伊賀堺において、越度取り候旨、誠に天道もおそろしく、日月未ダ地ニ墜チズ」と叱責する文の中にある「天道」も父である信長の命令の〈強さ〉を語るものであり、またその文には「此地へ出勢は、第一天下のため」とあるように、この「天道」とは信長の天下経略の意志の〈強さ〉を物語るものでもあろう。

10　牛一と甫庵

牛一にとっての信長

以上で、『信長公記』に現れた「天道」という言葉はほぼ見おおせたことになる。「室町期の天道の観念を追ってみたときに、そこには何か不可知の超越的な威力が想定されて」いるものの、「人と場合において一定せず、しかもかなり気儘な使用例」があり、「そのような天道の観念が、戦士あがりの吏僚的記録者太田牛一の場合にも、結集してあらわれていた、といってとくに不都合でもあるまい」と小沢栄一氏は述べる（小沢・一九七三）。

しかしここまで『信長公記』に現れた「天道」の個別具体的な文脈を検討してみれば、すべて信長の〈強さ〉、信長の〈力〉の類まれな強度に焦点が結ばれていることが分かる。

先に、下克上を社会的、政治的に正当化するという意味において「天道」とは、まず戦国武将たちの「実力の意識」の相関観念として、「実力の意識」をその普遍的な超越性において支える観念として捉えるべきなのではないかと述べた。

かつて射技によって武功をたてた弓衆・太田又助として織田信長に仕え、戦場を疾駆した太田牛一にとって、「八旬ニ余リ頽齢《たいれい》已ニ縮リテ渋眼を拭ヒ老眼ノ通ヒ路ヲ尋ヌル」ようになってもそれは消えぬ実感ではなかったか。

「ありのまま」の尊重

「実力の意識」＝〈強さ〉は「ありのまま」の尊重、「事実の尊重」を派生させると相良氏は言う。戦国武将にあって「実力器量は頼もしさとしてうけとられ」、その頼もしさとは「〃ありのまま〃の姿において、しかも弱味を示さぬ武士たりえてはじめて、人々は彼を頼もしい大将として頼むことになる」のであり、そこには「ありのまま」の尊重、「事実の尊重を、『推量』を排して『証拠』によるべきであることを強調」する姿勢が導き出されてくると指摘する。「儻、一点ノ虚ヲ書スルトキンバ、天道如何ン」という牛一の「虚」を排する叙述姿勢を示す言葉は、「天道」の持つこうした文脈で理解される必要があろう。

谷口克広氏は「牛一の備忘録は、巻八、即ち天正三年より、恰《あたか》も将来信長の事績を記述することを予定したかのように整備されて来た。各巻奥書にある『信長（公）天下』という意識を、側近である牛一が持ちはじめたのは、おそらくこの年あたりからだったのであろう」と推測する（谷口克広・一九八〇）。

太田牛一は自ら「天道」の名において語る信長の〈強さ〉が、どのような射程を持つものか、恐らくは想像もつかぬものであったろう。ただその尋常ではない〈強さ〉とは和辻の言う「権力欲の充足によって静まりかえるようなものではなかった」「視圏拡大の強い欲求」に根差したものではなかったか。その〈力〉の強度を「天道」という普遍的で超越的な行動原理に託しているという一点で、下克上という戦いを勝ち続ければ、やがては実現されたであろう未見の「秩序と権威」、つまりは『信長(公)天下』という時代を予感していたと言うべきではないか。

その予感する「信長(公)天下」とはどのようなものであったか。『信長公記』はもちろんそれとして語ってはいない。

ただ牛一『信長公記』の類書、小瀬甫庵『信長記』に「天道」という観念はほとんど機能していない。牛一『信長公記』から甫庵『信長記』へ、「戦中の文学」から「戦後の文学」へ(笹川祥生・二〇〇〇)、そこに荒々しくも「開いた社会」から端正に「閉じた社会」への推移を重ね見たくなる誘惑は強い。甫庵の儒学思想が、自らの『信長記』に序文を依頼した林羅山のそれと、たとえ未成熟であるにせよ同質であるとすれば、それは「秩序の内でその秩序を保持するだけの、いわゆる静的な倫理である」(溝口雄三・一九八六)ことはいえよう。牛一の予感した「信長(公)天下」という時代とは、おそらく甫庵『信長記』のもつ「静的な倫理」を要請する「天下」とは異なる。

だがこれは、『大かうさまくんきのうち』をはじめとする牛一の他の著作や、甫庵『信長記』そして『太閤記』についてなんら触れることのなかった本稿の言及すべきことではないだろう。

二　天下と公儀

久保健一郎

1　「天下」「公儀」の歴史と信長

信長における「天下」「公儀」検討の意味

信長の用いた印章は、その印文「天下布武《てんかふぶ》」によって、つとに有名である。これは、「天下に武を布く」つまり「天下」に武力をもって号令するということを示しているので、信長が明確に天下統一を志し、それを表明して他にも広く認識させたのだ、と一般的に理解されてきたのである。

また、信長は印章のみならず、発給文書それ自体の中でも「天下」という文言を多用した。それもまた、信長が「天下」を大いに意識したことの表れであると受け取られ、その内容が注目されてきた。すなわち、信長が多用した「天下」文言を検討することは、信長が抱いた、天下統一へ向けての政治構想・政権構想を知る手がかりと考えられたのである。

一方、信長が政治的に向かい合わねばならない存在として「公儀」があったことも周知である。詳しくは後述するが、信長が擁立した室町幕府第十五代将軍足利義昭《よしあき》は「公儀」と呼ばれ、信長もそう呼んでいた。この「公儀」に正面から向かい合い、克服しなければ、信長による天下統一は不可能であった。これはいいかえれば、信長が直面した旧来からの——あるいは「中世的」ともいえるかもしれない——政治秩序への取り組みの問題といえる。

こうして、信長の政治をめぐって、「天下」や「公儀」という文言を信長や彼のまわりの人間がどのように用い、認識していたかを考えることは非常に重要な問題と位置づけられるのであるが、まずこの前提として、信長以前に「天下」「公儀」がどのように用いられていたか、その歴史を確認しておきたい。詳細に検討する紙幅はないので、ごく大まかな共通認識や特に注意しておきたい説の指摘にとどまることをあらかじめお断りしておく。

古代・中世の「天下」「公儀」

「天下」は、もともとは古代中国で生まれたことばである。その内容については、①中国を指し、それはまた強力な統治権下にある「国民国家」であるとする説、②民族・地域を越えた同心円状に広がる世界、世界秩序、帝国概念だとする説、③王朝による限定的な実効的支配領域でありながらも、拡大していき夷狄《いてき》をも含んでいくものとする説などがある。①③は明確に画された領域であり、②は無制限・無際限に広がる領域である。いずれにせよ、この「天下」は、「天」の生んだものであり、「天」によって委任を受けた皇帝（天子）が統治・支配するべきものと考えられたとされる（渡辺信一郎・二〇〇三）。

これが遅くとも五世紀には倭=日本に伝来し、用いられるようになった。たとえば、埼玉県稲荷山《いなりやま》古墳出土の鉄剣銘に、オワケノオミがワカタケル大王の「天下」支配を助けた旨がしるされており、これが日本における「天下」の最初期の事例である。はじめは大王の支配領域、ついで律令国家の支配領域を指したものと見られる。これが、源頼朝によって鎌倉幕府が開かれると、「天下草創」との宣言がなされ（『吾妻鏡』文治元年〈一一八五〉十二月六日条、『玉葉』文治元年十二月二十七日条）、「天下」は武家政権の支配領域を指すようになるのである（朝尾直弘・二〇〇三）。しかも、この「天下」は、しばしば天道思想とも相まって、施政の評価主体、行為正当化の論理・根拠として用いられるようになったことに注意しておきたい。それは、たとえば承久の乱に当たって北条泰時が「天下の人の歎きに代わ」って後鳥羽と戦ったとし（『明恵上人伝記』）、南北朝内乱には足利尊氏が「天下の御為」と称して南朝と戦っている（『梅松論』）ところなどに見える（川合康・一九九五、池享・二〇〇三、堀新・二〇〇三）。

「公儀」は「天下」に比べると、新しいことばである。しかも、基本的には日本で生まれたことばと見られる。管見では南北朝頃から散見されるようになるが、その内容ははじめは朝廷や、朝廷に関わる公的行事を指した。これが、武家政治が展開するにつれ、幕府、さらには将軍を指すようになっていく。多用されるようになるのは十五世紀半ば以降であり、多くは武家領主の用語として、「私」に対する「公」、「公」の意向・決定、法的主体などを意味するという。法的主体としての「公儀」はまた中世では室町将軍を指すともされるが（藤井譲治・二〇〇二）、この点はなお検討すべき点もあると考える（後述）。ただ、将軍を指す場合が多かったことは確かで、信長が克服しなければならなかった「公儀」とは、まさしくこの「公儀」であった。

戦国大名と「天下」「公儀」

信長も、少なくとも義昭を奉じて上洛するまでは戦国大名と考えてよいと思われるが（それどころか信長は死に至るまで本質的には戦国大名と変わらないという見方もあるのだが、ここではその点には立ち入らない）、では戦国大名と「天下」「公儀」との関連はいかなるものであったのか。それまでの中世の用例と同様のものに過ぎなかったのか、否か。

戦国大名が「公儀」と称したことについては、かつて大きな注目が集まった。それは戦国大名の公権力としてのあり方、ひいてはその歴史的評価にも関わるものと考えられたからである。つまり、戦国大名が公権力であることを自ら主張し、自己の存在や行為を正当化するとの問題である（久保健一郎・二〇〇一）。この点、戦国大名の「公儀」について法的主体とするのを留保する見解もあるが（藤井・二〇〇二）、そうみなしてよい場合も少なからずあると思われる。ということは、戦国期には室町将軍の「公儀」に加え、戦国大名の「公儀」が成立していたことになる。ただし、これらが競合した形跡はない。たとえば、将軍を「公儀」と称するのと同じ場で戦国大名が「公儀」とされることはない、ということである。この点も注意しておかなければならない。

では、「天下」はどうか。これは、管見の限り、戦国大名にとって自己の支配領域や正当化の論理・根拠と関わって認識されていたとは、考えにくい。戦国大名の支配領域は「国家」「御国」「分国」などと認識されており、正当化の論理・根拠としては、関東の北条氏は、特に「御国」を用いていた。それは、領国の危機に当たって非戦闘員を含む領国民を戦争動員するときに、「御国」のためを標榜するごときものであった（稲葉継陽・二〇〇〇、久保・二〇〇一）。正当性の論理・根拠としての「国家」は大名自身をも超越する存在であるとの評価もあり（勝俣鎮夫・一九七九、一九九六）、この点では戦国大名の「国家」は戦国大名「公儀」の発展したあり方を示すともいえる。

「天下」が将軍の管轄領域、「国」が大名の管轄領域という一種の棲み分けがされていたという説もある（神田千里・二〇〇二、後述）。「天下」についての事柄は「国」についての事柄に優先するともいう（高木傭太郎・一九八〇、神田・二〇〇二）。戦国大名については用例が多いとはいえないが、ある程度首肯できるところである。将軍の「公儀」と戦国大名の「公儀」が競合しないことをふまえれば、むしろ自然に受け止められることともいえよう。

ただ、そうすると戦国大名の「公儀」や「国家」は将軍の「公儀」や「天下」とまったく変わらない、一歩も出ないものか、というとそれは別問題である。この点、後に述べる信長の問題とも関わるが、現に存在する権力・権威とどのように、いわば折り合いをつけていくかは、新たに登場する権力が公権力として成熟していくときに直面する大きな問題なのである。

信長と「天下」「公儀」

信長は、「天下」「公儀」をどのように用いたと考えられてきたであろうか。最初に述べたように、信長が多用した「天下」文言を検討することは、信長が抱いた、天下統一へ向けての政治構想を知る手がかりと考えられたから、今に至るまで多くの検討がされてきている。

積極的な評価としては、信長が天正《てんしょう》三年（一五七五、具体的には越前国掟）を画期に、「天下」をひとつの地域、また階級を超越した普遍的道理としてみずから体現しようとした、すなわち「天下」と一体化することによって、戦国大名あるいは中世的「公儀」とは異なる段階に至ったとするものや（朝尾・一九九四、藤井・二〇〇二）、中世社会の「天下」にもとづきつつそれを発展させ、「天下の為」という名目で民衆世界を含む「天下」の声を代弁したとするものなどがある（堀・二〇〇三）。すなわち、信長の政権構想は中世的なものを超えた革新性があり、それを如実に示すのが「天下」の用例である、ということである。

一方、信長的「天下」は武者道に結びつけられて転化・矮小化したものであるとする説もある（佐々木潤之介・一九七五）。武者道＝武篇による軍事動員が分国支配と矛盾し、信長的「天下」は主従関係に関わる武者道と結びつけられ、分国支配の論理を切りすてたために、農民をはじめとする人々に受け入れられるものではなかったという。こうした信長的「天下」は、次の時代には否定されるべき「遺産」であったとするのである。積極的評価の説は、信長と「天下」が一体化したことのひとつの結果として武者道の提示をあげており、信長と「天下」、武者道との関わりについては、両説でまったく正反対の評価がされているのである。

さらに、「天下」の用例の網羅的な検討から、「天下」は京都を中心とするある種の伝統的な秩序構造を内包した社会領域であり、信長の「天下のため」という主張は、京都を中心とする伝統的な秩序の中に、自らを位置づけるものであって、伝統的な「天下」観と対立する新しい観念ではないとする説がある（高木・一九八〇）。同様の検討から「天下」の語義を、①将軍が体現し維持すべき秩序、②京都、③大名の管轄する「国」と棲み分けられた領域、④広く注目を集め「輿論」を形成する公的な場とし、こうした将軍により秩序維持がはかられている領域である「天下」を任された信長は、将軍の権限を継承した政策を行ったのだ、とする説も登場した（神田・二〇〇二）。これらは信長の「天下」には革新的なところはなく、伝統的な秩序の継承に過ぎないとするものといえる。そのことが端的に表れているのが冒頭に触れた「天下布武」印の理解である。これらの説では、この「天下」は将軍が実効的に支配していた京都を指すとする。つまり、「天下布武」印使用開始時に、信長が武を布くことを表明したのは、せいぜい京都近辺に過ぎなかった、というのである。信長の「天下」についての理解は深められてきてはいるが、諸説紛々で決め手に欠けるのが現状である。

では、「公儀」はどうか。「天下」とは異なり、信長の用法については将軍を指すものとして、ほぼ見解が一致しているといえる（信長の、というところに注意。この点、後述）。つまり、信長においては「天下」と「公儀」が競合していないというのが大方の見方である。のみならず、「天下」を積極的に評価する説では、「天下」を「公儀」の上に位置づけることにもなるのである。ただ、「天下」をあまり評価しない説では、「公儀」を取り上げるところは少ない。考えてみればそれはある意味当然で、「天下」自体が将軍の体現する秩序なのであるから、あえて「公儀」を持ち出して突きあわせ、検討することはない、ということなのであろう。

しかし、この点は問題で、「天下」を検討する場合には、先行する「公儀」の規定性を見ないわけにはいかないと考える。そしてそれは、当面将軍と戦国大名における二つの「公儀」との関連のなかで、行われる必要があろう。

2 「天下」と二つの「公儀」

信長と将軍の「公儀」

信長が「天下」「公儀」とどのように関わったか、ここまで確認した諸説をふまえつつ検討をしてあらためて位置づけをはかり、見通しを得たいが、検討の主たる対象は、同時代の古文書となる。『信長公記』はもちろん史料的価値は高いが、用語の検討をする場合、後の時期の感覚・慣用や、著者である太田牛一の見方がいくらかでも投影されていては、不都合であるので、基本的に検討から外す。

先に述べたように、信長の用いた「天下」や「公儀」については従来も詳細な検討がされてきたが、まず筆者なりの検討のための表を掲げる。これは、信長発給文書で使用されている「天下」「公儀」文言の回数を年ごとに示したものである。

一見して何がいえるであろうか。まず、「天下」が「公儀」を圧倒する回数を示している点である。倍以上の数値は、筆者の見落としなどをあらかじめ割り引いたとしても、大きな差である（なお、この「天下」が「公儀」を圧倒している点は『信長公記』でも同様である）。次に「天下」の現れ方は時期的にばらつきがあって傾向を指摘し難いのに対し、「公儀」は天正元年（一五七三）に事例が一挙に増加し、翌年からまったくなくなっている点である。

天正元年は、あらためていうまでもなく、信長と義昭が決定的に対立し、義昭の挙兵から追放に至った年である。先に述べたように、信長の用法としては、「公儀」は義昭であることで衆目が一致しているわけだから、義昭追放前後に事例が増え、その後まったくなくなるのは、ある程度無理なく理解できるところである。すなわち、義昭や他大名に対して義昭との敵対・追放についての説明をしなければならなかったこと、ある程度それが済み、事態が収まれば、もはや触れる必要性がなくなる、ということである。

実際に天正元年の事例を見てみると、義昭側近である細川藤孝《ほそかわふじたか》に対し、義昭の反抗について「公儀御逆心に就いて」（『増訂織田信長文書の研究』上巻三六〇号文書、以下『信長文書』上三六〇のように略）、「今度公儀不慮の趣」（『信長文書』上三六七）などと述べ、上杉・毛利らの大名に対しても、義昭の行動について「公儀京都御退

表　信長文書にみる「天下」「公儀」文言収載回数

	「天下」	「公儀」
永禄11年	1	1
12年	0	1
元亀元年	4	1
2年	2	3
3年	4	1
天正元年	5	8
2年	0	0
3年	7	0
4年	0	0
5年	0	0
6年	2	0
7年	3	0
8年	5	0
9年	1	0
10年	1	0

座有り」（『信長文書』上三八五）、「公儀真木嶋江御移り」「公儀御造意」（『信長文書』上四〇一）などと表現している。いずれも明らかに「公儀」は義昭を指しており、信長にとって「公儀」は義昭であり、それは義昭との関係が悪化・断絶しても変わらないものであったことが理解される。

この点、信長の「天下」使用との関わりで、信長が「公儀」と呼ばれる客観的条件はなかったとする見解もあり（藤井・二〇〇二）、筆者も同意を示したことがあるが（久保・二〇〇三）、あらためて若干補足しつつ述べておきたい。

まず前提として、信長は、いずこを彷徨しているにせよ義昭が健在である限りは、自ら進んで「公儀」とは称せなかったであろうことを確認しておきたい。なぜならば、将軍であることによって「公儀」と呼ばれていた義昭は、将軍位を正式・正当な手続きによって喪失したのではないわけだから、信長が「公儀」を自称することはかえって実力で義昭を追放したことを印象づけかねない危険性をはらんでいたからである。したがって、信長が「公儀」たるためには、他者から「公儀」と認められ、そう呼ばれなければならない。それが当然のように広まったとき、信長自身も「公儀」を自称することが可能となるであろう。

では、他者は信長を「公儀」と呼ぶことはありえたか。ここに問題がある。「他者」といっても、茫洋としているので、少し具体的に想定してみると、他大名や信長の傘下にない領主は信長を「公儀」とは呼ばなかったであろうし、また公家、寺社権門も容易にはそうしなかったであろう、と考えられる。なぜならば、一般に「公儀」が明確にある人格を指す場合、正当にそのような関係であると互いが認識していた支配―被支配者間または上位―下位者間で、支配者または上位者を指して用いられるか、被支配者または下位者間で支配者または上位者を指して用いられるものだからである。

他大名などの場合信長とは同格であるから、従属に至るまではまずありえない。公家や寺社権門の場合は微妙である。義昭追放後は事実上信長の支配下に入っていくわけであり、しだいに信長を「公儀」と呼んでもおかしくない状況になっていったであろうが、やはり義昭の存在が大きかったと考えられる。つまり、彼らがつくりあげていた政治秩序（中世国家といってよいかどうかはここでは措く）は、「公儀」＝室町将軍を不可欠の構成要素としていたのであり、信長を「公儀」と呼ぶことは一種の自己否定になりかねないからである。こうしたところから、信長が「公儀」と呼ばれる客観的条件はなかったとの説は一定の妥当性があると考えるのである。

ただし、これは信長では絶対克服できなかった問題かというとそうではない。大名や領主は信長に従属すれば「公儀」と呼ぶようになるであろうし、信長が事実として政治秩序の頂点にあり続ければ、公家や寺社権門もやがては「公儀」と呼ばざるを得なくなるであろう。しかし、いずれにしてもそうなるには多大な時間を要したであろうと考えられるのである。

これに対し、信長の家中では事情が異なる。当然のことながら、家中の諸侍にとって信長は正当な支配者であるからである。それどころか、信長を「公儀」と呼ぶ条件にはないような者に向けても、信長を「公儀」と呼ぶようになる。たとえば、天正八年閏三月には、佐久間《さくま》盛政《もりまさ》・中村宗教《むねのり》・山中長《なが》俊《とし》が上杉景勝の部将河田《かわだ》長親《ながちか》を誘引するために山田修理亮《しゅりのすけ》・若林宗右衛門に充てて送った書状で「御身上之儀、公儀修理亮丈夫ニ請乞い申され候」と述べている（『信長文書』補遺二〇九）。長親の身上は公儀と修理亮（柴田勝家）にしっかりとお願いしています、というのであろう。勝家とともに長親の身上が託されるのは信長以外には考えられない。敵対する勢力に対し、盛政らはあえて信長のことを「公儀」と称したわけである。信長の権力が伸張するなか、信長家中から信長を「公儀」と呼ぶ場を拡大する動きが出てきているのである。

ただ、これは義昭の「公儀」を否定・消去しようとする線上でのみ生じたことではない。信長家中には信長を「公儀」と呼ぶに足る条件がすでにあったと考えられる。前述したように、戦国大名は公権力としての自己主張、また正当性の主張のために「公儀」を称した。もちろんすべての戦国大名がそうしたわけではなく、少し子細に考えなければならない。すなわち、①実際に「公儀」を称した大名、②「公儀」ではないが同様の目的・機能をもつことばを用いた大名、③前二者のいずれでもない大名、である。③はさらに内容的には、a「公儀」もしくはそれに類することばを用いうる権力の段階に至っていたが史料残存のあり方など何らかの理由で確認ができない大名、b そもそも「公儀」もしくはそれに類することばを用いうる権力の段階に至っていない大名、に分かちうる。ただし、a か b かを実際に見極めるのは困難であろう。信長の場合は「公儀」を称してはいないので、②か③というころになり、③—b ならばこれ以上何もいうことはないが、②か③—a であったからこそ、家中によって「公儀」と称されることになったといえるのではないか。そして、ここに「天下」が問題となるのである。

信長の「天下」と戦国大名の「公儀」

信長が家中によって「公儀」と称されつつあった事実は、長い目で見れば義昭の「公儀」に取って代わる道を進んでいたことを示すといえる。しかし、現実の過程は緩慢なものとならざるをえなかった。信長は辛抱強くその流れに任せていたのか。あるいは何らかの方策を用いたのか。

ここで、前述の②について考えたい。すなわち、「公儀」ではないが同様の目的・機能をもつことばを用いる、ということである。偶然「公儀」ではないことばを用いたのならばともかく、何らかの理由によって「公儀」を用いることができず、否、できなかったからこそ別のことばを用いたとすれば、それはまさに「方策」であり、権力としての実質は「公儀」を称するものと変わりないといえよう。

結論を先に述べてしまえば、信長にとっての「別のことば」であり、「方策」であったのが、「天下」ではなかったか、ということである。なるほど、たしかに「天下」には明らかに京都を指す場合などもあるが、ここで注目したいのは次のような事例である。元亀三年（一五七二）正月に幕府申次飯河肥後守《いいかわひごのかみ》と幕府詰衆曾我兵庫頭《そがひょうごのかみ》に対する朱印状で「天下のため」なのだからおのおのが軽々と出陣するのがよいのだと述べ（『信長文書』上三〇八）、同年九月に著名な義昭充ての異見書では改元のための「雑用」を拠出しないことについて、「天下の御為」であるのに「御油断」しているのはよろしくないと糾弾し（『信長文書』上三四〇）、天正三年（一五七五）十一月には、常陸の佐竹義重《さたけよししげ》に対して武田勝頼《たけだかつより》「退治」の際に味方するのが「天下のため自他のため」よろしいことであると呼びかけた

(『信長文書』下六〇七)、等々である。

これらは、「天下」が京都を中心とした伝統的秩序・領域かといった問題をひとまず措き、機能としては——早くから指摘されていたことではあるが——信長にまつわる様々な事柄・行為を正当化する論理・根拠として用いられていたといえるのではないだろうか。では、これは信長が中世的「公儀」を否定して「天下」を提示した（藤井・二〇〇二）といえるのか。

ここで、戦国大名北条氏の例を考えてみたい（久保・二〇〇一、二〇〇三）。北条氏は前述の②に近い大名であるが、少し事情が込み入っている。すなわち、「公儀」は用いるが、「公方」の用法に特徴がある。明らかに特定の人格を指す場合、それはほぼ古河《こが》公方《くぼう》であり、北条氏当主に用いることがないのである。これは、関東に覇を唱えた北条氏であっても前代の関東の主であった古河公方に成り代わることは容易ではなかったことを示している。論証の詳細は割愛せざるをえないが、北条氏は「大途」ということばを積極的に活用することにより、この限界を乗り越えようとした。「大途」は北条氏当主を指し、また正当化の論理・根拠として用いられたのである。「御大途様御被官」の由緒が語られる場合（『戦国遺文後北条氏編』二九六四号文書、以下『戦』二九六四のように略す）など、「御大途様」は明らかに北条氏当主を指しており、「御大途の御弓箭」だからという理由で領国全体に対する軍事動員が語られる場合（『戦』三三六七）など、「御大途」は正当化の論理・根拠として用いられているといえる。北条氏における「大途」は、まさに信長における「天下」に相当することばなのである。

さらに注意すべきことがある。「大途」は北条氏が創り出したことばではない。東国においては、公的重要性・重大性を示すことばとして通用しているものだったのである。北条氏は「公方」に代わることばを選択する際、東国では周知のことばをいわば換骨奪胎して自らのものとしたわけである。支配をできるだけスムーズに浸透させていくための、これは巧妙な「戦略」といえよう。信長もまた、人びとにとって周知の「天下」を用いた。したがって、伝統的な秩序を継承する面があるのはむしろ当然であった。そこに正当化の論理・根拠が持ち込まれていくことが重要なのである。

また、先に触れた信長と「天下」の一体化について再び考えたい。高く評価するか矮小化と見るかはさしあたり措くとしても、信長と「天下」の一体化が見られるとするならば、「天下のため」との言説は「信長のため」とオーバーラップしてくる。すなわち、正当化の論理・根拠そのものに信長の人格が投影されてくるわけである。北条氏の「大途」と異なり、「天下」が明らかに信長の人格を指す事例は今のところ見出せないが、北条氏の「大途」の場合も当主の人格か正当化の論理・根拠か分かち難い事例もあり、むしろ人格と正当化の論理・根拠とがまさに「一体化」していることが重要といえる。信長なり北条氏当主なりの人格自体が、何らかの正当性であるかのごとき様相を呈するからである。

もっとも、正当化の論理・根拠としての「天下」は、前述のように、泰時《やすとき》や尊氏《たかうじ》も用いたという。この点、信長の「天下」の新しさは、「不思儀の土民・百姓にいたる迄」(『信長文書』三四〇)を含み、下からの視点があることとする説がある(堀・二〇〇三)。現在のところ基本的に異議がないところである。ただ、いま少し掘り下げてみるべき問題もあると思われる。

北条氏の場合、すでに多少述べたが、領国の危機に当たって本来非戦闘員である百姓らを動員する必要が生ずると、直接文書によって呼びかけ、説得した。たとえば、武田信玄との抗争が起きた際には「か様の乱世の時」は「その国にこれある者」は出陣して奔走しないわけにはいかないのだと述べたり（『戦』一三八四等）、豊臣秀吉の攻撃が惣無事令によって現実化した際に、領国内の郷村に向けて、侍・凡下の区別なく「御国御用」の時に出陣できる者を選出するように命じたりした（『戦』三一三三等）ごとくである。

これに比して信長には「天下」を百姓らに直接向けた事例はない。ただ、信長の場合、桶狭間《おけはざま》の戦い以降は、領国の大きな危機にほぼ直面しなかった（周知のように、自身が危機に陥ったことはある）。急速に強大な権力として成長を遂げたために、「天下」を持ち出して百姓らを説得する機会がなかったとも考えられる。それにしても、信長の「天下」は大半が武士に向けて用いられているのは顕著な特徴であり、信長がさまざまな身分・階層に対し、どのような言説を発しているのかは、改めて考えられるべき課題であろう。

以上、信長における「公儀」「天下」について述べてきた。信長の「天下」は将軍「公儀」に容易には成り代われなかったために用いられたことばではあったが、そこには正当化の論理・根拠が持ち込まれ、しかも信長自身の人格が投影された。これはたんなる将軍権限の継承とはいいがたい。前代までの秩序・体制に乗りながらも新たな道を切り開きつつあったといえるのではないか（新田一郎・二〇〇一、堀・二〇〇三）。

ただし、その信長の「新しさ」は彼一人のものではなかったと考える。信長の「天下」と北条氏の「大途」との符合からは、いくつかの戦国大名権力が到達していたところであったと想定することが可能である。もちろん「天下」「公儀」のわずかな検討から信長権力全体を云々することはできないが、信長権力は突然天から降ってきて将軍の権限を継承したものではないわけで、戦国大名権力や戦国大名「公儀」から継承した面をいま少し考慮する必要があるのではないか。そのうえで、中近世移行期権力は総体的に、また長い射程で捉え返されなければならないと考えるのである。

三　戦国軍記の構成と構想

長谷川泰志

1　平和と戦国軍記

近世の平和

近世という時代は平和な時代であった。徳川幕府の開府以来、二六四年の長きにわたって戦争と呼べる戦争はほとんどなかった。内戦では島原の乱くらいである。明治以降の近代日本がわずか八十年弱のうちに多くの対外戦争を経験したのと比べても近世の平和は特筆されてよい。

もちろんこの平和は自然にもたらされたわけではない。戦乱の終結と同時に施された幕府の政策がその基をつくっていくことになる。例えば兵農分離政策によって領地領民と切り離された武士層は、流通加工の新たな担い手となった町人層とともに、城下町の都市住民として定住していく。藩校や寺子屋などに代表される文教政策は出版技術の進歩と相まって読書需要を喚起し、教育と学問の向上を促していく。この間、武士層に求められる能力は大きく変化する。かつての武辺ではなく、城下において読み書き算盤の基礎力をもって財務・法律・実業の分野で藩の経営に貢献し、市場経済の新知識を身に付けながら町人を指導できる力が要請されるようになる。いわば武士の官僚化が急速に進んでいくことになる。

軍記出版ブーム

こうした時代状況の下で、夥しい軍記が制作出版されていく。通常『応仁記』を境としてそれ以前を室町軍記、以後を戦国軍記と呼ぶが、実際には『信長記』『太閤記』のように戦国を題材としながらもその成立は近世に入ってからのことが圧倒的に多い。今田洋三氏によると近世前期の各『書籍目録』に収録された軍記の発行部数は、寛文十年（一六七〇）で一三二、貞享《じょうきょう》二年（一六八五）で一六七、元禄《げんろく》五年（一六九二）で一七八と、仮名和書を上回る盛況ぶりであった（今田・一九五七）。

こうした軍記出版ブームはもちろん需要の裏返しでもある。特に不特定多数の読者が誕生し本が初めて商品となっていった近世においては、送り手としての作者、受け取り手としての読者、メディアとしての板本を扱う出版書肆《しょし》、そしてそれを取り巻く政治経済や文化状況全体の中で書物は成立もし、変化もしていく。作品は一人作者のものではないということだ。軍記の構成や構想を考える場合、当時の読書のありようや社会の状況と関連づけることは重要な作業であろう。

では、この平和な時代に人々は何を求めて軍記を読んだのだろうか。かつて通った道を懐かしみ振り返る回顧であろうか。新しい時代を生き抜く教訓だろうか。生活の余裕が生む娯楽だろうか。たしかに読者の数だけ理由はあるのかもしれない。しかし一方で、そのどれにも当てはまらない執拗な興味関心を持って軍記を読んだ読者の存在はどのように考えればよいのだろうか。いくつか事例を挙げてみたい。

2　軍記の読まれ方

笠間儀兵衛の場合

寛永十四年（一六三七）閏三月二十六日、加賀藩士笠間《かさま》儀《ぎ》兵衛《へえ》は家老の奥村因幡守《おくむらいなばのかみ》にあてて長い書状を書いている（『大日本史料』第一一編之一所収）。その意図するところは冒頭「今度《このたび》太閤記出来《でき》仕由ニ御座候、然者《しかれば》私義も御座候由承候処、存之外相違仕候間」とあるように、開板間もない『太閤記』に記載された自身に関しての記述が誤っていることに対する抗議の書状であった。問題にしているのは五十五年前の天正《てんしょう》十年（一五八二）の北陸石動山《ゆするぎ》の戦いである。同合戦の自らの働きを書き並べたのち次のように述べる。

か様ニ慥成《たしかなる》儀なとは太閤記ニ書入不申候、石動山一ヶ所之儀を手おいのくびなと取申候と書入申候義、ふしんニ奉存候間、たれやの口ヲ以書入申候ヲ太閤記作申候仁ニ被為成御尋被下候者
忝《かたじけなく》可奉存候

自分のたしかなる働きについては『太閤記』はまったく記していないどころか、逆に「手おいのくび」を取ったかのような書き方をされているのは不審、一体誰に聞いて書いたのか『太閤記』作者に問いただしてほしいと言うのだ。

抗議を受けた『太閤記』作者は小瀬甫庵《おぜほあん》、豊臣恩顧の大名家を渡り歩き、最後の仕官の地となる加賀前田家に至ったのが寛永元年（一六二四）、六十一歳のときであった。十四年余りを経て『太閤記』を刊行し、寛永十七年（一六四〇）七十七歳で没する。したがって笠間儀兵衛の抗議を受けた際には七十三歳の高齢ながら存命であった。五十五年前を問題とする儀兵衛もまた同じく高齢に達していたと思われる。

該当箇所は『太閤記』巻四の第二番目の章「石動山焼亡利家速成之功之事」の中ほど、次の一文である。

又長《たけ》七尺計なる法師武者、長刀《なぎなた》を水車にのせ防ぎ戦はんとせし処を鉄炮にてうち倒しければ、笠間儀兵衛、首捕てけり（新日本古典文学大系『太閤記』九〇頁）

『太閤記』は全二二巻の大部の書であるが、儀兵衛の名が記載されるのはこの一ヵ所のみである。儀兵衛はこの一文に敏感に反応して抗議の声を上げているのだ。

書中、儀兵衛はこの後もさらに合戦時の働きを書き綴り、「か様にはれかましき大納言様御目ノ前の御合戦場ニ而御座候間、中々手おいの首なと取申所ニて無御座候」と、前田利家《まえだとしいえ》眼前の合戦で「手おいのくび」を取るなどあり得ない、現在に至るまで存命の証人がいることを指摘し確認を切に申し出ているのである。最後は「私年罷寄、いらざる儀と可被思召候へ共、子共のためにても御座候間」と結ぶのである。しかし、儀兵衛の切実な抗議にも関わらず『太閤記』のその後の正保《しょうほう》版、寛文版、万治《まんじ》版を見るに、この記述が書き改められた形跡はない。

この書状は刊年を記さない『太閤記』の出版時期を確定する貴重な史料でもあるのだが、それはさておき、一体この切実さをいかに解するべきなのだろうか。

かつて笹川祥生氏は、軍記の序文・跋文から読み取れる作者側の執筆目的について、「令名を後世に伝えるため」と定義づけた（笹川・一九六八）。そこには自分たちが生死を賭けた役割の重さを記録することによって再確認したいという願望があったとする。一読者の儀兵衛の側からすればかように名に執着し戦後の名誉に生きた武士層の興味関心が軍記の出版を支えていたということであろうか。

では令名を後世に伝えて何とするのか。儀兵衛の場合、今ひとつ釈然としないもどかしさが残る。第一に儀兵衛は何ゆえに家老の奥村に当てて訴えるのか。同じく加賀藩内ならば甫庵に直接抗議という選択肢はなかったのであろうか。書状中「太閤記作申候仁」と甫庵を呼び、真偽をただしてほしいと家老に訴える状況とは何なのか。第二に、わずか一、二行の記述を全二二巻の大部の中からよく摘出できたものである。現在のように索引等が整っている時代ではない。読み進むうちに偶然自分の名を発見したというのだろうか。あるいは初めから目を皿にして自分の名を探したということなのだろうか。それと関連して第三に、そもそもこの巻四はなんと異質な巻なのであろうか。第一巻から秀吉の生い立ちとともに年を追って順に書き進める一代記の展開を取りながら、巻四は秀吉不在の巻なのである。章立ては、「能登国石動山并荒山《あらやま》合戦之事」「天平寺《てんぴようじ》焼亡利家速成功之事」「石動山由来之事」「能州末森《すえもり》之城利家後巻之事」の四章である。内容もすべて秀吉を離れて利家を中心とする前田家中の奮闘ぶりを記している。そして上下問わず登場する人名の多さは大きな特徴といえる。それは列挙に近く、話の展開上あまりに多すぎて煩雑すぎるほどである。そして第四に、すでにかなりの高齢となった儀兵衛が、「いらざる儀と可被思召候へ共、子共のためにても御座候間」とまで念押しする執拗さである。「子共のため」とはどういうことなのか。令名を伝えることが儀兵衛本人の名誉ではなく「子共」にいかに作用するというのか。こうした点は実は軍記制作の構想に関わる問題を孕んでいるのではないかと思われる。作者の意図は読者の求めと無関係では存し得まい。

そして儀兵衛書状と同じような構図が毛利家の「清水景治言上書」にもあった（『毛利家文書』四―一二七三番）。布引敏雄氏の指摘に沿って検討してみよう（布引・一九九三）。

清水景治の場合

結論から言うと、背後にあるのは、先祖や親の武功の証明が子への知行継続や相続許可となった事情である。

萩《はぎ》藩の清水景治は備中高松城の水攻めで有名な清水宗治《むねはる》の子息で、この言上書は晩年近くに家老の益田玄蕃に当てて提出したものである。「先年私親長左衛門」で始まる言上書で、景治は、まず高松城で城中諸士の命と引き換えに切腹して果てた父宗治の忠節を綿密に記す。そして次に朝鮮陣や関が原での自らの働きに及び、最後は次のように結んでいる。

右及二代三代御奉公被思召出《おぼしめしいだされ》、於于今者《いまにおいては》何たる望も無御座候間《ござなくそうろうあいだ》、五郎左衛門尉に知行をも被遣《つかわされ》、私事者萩在所心安罷在、今一両年も余命過し申度候、か様に申上候事も、殿様又江戸御参上候て、重而《かさねて》御下をも待付候はんも不存候条、事くとき儀に候へ共、近年の御奉公之所、子孫のためと存、

申上候、此由御透次第御披露奉頼候、以上

大意は、次の通りである。「このように二代三代に渡って御奉公ができ、今に至ってはこれといった望みなどはない。ただ子息五郎左衛門元貞に知行の継続の許可を願いたい一心である。自分は萩にて隠居し余命二、三年を過すのみでいい。くどいようだが『子孫のため』に申上げる次第である」。

布引氏は関が原敗戦後の毛利氏の苦難に満ちた軌跡を詳しく調査している。私に要約すると、一つに中国地方八カ国から防長二カ国への大幅削減に伴い、諸士の知行高は従来の五分の一に減額されたこと、一方で萩城新築の費用調達と幕命による度重なる御手伝普請、そして家臣団統制のための粛清が続き、藩士たちは過重な負担に耐えねばならなかった。藩士たちにはもはや武功によって知行を守る道はなくなっている。追い詰められた彼らにとって知行の継続と家格の維持のために「頼みとするところは――藩政初期、少なくとも藩の統治機構や法制が整備される十七世紀中葉までの間は――先祖の戦死武功の事蹟であった」という。そしてこの言上書提出年は未詳であるが、検地に伴う知行替えが間近に行われる可能性と深い関連があることを指摘している。

景治が「くどい」ことを自認しながら「子孫のため」と繰り返した背後にはこうした事情があった。とするならばこれは一人毛利氏においてのみではあるまい。戦乱が去り「平和」が到来するとは一面ではこういうことであった。武功を建てることで家の継続と知行の相続が可能であった時代は終わった。特に藩財政がいまだ安定せず取り潰しの危機に晒されながら人員整理とそれに伴う浪人の増加を余儀なくされた藩政当初にあっては、武士たちにとって先祖の武功証明が当面の切実な課題であったのである。その証がまずは藩主から働きを認められ下された「感状《かんじょう》」であり、求めに応じて、あるいは自己申告によって言上する「覚書」であった。だからこそ良くも悪くも軍書出版には執拗な興味関心が寄せられたのである。

再び笠間儀兵衛書状に戻れば、儀兵衛が「子共のため」にもと言って執拗に抗議したのと合い通じる事情を読み取ることが可能であろう。

そして家老の奥村に当てて抗議したのは、ことは個人の名誉が守られるか否かのレベルを超えて「子共」の勤務評定に大きく関わる問題であったからだ。そして奥村に向けて「今度太閤記出来仕由ニ御座候」とはじめる時、『太閤記』出版自体が甫庵個人の仕事ではなく、聞き取り調査や文書類の閲覧収集等、ことによれば『陰徳太平記』における岩国藩同様、資金援助に至るまで加賀藩の支援があったのではないか。特に巻四は加賀藩のために書かれた巻であったのではなかったか。秀吉の存在を消してまでも、自らが禄を食む地で多くの藩士の名を記し置くことが甫庵に課せられた使命ではなかったのだろうか。それゆえに儀兵衛が該当箇所を発見したのは偶然ではあるまい。あらかじめ石動山合戦で自分の名が出てくることへの期待を持って読んだと思われる。となるとこのような読み方をしたのは儀兵衛一人ではあるまい。加賀藩中の多くの者が自分や父の名を探して読んだのではなかろうか。

亀田高綱の場合

亀田《かめだ》高綱《たかつな》の場合は、逆に『太閤記』の記述を父の武辺の証に使っている。自ら記した覚書『亀田大

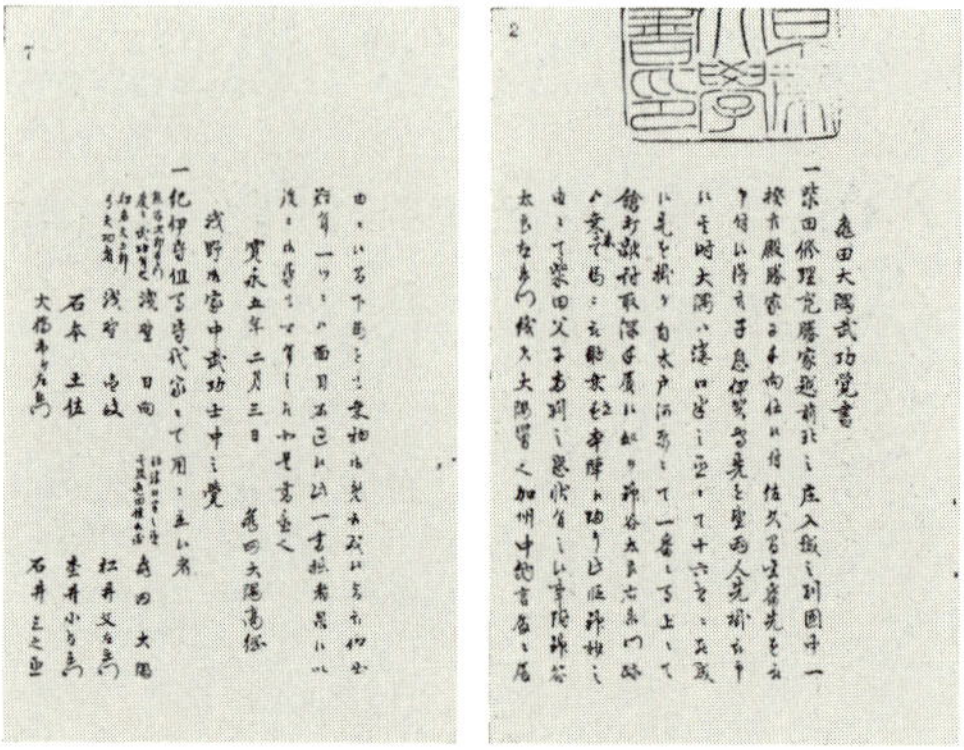

44　亀田大隈一代働覚

隈一代働覚』（寛永五年〈一六二八〉二月三日奥書、東京大学史料編纂所蔵）の中で、父の溝口半左衛門《みぞぐちはんざえもん》が柴田《しばた》勝家《かついえ》に属して賤《しず》ケ岳《たけ》の戦いに奮戦するも北の荘で勝家共々籠城して果てた最期の様子について「勝家追腹 仕《おいばらつかまつり》 果申 候《はてもうしそうろう》 此段《このだん》具ニ《つぶさに》太閤記《たいこうき》六巻目《ろっかんめ》ニ《に》有之《これあり》」のように記す。

実際には「具《つぶさ》に」というほど詳細な記述ではない。勝家とともに果てた家臣九名について記したうちの四番で、原文では半丁に満たぬ七行であった。勝家は直臣ではなく養子勝豊《かつとよ》の家臣であった半左衛門に対し脱出を勧める。しかし半左衛門は「いや左にはおはしまさず候、伊賀守不孝之罪を聊謝せんため」と、伊賀守勝豊が秀吉側に通じて降伏した罪をわびるために「堅固に申つゝ果了」であったとする。父半左衛門の死は君主伊賀守勝豊の「不孝」を正すための忠死として称揚されたのである。後に浅野《あさの》長政《ながまさ》、幸長《ゆきなが》に仕える高綱にとっては価値ある記述であった。

覚書と軍記

かように近世前期に戦国軍記が制作され続けた背景には、家の継続や知行の確保、あるいは再仕官といった、その記事に切実なる関心を寄せざるを得ない状況があったことを考慮せねばなるまい。そしてこのことは個人レベルの選択で自発的に覚書を記す武士たちがたまたまいたということではなかろう。なぜなら藩命、幕命による修史事業が盛んに繰り返された事実があるからである。例えば『寛《かん》永《えい》諸《しょ》家《か》系《けい》図《ず》伝《でん》』は早くに行われた大規模な事業であった。寛永十八年（一六四一）二月、徳川家光の上意によって太田《おおた》資宗《すけむね》を奉行とし、林《はやし》羅山《らざん》春斎《しゅんさい》父子を編集責任者として行われた諸家の系譜集である。序文によると、諸大名、譜代、近習らから家譜を提出させ、真偽の判定は羅山と春斎が当たったという。そして草稿は林家一門、五山衆らの分担で執筆され、浄書の後、寛永二十年九月に仮名本と真名《まな》本が幕府に献上された。この膨大な系譜集成の末端に位置したのが個人の覚書であったということになる。我が先祖は戦国期にいかに戦いどれほど優れた武功を残し忠節を尽くしたか、その再検討が全国規模で行われたことになる。

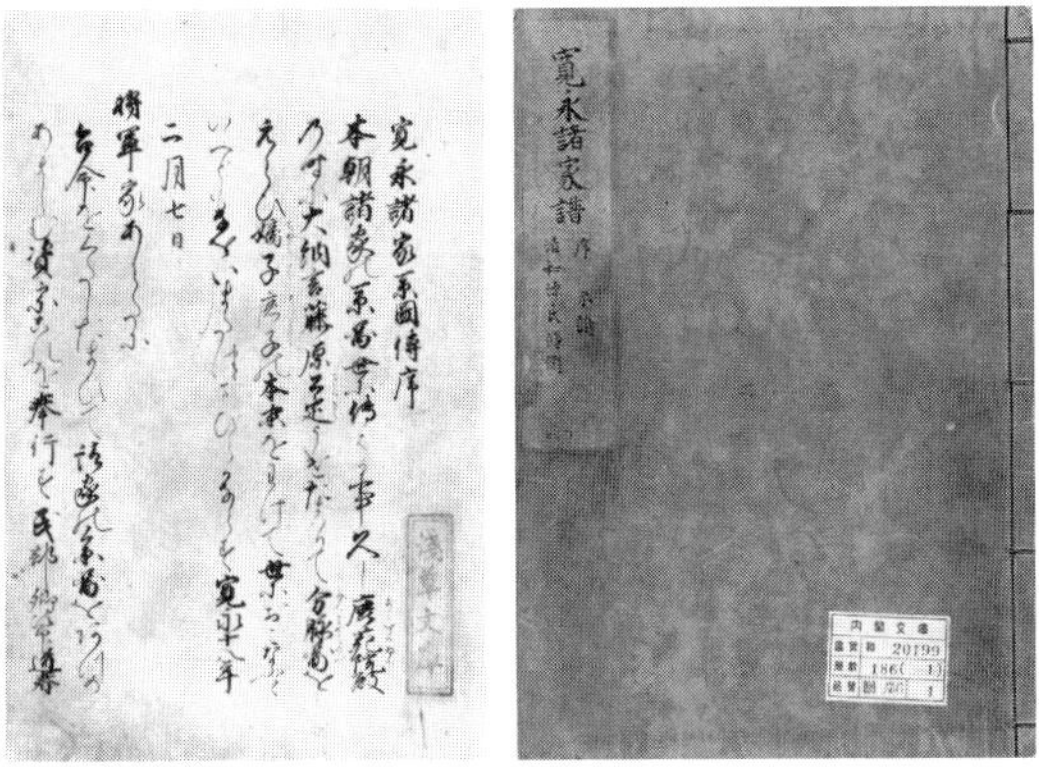

45　寛永諸家系図伝

　しかもその作業が今後の家の継続に直結するとなれば、でき得るかぎり武功の事跡を記した文書にあたり、収集し、さらに真実らしさの証明としてかけがえのない主家の感状や判物《はんもつ》の写しを添付する作業が必要であったことになる。しかしそのような貴重な文書類も戦国期の混乱で焼失紛失の事態はおおいにあり得る。例えば、先の清水宗治、景治の場合もそうだった。享保十年（一七二五）に藩命によって編まれた『萩藩閥閲録《はぎはんばつえつろく》』は、萩藩家臣団所蔵の文書や系譜を集大成した史料集であるが、その巻二五に宗治、景治の末裔である「清水宮内家」の記録集がある。高松城の籠城に関して毛利輝元の感状は残るものの、残念ながら「隆景公よりの御感状ハ致紛失候」の事態であった。

となれば武功証明の拠り所としてすでに制作された史書軍記類に期待するのは当然であろう。全国レベルでは太田牛一《おおたぎゅういち》の『信長公記』、甫庵の『太閤記』や『信長記』が、そして各地方レベルではそれぞれ夥しい軍記がその役割を果たしていくことになる。その際、以上のような目的を持つ読者の視線はあらかじめ厳しい。先の笠間儀兵衛のごとく、当然斯くあるべき当家の記述を求めての検証作業に近いものとなっていく。その批判精神が新たな軍記を生産していく契機にもなる。大久保彦左衛門《おおくぼひこざえもん》は『三河物語《みかわものがたり》』を書いた動機の一つに甫庵『信長記』の偽りの多さを挙げる。

信長記ヲ見ルに、イツハリ多シ。三ケ一は有事なり。三ケ一者、似タル事モ有。三ケ一ハ無跡形モ事なり。

三分の一は本当、三分の一は似たようなこと、残り三分の一はまったくのでたらめと酷評し、その根拠として挙げるのが自身の体験した合戦である長篠の戦であった。甫庵が記す同戦いで活躍した家康の家臣についての誤りを具体的に指摘する。こうした批判はさらに批判を生み、各軍記はそれぞれの事実らしさを競い合う事態になっていく。笹川氏が「戦国軍記の著作は、他の記録を否定することから出発しているとさえ言い得るのである」（笹川・一九六八）と指摘する状況が広がっていくのである。

3　牛一と甫庵の方法

記録か構成か

しかし、そもそも大久保彦左衛門に批判された甫庵ですら太田牛一批判から出発している。

此書、太田《おおた》和泉守《いずみのかみ》記しをけるを便とす。彼泉州《かのせんしゅう》、素生愚《すじょうぐ》にして直なる故、始聞入たるを実と思ひ、又其場《またそのば》に有合せたる人、後に其は嘘説なりといへども、信用せずなん有ける。（『太閤記』凡例）

あるいは、牛一『信長公記』が「漏脱なきに非ず」であったがために、「予是を本として、且《かつう》は公の善、尽く備わらざる事を嘆き、且《かつう》は功あって洩れぬる人、其の遺憾いかばかりぞやと思ふまゝ」に『信長記』を「重撰」したという（「信長記起」）。

甫庵は、儒教理念の宣揚目的はあったにしても、軍記制作において意図して構成的であろうとした作者であった。例えば『太閤記』は秀吉をモデルとして理想的な英雄の一代記たらんとする構想が濃厚であった。

漢朝之王夫人が、日輪懐中に入と夢み、太子を誕生し、一天下之主として武帝と云れしが、我朝之秀吉卿も、追《おひ》レ年逐《おひ》レ月次第に歴《へ》挙《あが》り、摂政関白之訓礼《きんれい》を極め、天下を舒巻《じょけん》し、終《つい》に位至二正一位一豊国大明神と祝れしも、只《ただ》尋常之宿因にては非じと、後にこそ覚えたれ。（巻一「秀吉卿賊を捕給ふ事」）

母が懐中に日輪が入ることを夢想し懐妊誕生したゆえに童名を「日吉」といったという。そのことから以後の成長と天下への覇権を漢武帝に重ね合わせる構想であった。日輪の子としての誕生からはじまり、それゆえにこそ設定された貧しさや容貌の卑しさなどの試練をくぐり抜け、次第に歴挙るたびに賛辞に彩られやがて他界し神と祝われる、そうした全体構想が巻一で早くも示される。しかしこの構想は完結することはなかった。このことについては別に述べたのでここでは関わらない（長谷川泰志・一九九九）。

こうした態度は細部の記述にも現れる。巻二「因幡国取鳥落城之事」は後に死肉食らう「渇殺し戦略」として文芸化していく章であった。甫庵はこの章の材のほとんどすべてを牛一の『信長公記』巻一四に拠っている。しかし『信長公記』では第六条「六月廿五日」と第一二条「十月廿五日」の二箇所に分割して記される。この間、四箇月間は当然のことながら他の戦いや武将の動向が記録されている。あくまで信長関連事項を年月を追って時間に忠実な記録方法で記していくことが牛一の方法であったからである。

これに対し、二箇所の記述が甫庵の手で一所にまとめられたことによって、同戦いは読み物として際立ちを見せ始める。孤立化戦術の評定からはじまり、やがて城外との連絡網を断って完全包囲、孤立無援の城内では「もしやの頼みなく」「身の行末の日数せまりける」不安と絶望の色が濃くなっていく。やがて追い打ちをかけるように「十日廿日之糧」しかない城中を飢餓が襲う。餓死した屍はその「数を知ず」、柵際までよろけ出で敵方に助けを乞う姿は「餓鬼」、稲株を食らい牛馬を食し、果ては死肉食、まだ「片息なる者」までもが標的とされる修羅場が展開される。敵将吉川経家《きつかわつねいえ》は「諸人之命に代て」切腹降参を決意し自害する。甫庵はその死を「道」を尽した死であると賛辞を送り、開城後、粥をふるまう秀吉も人を殺すに忍びない「仁心」と、雑人にまで心を配る「陰徳之陽報」の持ち主であったとたたえる。孤立、絶望、飢餓の修羅場、敵将の犠牲死、そして秀吉の広い心で締めくくる構成が意図的であるといえよう。

このように意図して構成的であろうとする態度は甫庵の基本態度であった。であるからこそ史実改変として多くの非難を受けることになる。『太閤記』正保版では毛利氏関係の記述のいくつかが、毛利氏にとってあるべき記述として書き換えられ出版され直す事態となる（長谷川・一九九二）。史書編纂の側からも、例えば『寛永諸家系図伝』と並行して林家が編纂にあたっていた『豊臣秀吉譜』は、『太閤記』に材をとりながらも再度解体し記年体に編集し直す作業を行っているのである。

軍記には誤りがある。体験者が目的を持って事実の主張をし、その誤りを正し、より正確な記述を求めようとする、そうした読者の切実な態度が、やがては後の軍記制作者に「骨子は正史にとる」（長友千代治・一九九四）態度として受け継がれていくことになる。

以上、戦国軍記を受容した人々とその社会のありように目を向け、切実なる興味関心をもって読んだ読者をいかに理解すべきかを考えた。平和の到来が一足飛びに回顧や経世、教訓、学問、娯楽等に結びつく前に、武功を建てる道を閉ざされた武士たちが競って覚書を記して先祖の武功を主張し世上流布し始めた軍記に抗議していく事情を指摘したいのである。

そしてこの後、宝永から享保期にかけて馬場《ばば》信武《のぶたけ》、信意《のぶのり》親子という代表的な軍記作者の登場によって、近世に制作される戦国軍記は全盛期を迎えることになる。内容もより娯楽的で庶民性が増し、時代背景の理解に対する工夫や、親しみやすい人物像の形成に職業作家たちが意を配り始める。歴史の空白の穴埋めこそが彼らの腕の見せ所となる。流通形態も貸本屋を中心としたより安価な読書環境が提供され、絵本化されたり講釈師たちの舌耕文芸や浄瑠璃、歌舞伎等さまざまな近接ジャンルと交わって通俗軍記としての広がりを見せていく。読者の変質に伴って軍記受容の在り方も変化を遂げ、同時に作者の著述の方法や出版の流通のあり方も変化していくのである。『信長公記』や『太閤記』『信長記』等、戦乱が去った直後に制作された軍記は、その変容過程においても多くの材料を提供していくことになるのであった。

コラム

呪いの文字瓦

竹間芳明

昭和七年（一九三二）に福井県武生《たけふ》市（現越前市）の小《こ》丸《まる》城址から、文字が刻まれた丸瓦が偶然発見された。その内容は驚愕するものである。要約すると、

この書き物を後世に伝え、語り継いでもらいたい。五月二十四日に一揆が蜂起したが、前田又左衛門尉殿（利家）が一揆勢千人程を生捕り、磔《はりつけ》・釜煎《かまい》り・火焙《ひあぶ》りにして処刑した。

瓦には年代は記されていないが、天正《てんしょう》四年（一五七六）と判断される。

前年八月の織田信長による無差別大量殺戮を伴った越前《えちぜん》再征後、北陸の本願寺門徒を中心とする反織田勢力は、織田勢に占領された加賀《かが》南二郡と越前奪回の機会を窺っていた。この情勢下で大きな転機が天正四年（一五七六）五月に訪れる。長年敵対関係にあった上杉氏と本願寺との和平が成立し、越後の有力戦国大名上杉謙信《うえすぎけんしん》の南下作戦（対織田戦）が現実味を帯び、この情報が北陸一帯に伝わり、各地で一揆が蜂起した。

越前でも同様であり、その動きは織田政権に事前に察知されていた。柴田《しばた》勝家《かついえ》と甥の佐《さ》久《く》間《ま》盛《もり》政《まさ》は、それぞれ反本願寺派の高田派寺院専修寺《せんじゅじ》に対して、五月二十二日に本願寺門徒の摘発を命じ、五月二十三日には一揆蜂起に備えるため専修寺門徒が兵具を備えて武装し忠節を尽くすこと、併せてもし配下の者が不穏な動きを示した場合は捕縛し報告するように指令している（「法雲寺文

書」三九、四〇号『福井県史』資料編五)。

ここで注目されるのは、武装を積極的に佐久間盛政が奨励していることである。「明智軍記」など近世の軍記物では、勝家は一揆防止のため国中より武器を取り上げ、これを鋳直して農具・九頭竜川《くずりゅう》舟橋の鎖に用いたとしており、そのために刀狩《かたながり》を行ったと伝えられている。しかし、あくまで、織田政権下の武将は、敵対勢力を鎮圧するために、反本願寺派の寺社・住民の武力を積極的に利用していた。これは、軍記物の記述内容の明確な誤りの事例である。

以上の情勢下で、五月二十四日に大規模な一揆が蜂起し、後に小丸城が築かれた周辺では、千人程度の者が生捕りにされ前田利家《まえだとしいえ》により、瓦に記されたように残虐な方法で処刑されたのだった。呪いともとれる文言は、処刑から辛うじて逃れた一揆の残党が築城人夫に紛れ、後世に織田勢の残虐性を訴えるために記したものと考えられる。

この時の前田利家による残虐な処刑は『信長公記』をはじめ他の史料では確認できない。しかし、利家はその後能登《のと》戦線で、棚木《たなぎ》城を攻略した後、鉄砲製造を後回しにしてでも、捕虜を釜煎りの刑に処すための釜を作ることを厳命している(『金沢市史』資料編三第一編第二章一〇号)。この点から、瓦に記された残虐な処刑は確かに行われたと言える。前者の史料と瓦では書き手の立場が、まったく正反対であることは忘れてはならないが……。

Ⅲ　信長公記、太閤記以後

47　豊臣秀吉像（同右）

46　織田信長像（『太閤記英雄伝』）

一　信長・秀吉像の変遷

若き日の〈出会い〉をめぐる物語

阿部一彦

1　戯作と芝居の世界

江戸時代の大ベストセラー『東海道中膝栗毛《とうかいどうちゅうひざくりげ》』で有名な十返舎一九《じっぺんしゃいっく》の黄表紙に、『化物太平記《ばけものたいへいき》』（享和《きょうわ》四年〈一八〇四〉）という作品がある。黄色い表紙の大衆的な読み物で、漫画のルーツともいえるものである。「太平記」は「太閤記」のことで、当時流行したいい方で戦国時代を描いていることを示している。「太閤記」の世界に動物たちをあてはめてパロデイ化したものである。三《み》河《かわ》国岡崎《おかざき》川のあたりに住む河童（強盗の首領・蜂須賀《はちすか》小六《ころく》）が橋の上で小蛇（藤吉郎）に出会う。その後、狐（松下加《まつしたか》兵衛《へえ》）に仕え、尾張の蛞蝓《なめくじ》に奉公することになる。信長をナメクジにたとえるのはおかしいが、おなじみの組み合わせである。これは、豊臣秀吉の二百回忌（寛政《かんせい》九年〈一七九七〉）に出版された『絵《え》本《ほん》太閤記《たいこうき》』をもとにしたものである。ところが、こんな他愛もない話が、『絵本太閤記』の絶版に連座して、出版禁止の憂き目をみることになってしまった。一九は手鎖五十日の刑に処された。

この事件は、享和四年（文化《ぶんか》元年）五月十七日に出された「町触」、「一枚絵・草紙類、天正之頃以来之武者等（の）名前ヲ顕シ画《か》（き）候ハ勿論、紋所合印名前等紛《まぎ》ラハ敷《し》（く）認メ候儀モ決（っして）相致（す）間敷（く）候」が適用されたものであった。「天正以来の武者」は、徳川氏をふくみつつも、信長そうして、とくに『絵本太閤記』によって生み出された〈太閤ブーム〉を牽制することが、最大の目的であったにちがいない。喜多川歌麿《きたがわうたまろ》も、「太閤五妻洛東遊観図《たいこうごさいらくとうゆうかんず》」を発表して、おなじく手鎖五十日、それによって意欲を失い死を招くことになってしまった。

　固定化された身分制の社会のなかで、秀吉の出世物語は庶民の羨望の的であったろう。その要望にこたえて浄瑠璃・歌舞伎の作者は、幕府の目をかいくぐり、さまざまな工夫を凝らして作品を提供しつづけていったのである。最も有名なものが、『絵本太功記』である。信長を尾田春永、羽柴秀吉を真柴久吉に変え、久吉が家族に同情を示しつつ、謀反人武智光秀を天王山で討ち取るという本能寺の変の顚末である。一九も作者の一人である、「木下蔭狭間合戦《このしたかげはざまかっせん》」は、小田春永と此下《このした》当吉で、木下藤吉郎もきかせ、「太閤記もの」流行のきっかけとなった。その初作は、近松門左衛門の『本朝三国志』であり、小田春長・真柴久吉の名称も始まり、「太閤記」を『三国志』の「世界」で描くという作劇法もスタートした。それを継承したのが竹田出雲の『出世握虎稚物語《しゅっせやっこおさなものがたり》』である。第二段の末尾の信長と秀吉の〈出会い〉を、「蜀《しょく》の先主が兄弟の義をむすびし。桃園《とうえん》の古例に任せ。主従三世のちぎりを結ぶ」と語り、二人を劉備玄徳《りゅうびげんとく》と諸葛孔明《しょかつこうめい》になぞらえ、「太閤記」の物語をくり広げようとしたのである。

2　若き日の信長・秀吉の〈出会い〉

橋上の〈出会い〉の虚構

尾州海道《ママ》郡の住人、蜂須賀小六正勝といへる者あり、乱れたる世の習ひにて、近国の野武士をかたらひ、東国街道に徘徊し、落武者の武具を剝《はぎ》取り、人家に押入財宝を奪ひ、其手下に属する者一千余人、勢ひ近国に震《ふる》ひける。或夜属手下《てした》数多引具し、岡崎橋を渡りけるに、彼日吉丸此橋の上によく寝て、前後もしらで有けるを、小六通りざまに日吉丸が頭を蹴て行過る。日吉丸目をさまし、大きに怒り、「汝なに奴なれば不礼をなすや。我幼稚といへども汝が為に恥しめをかうむるいはれなし。我前へ来り礼をなして通るべし」といふ。

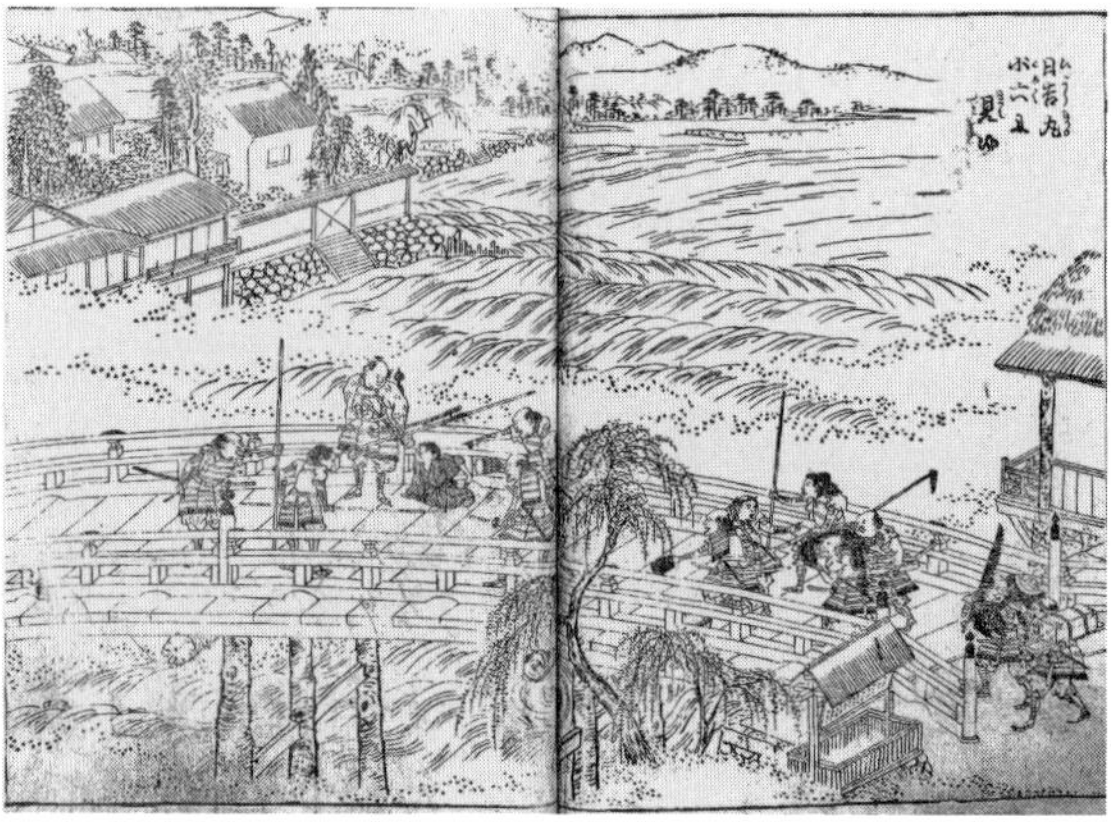

48　日吉丸と小六の出会い（『絵本太閤記』）

『絵本太閤記』（有朋堂文庫）に描かれた日吉丸（秀吉）と蜂須賀小六の〈出会い〉の場面である。三河国の矢作川《やはぎがわ》に架かる岡崎橋（矢作橋）でくり広げられるやり取りは、少年日吉丸の勇敢で才気煥発な姿を読者に強く印象づけた。この描写は、幕末の『真書太閤記《しんしょたいこうき》』に受け継がれ、上掲の挿絵とともに戦前の「講談社の絵本」（昭和十二年〈一九三七〉）にも登場し、少年たちに強い影響をあたえた。「太閤伝説」の代表的なものの一つとして定着していった。

49　矢作橋の出会い（「講談社の絵本」）

ところが、先祖を盗賊扱いされた蜂須賀家の依頼を受け渡辺《わたなべ》世《よ》祐《すけ》が、昭和四年の『蜂須賀小六正勝』で、この「橋上の〈出会い〉」をいとも簡単に否定してしまった。その当時、矢作川は渡船で、橋が架かっていなかったというのである。「講談社の絵本」『豊臣秀吉』の作者でもあった矢《や》田《だ》挿雲《そううん》は、昭和九年から連載を開始した『太閤記』でもこの説を無視した。しかし、吉川英治は『新書太閤記』で、渡し舟の中に日吉丸を寝かせておいた。司馬遼太郎の『新史太閤記』になると、尾張国海東郡蜂須賀村の蜂須賀屋敷が、〈出会い〉の場所となり、矢作川からはすっかり離れてしまう。

秀吉、松下加兵衛の元を去る

橋上の〈出会い〉は、小《お》瀬《ぜ》甫《ほ》庵《あん》の『太閤記』（以下『太閤記』）にはみえないが、松下加兵衛との〈出会い〉と〈辞去〉は同書巻一の興味深い話題である。橋上の〈出会い〉が、『絵本太閤記』の創作であったのに対して、松下加兵衛に仕えたことは、田中義成『豊臣時代史』（大正十四年〈一九二五〉）以来、『豊臣秀吉』（中公新書、一九八五年）の小和田哲男氏まで史実として認められているものである。松下の元を去るにあたってのいきさつを、『太閤記』（新日本古典文学大系）はつぎのように記している。

> 或時尾州信長公御家中には、いかやうなる具足《ぐそく》甲やはやるぞと、松下尋ねしに、秀吉奉《うけたまは》り、尾張国には、桶皮筒《おけかわどう》には事変り、胴丸《どうまる》とて右之脇にて合せ伸縮自由なるを以、をしなべて是を用ゐ侍る由被申ければ、さらば其具足冑《かぶと》買て参れよとて、黄金五六両渡しつかわしけり。秀吉道すがら思給ふやう、礼節を忘れ、忠義を塵《けが》すといえども、謀略を以て、威名を振るい国家を持すは、勇士之本意とする所也（「礼節」以下を書き下し文にした）。所詮《しょせん》此金にて丈夫之身となるべき支度之賄《まかない》とし、天下之大器とならん人を憑《たのみ》奉り、立身を励み、父母并親族等をも撫育《ぶいく》し、彼筒丸《どうまる》をも調へつゝ、松下殿に渡し可申と思ひ、

松下に尾張で流行る胴丸の購入を依頼された秀吉が、漢文部分のようなおおげさな理屈をつけてはいるが、結局は、購入資金を着服してしまったというのである。この説は、林羅山《はやしらざん》の『豊臣秀吉譜』にも受け継がれているが、同書の記事の大部分は、『太閤記』を漢文化したものであるから、『太閤記』に端を発したと考えてよかろう。ところが、『太閤素生記《たいこうすじょうき》』（改訂史籍集覧十三）は別の説を主張している。松下は秀吉を（猿といっている）、はじめ、草履取りとして使ったが、役にたたないことはなかったので、納戸役に出世させた。ところが、小姓衆がそれを妬み、物がなくなるごとに彼を疑った。

松下は、慈悲心の深い者であったので、「遠国行衛モ知ラザル者故、此如キ無実ヲ云懸ルト不敏ニ思ヒ、其品々ヲ云聞セ、本国へ帰レト云テ、永楽三十疋ヲ与へ」て尾張に帰してやった。

小和田氏は右の書で、両説を、「持ち逃げ説」と「加兵衛・秀吉通謀説」と呼んでいるが、後年、之綱《ゆきつな》を厚遇したことなどから、「通謀説」に軍配をあげている。ちなみに『豊臣秀吉譜』以来、松下を、加兵衛之綱としているが、秀吉が仕えたのは父親の長則《ながのり》で、のちに優遇されたのが息子の之綱（秀吉と同年）である。これも同氏の考察である。ところが、『太閤素生記』は、『太閤記』の「着服説」を取りあげて、「不信、太閤生レ付堅ク理知儀ニシテ左様ノ心ニ非ズ。又行衛モナキ幼猿ニ加兵衛黄金五両預クベキ義ニ非ズ。又具足ヲ調来レト其世悴《よせがれ》ニ云ベキ理ニモ非ズ。猶不信」とはげしく非難、否定しているのである。

歴史学の立場からすると、「松下文書」に、「松下加兵衛事、先年御牢人の時、御忠節の仁に候あいだ、各々同然には之あるまじく候」（『豊臣時代史』）とあり、当然、「通謀説」を採用するであろう。しかし、「着服説」には分がないのであろうか。そこで、『太閤記』のキーワード〈胴丸〉に着目してみよう。そうすると、儒学者で兵法家の山鹿素行《やまがそこう》の『武家事紀《ぶけじき》』に、「桶皮胴」とみえ、新井白石《あらいはくせき》の『本朝軍器考《ほんちょうぐんきこう》』にも、「桶皮胴」としてその説明とともに、松下が秀吉に買いに行かせたものであるとの例もあげられている。どうやら『太閤記』は、「桶皮筒に事代り、胴丸」と「桶皮胴丸」を誤って分割してしまったようであるが、鎧の新機軸として、当時、注目されたものであったことはたしかだろう。また『武功夜話』にも、「桶川の胴丸」とでてくる。しかも『太閤記』と同趣旨の「着服説」

が、太閤秀吉の回想として詳しく語られる物語中に存在するのである。この話は、大黒天縁起として、太閤自らが御伽衆の大村由己《おおむらゆうこ》に、松下の深く信仰する三面の大黒天まで盗み出したことをも告白し、なんらのてらいもなく吹聴している。そのうえ、松下を厚遇したことまで言及しているのである。

このようにみてくると、歴史的な実像ではなかったとしても、この「着服説」から秀吉の道義的に逡巡をしつつも、ひたすら押し進もうとする青年期のやみがたい野望と上昇志向を看取することができるのではなかろうか。しかし、『太閤素生記』の非難・否定は、早くも江戸時代初期に、秀吉像の儒教化が始まっていることを示すものといえよう。

秀吉、信長に仕える

松下屋敷を逐電した秀吉（藤吉郎）は、故郷尾張にもどり、信長に出仕することになる。その経緯はどのように描かれているのだろうか。『太閤素生記』には、その頃、信長のもとにガンマクと一若という中々村出身の小者《こもの》がいたので、秀吉は一若を頼って草履取りになったとある。仲立ちをした一若は信長の書状にもみえる人物で、この「仲介説」は信憑性の高いものといえよう。

ところが、『太閤記』は、「其比、信長公は清洲に御在城ありけるが、永禄元年九月朔日に直訴せられける」と「直訴説」をとっている。「仲介説」を継承したのが『明良洪範《めいりょうこうはん》』だけだったのに、「直訴説」は、『豊臣秀吉譜』をはじめ、『祖父物語』『豊鑑《とよかがみ》』『武家事紀』『豊臣記』『絵本太閤記』などに踏襲されており、圧倒的に多数をしめている。しかも、それぞれユニークに描かれている。たとえば、『祖父物語』（続群書類従二一上）は、門の下を通った秀吉に、信長が小便を仕掛けたが、堂々と抗議したのを見込んで、となっている。『豊鑑』（群書類従二〇）には、出仕後、「一日もおこたらず、わら沓《くつ》をわれととりはく様にて物せしが」と例の草履を暖めたというエピソードの原型がみられる。また、『絵本太閤記』になると、秀吉の作戦が際立つ。柴田勝家への広言を聞きとがめた信長に、秀吉はなおいっそうの大言壮語で答える。預けられた足軽頭に、口にまかせて偽りをいったので御目にとまったなどとうそぶいて推挙を願った。報告をうけた信長は、「不敵のふるまひ、言語道断、をかしき奴なり」といって出仕を許したということになる。

常識的に考えても妥当性の高い「仲介説」が少数派で、物語としてはおもしろいが、あまり現実的でない「直訴説」が圧倒的に優位なのは、読者が虚像と知りつつも、出世の糸口を自らの行動で切り開いて行こうとする青年藤吉郎の進取の姿勢を、ここにみいだそうとしているからではなかろうか。

若き日の信長と秀吉

『太閤記』巻第一は、秀吉の出生から永禄《えいろく》九年（一五六六）の墨俣《すのまた》築城・大沢次郎左衛門の降伏までが描かれている。木下藤吉郎《きのしたとうきちろう》と署名のある文書の初見が永禄八年であるから、まさに有史以前の秀吉ということになる。ここは、「太閤伝説」の宝庫でもある。

どこを取りあげてもよいのだが、日頃あまり扱われない「秀吉卿捕賊之事」に、若き日の秀吉像の一面をうかがってみよう。永禄六年の秋、信長は墨俣に出陣した。その時、福富平左衛門《ふくづみへいざえもん》の笄《こうがい》が盗まれた。みなが秀吉を疑った。なんとかしてこの冤罪《えんざい》を晴らそうと、すぐに津島（愛知県津島市）の質屋を訪れ、十両をかけて情報の提供を依頼した。予想どおりに盗人を捕らえることができた。牛頭天《ごずてん》

50　藤吉郎，信長に直訴する（『絵入り太閤記』）

王社《のうしゃ》の加護を感謝した。このことを涙ながらに信長に報告すると、「信長卿も憫《あわれ》み給ふて、日来の指出《さしいで》をも許」された。

清洲城の塀普請をやりとげ、順調にスタートしたが、周りの目は厳しい。しかし冷静に判断した。犯人は、津島の質屋にあらわれる。富裕な町人、堀田某は長年の知人であり、ここを拠点にした。つまり、秀吉は、この時点ですでに、尾張最大の貿易港、津島に足掛かりをもっていたというのである。信長の父信秀の居城は、津島の東、勝幡《しょばた》（愛知県稲沢市）にあり、清洲城の三奉行の一人にすぎなかったが、頭角をあらわした最大の要因は津島の経済力であった。当然、信長もこれを受け継ぎ、天下統一に向かう。これらの経済基盤と鋭い経済感覚が、信長の成功の秘訣であった。小瀬甫庵は、それらを若き日の秀吉にも共有させたのである。

最後に信長が、日頃の「指出」を許したと結んでいるが、巻第一にしばしばでてくるキーワードである。「でしゃばり」のことだが、積極果敢なチャレンジ精神といいかえることができよう。秀吉像のもっとも重要な要素であり、信長がそれを許容し、擁護したことも、ここでの、二人の関係性の特徴的な表現である。

若き日の信長像ついては、多くの人びとが指摘するように、『信長公記《しんちょうこうき》』「首巻」（角川文庫）のつぎの描写に尽きるであろう。

①信長十六・七・八までは別の御遊びは御座なく、馬を朝夕御稽古、又、三月より九月までは川に入り、水練《すいれん》の御達者なり。其折節、竹鑓《たけやり》にて扣合《たたき》御覧じ、兎角《とかく》鑓はみじかく候ては悪しく候はんと仰せられ候て、三間柄・三間間中《まなか》柄などにさせられ、②其比の御形儀、明衣《ゆかたびら》の袖をはづし、半袴《はんばかま》、ひうち袋、色々余多付けさせられ、御髪はちゃせんに、くれなゐ糸・もゑぎ糸にて巻立てゆわせられ、大刀朱ざやをさゝせられ、悉《ことごと》く朱武者に仰付けられ、③市川大介めしよせられ御弓御稽古、橋本一巴《はしもといっぱ》師匠として鉄炮御稽古、平田三位不断召寄せられ兵法御稽古、御鷹野等なり、④爰《ここ》に見悪事《みにくきこと》あり。町を御通りの時、人目をも憚《はばかり》なく、くり・柿は申すに及ばず、瓜をかぶりくひになされ、町中にて立ちながら餅をまいり、人により懸り、人の肩につらさがりてより外は御ありきなく候、其比は世間公道なる折節にて候間、大うつけとより外に申さず候。

つねに、②と④が強調されるが、①と③にも注目しなければならない。つまり、青年信長は、「別の御遊び」をすることなく、「竹鑓にての扣合」「水練」「御稽古」「鷹野」と、武器の最新鋭化と軍事訓練に明け暮れていたのである。しかも軍師を招いての本格的なものであった。斎藤道三《さいとうどうさん》が敵対をさけたのも強力な軍事力を目の当たりしたことにあったのであろう。抹香《まっこう》を投げつけた信秀の葬儀の場面には、①と③のような記述はないが、後継者として圧倒的に優位な立場にあった弟勘十郎陣営を精鋭部隊で包囲していたであろうことは容易に想像できる。武装闘争に勝利する以外に国衆たちを屈服させ、尾張を統一する方法はないのである。合戦に勝利するためになにをなすべきか。信長は、一方で「大うつけ・大たわけ」を演じつつ、冷徹に計算し、軍備の増強をはかり、合理的に必勝の作戦を追求していった。そのもとで、秀吉は着々と成果をあげていったのである。

『信長公記』は、右の引用の場面、信秀の葬儀、道三との会見の三カ所の記述で、信長像を見事に描ききっている。それには、この書の直截簡明な記録的文体もおおいに寄与していると思われる。ところが、小瀬甫庵の『信長記』（現代思潮社）は、三つの記事を、信秀葬儀の場面に集約し、「異体なる出立にて」と一言で片付けてしまっている。遠山信春の『織田《おだ》軍記《ぐんき》』（通俗日本全史）になると、記事の構成は『信長公記』にもどるが、考証的態度と説明的文体によって、信長像の迫力がひどく後退したものになってしまったといわざるをえない。

斎藤道三と濃姫

信長は、『信長公記』に、「平手中務才覚にて、織田三郎信長を斎藤山城道三聟に取り結び、道三が息女尾州へ呼び取り候き。然る間、何方も静謐《せいひつ》なり。信長十六・七・八までは別の御遊びは御座なく」とあるように、道三の娘と結婚し、婿となった。これが、美濃の姫、濃姫《のうひめ》である。小説やドラマにはなくてはならぬ女性であり、作者の腕の見せ所でもあるが、良質な史料にみえる唯一、婚姻の事実を伝えものである。ただし、のちの史料に、わずかながらその姿をうかがいみることができる。それが、美濃の「旧記」を江戸時代中期に編纂したと考えられる『美濃国諸旧記《みののくにしょきゅうき》』（国史叢書）である。これには、以下のように記されている。斎藤秀龍《ひでたつ》（道三《どうさん》）が、可児《かに》郡明智の城主明智《あけち》光継《みつつぐ》の長女（のちに小見方《おみのかた》という）と結婚し、天文《てんぶん》四年（一五三五）に娘が誕生する。その娘が、天文十八年二月二十四日に、尾州古渡《ふるわたり》（名古屋市）の城主織田信長に嫁した。その人を帰蝶《きちょう》の方、鷺山《さぎやま》殿ともいった。また、光継の甥が明智光秀で、帰蝶とはいとこにあたるともされている。道三にとっては、信長は婿、光秀は甥となり、「国取り物語」の主要人物の登場ということになる。『信長公記』の描く富田正徳寺での会見における婿の脅威と彼への期待が、「美濃国の儀は織田上総介存分に任せられ候条、譲状信長に対し相渡し候」（『江濃記《ごうのうき》』）との遺言を残して、美濃国を信長に託すことになるのである。

信長と濃姫の婚姻は、尾張と美濃の和睦のための政略結婚であった。その本質の一面をうかがってみせたのが、『絵本太閤記』のエピソードである。夜な夜な寝所をぬけだす信長を濃姫が問いつめると、じつは稲葉山城の重臣、堀田道空と春日丹後は自分に通じており、道三を殺害し、その合図として真夜中に狼煙をあげることになっていると告白した。厳重な警戒をかいくぐって濃姫は、それを父に報告した。道三はおおいに驚き、二人を斬罪に処してしまったというのである。他国に嫁いだ女性は、外交官であるとともにスパイの役目も果たしていたのである。ただし本書は、「是信長の寸謀なり。かゝる智謀の大将なれば、藤吉郎志を織田にかたむけ、（出仕の）折を見合せ居たりける」と結ばれていて、信長も秀吉同様、策謀の士と描きだすことに重点がおかれているのである。

小牧城と吉乃

信長は永禄六年（一五六三）、清洲《きよす》（愛知県清須市）から小牧（愛知県小牧市）に城を移す。それを献言したのが秀吉だったという説は、『太閤記』以来、広くゆきわたっていたようである。その理由を、

『太閤記』は、「清洲の城は水多くして水乏し。願《ねがわく》は小牧御城に宜しかりなん」と申し上げたとしている。小牧移城は、信長の長期的戦略で、当面は美濃攻略の拠点とすることにあったが、この説もなかなか当を得ている。平地で五条川によって守られているがそれがまた弱点ともなった。それを山城に移そうというのである。しかも、尾張下の四郡の中心地として繁栄をきわめていた城下町をふくめてである。まさに首都移転である。

『祖父物語』には、秀吉が、奉行として辣腕を振るい、「小牧越し」を成功させたと語られているが、『信長公記』にも興味深い苦労話が記されている。信長は、小牧移城に先立って二宮山に家臣をつれて行き、ここに築城し、屋敷もあたえると発表した。家臣たちは、このような山中に家宅を引っ越すことは迷惑だとはげしく反発した。ところが一転して、「後に小牧山へ御越し候はんと仰出だされ候。小真山へは、ふもとまで川つゞきにて、資材・雑具取り候に自由の地にて候なり。噇《どっ》と悦んでまかり越し候なり」ということになり、信長のみごとな作戦勝ちであった。家臣だけではなく、商人・職人、足軽衆、とくに内儀衆は、「旧居に増して間取りも広く、屋敷内小松、花の木の植込みも御座候わば、四季の移り変り、先の楽しみに心ふくよかなり」、「満足の様体」であったと、『武功夜話』（新人物往来社）もその喜びを伝えている。この小牧城で側室吉乃《きつの》（吉野）は、晩年をすごし、信長の暖かい介抱をうけて死をむかえることになるのである。

小牧城の実態も『武功夜話』に記されている。現在すすめられている発掘調査によって近い将来、その偉容が明らかにされるであろう。江戸時代末期の姿を書き留めているのが、『尾張名所図絵』である。諸書を引用して説明しているが、『織田真紀《おだしんき》』は、「山麓に川水通じ、運送甚だ便ならしむ。則ち士臣甚だ善《よろこ》ぶ」と、『信長公記』が踏襲されている。また、『安土創業録』によって、新築祝いに有名な連歌師紹巴《じょうは》を招き連歌会を催したこと、ところが紹巴が、「朝戸あけの麓は柳桜かな」と詠んで、「あける」は不吉でこの場にふさわしくないと信長に非難されたことが明らかにされている。信長も多くの戦国武将とおなじく連歌の愛好者であったことが知られる。このことは、最近、内藤佐登子氏（内藤・二〇〇二）によって証明された。

3 『武功夜話』の信長・秀吉像

生駒屋敷―日本の梁山泊―

信長から生駒屋敷の吉乃に、小牧城に「御代様」御殿が落成したので、移って来るようにとの指示があった。ところが、吉乃は徳姫出産後、産後の肥立ちが悪く日々病状は悪化し、とても小牧に行ける状態ではなかった。思案にあまった当主（兄）八右衛門は、直接、信長に事情を話した。ところが、つぎの日、側近衆五、六人を従えるだけで、信長が不意に訪れた。すぐに居間に入り、「吉乃様を御労《いたわり》なされ、忙中粗縁《そえんゆる》宥したもれ兼て念願の通り御台の新居落成候上は、新居においてゆるりと養生なされよ」と心のこもることばをかけ、輿を用意させた。それに乗って引っ越した。信長はしばしば見舞い、「色々と御気遣いなされ、御医師を付け高貴の御薬湯の御配慮、いうに優しき御情け」を示し、「足弱の久庵（吉乃）様の御手を取られ、御書院にて御歴々衆拝謁の儀」を行い、正室扱いをした。感激のあまり吉乃は、「年増女のはじらい顔にほんのり紅染そむる」様子で、幸せに涙するばかりであった。

この生駒屋敷が信長と秀吉の〈出会い〉の場ともなった。

久庵様、郡村《こうり》生駒屋敷に在せし頃、近くに侍り久庵様機嫌損なわぬこと妙なり。口巧者なれば、御前を憚《はば》からず人の口に致し兼ねたる色話等、少しも恥《はじ》と思わずぬけぬけ語り申し候。鬼子に候なり。ある時信長様、久庵様屋敷に越しなされ候の時、彼の者御前に召し寄せられ、徒然《つれづれ》に話相手になされ候事あり。藤吉儀《とうきちぎ》、信長公の御前を憚らず、日頃の剽げ話の仕草に、信長公御機嫌斜めならず候なり。小兵《こひょう》に似合わず、御前へ武者奉公を直願候由に候なり。（中略）御大将の馬の口取《くちど》りなりとも御用下されと、久庵様へ憑み入り候ところ、久庵様の御気付きの者、信長公へ口添えなされ候。郡への使い走り如才無《じょさいな》く相仕り、遂《つい》に清須御城へ奉公候。初めに候なり。

やや長い引用になったが、生駒屋敷で信長に直訴し、出仕することになる次第をあますところなく描いている。吉乃を喜ばせ、彼女を利用し、その取りなしによって信長に売り込もうというのである。秀吉の面目躍如たるものがある。（中略）部分は、八右衛門が、小身・非力の身で武者奉公など思いもよらない、まして信長に仕えるなどと制止したが、それを振り切って直訴したという、これも真実味のある話になっている。

『絵本太閤記』の橋上の〈出会い〉は否定されたが、蜂須賀小六とはどこで出会ったのだろうか。

それも生駒屋敷であった。同屋敷は尾張国丹羽郡郡村（愛知県江南市）にあった。

生駒屋敷は、にぎやかな富裕の家だったので、兵法者・屈強の武者・修業中の浪人などがたくさん寄り集まっていた。とくに長屋には、十数人の名だたる武辺者が寄食していた。これらの輩は、諸国の事情に通じ、美濃・遠江・駿河、畿内のことはいうまでもなく、甲斐・越後、北国道の情報などを、信長の耳にいれたので、きわめて珍重された。そのなかでも名をはせていたのが、兵法者遊佐《ゆさ》河内守《かわちのかみ》、同富樫惣兵衛《とがしそうべえ》、蜂須賀小六、小六の舎弟《しゃてい》分で前野氏の大伯父前野将右衛門《まえのしょうえもん》であった。小六は、尾張海東郡蜂須賀村の者で、ゆえあってそこを退去し、母方の丹羽郡稲木庄宮後《みやうしろ》村（同江南市）の安井弥兵衛宅に寓居していた。尾張では有名な任侠《にんきょう》者で、一千有余の家来を召し抱えており、まさに無頼《ぶらい》者集団の首領であった。彼の配下には、木曾川流域を拠点とする河内《かわうち》・河並《かわなみ》衆と呼ばれる人々がおり、一種の傭兵《ようへい》部隊でもあり木曾川舟運のガードマンの役割も果たしていた。灰と油を商う大商人生駒家にとっての警備部隊であった。信長の目的は、生駒家の経済的援助を受けることにあった。そこに出入りし、小六の眼にとまり配下になったのが、尾州中々村（名古屋市）出身の「木藤吉」であった。これらの人々は、主取りもせず、不遇をかこつこともなく、「蛟竜《こうりゅう》深淵にひそみ好機を待つの如き」有様で、生駒屋敷は、まさに戦国時代の日本版梁山泊の趣きであった。秀吉の墨俣築城などの成功は、彼らの支援のたまものであった。

以上が、尾張国丹羽郡前野村（同江南市）の前野氏の「家記」、『武功夜話《ぶこうやわ》』に記されている生駒屋敷をめぐる〈出会い〉の物語の概要である。この書は、前野氏の十六代雄翟《かつかね》が、「覚書」や「聞書」

によって寛永十五年（一六三八）頃までに編纂・執筆したもので、その後、書写の間に増補・改訂もなされたようである。もちろん一級史料ではなく誤りも多いが、戦国・近世初期軍記の「家記」としてみるならば、他の「家記」に勝るとも劣らない興味深い話題の宝庫であるといえよう。

信長と秀吉―「良禽は枝を選ぶとかや」―

冒頭でふれたように、浄瑠璃や歌舞伎では、信長と秀吉を、『三国志』の劉備玄徳と諸葛孔明の間柄になぞらえていた。同様に、『武功夜話』は、右の引用文の末尾で、「唐国の諺にあり、良禽は枝を選ぶとかや」といって、両者の関係性にとくに注目している。これは、『太閤記』もおなじことで、「秀吉は物にこえ、さし出るたる人にて有しかば、（中略）然るを信長、胸中甚大なるに因て、秀吉国器之才を心にしめ、麁《そ》に入り細に入り知し召し、月を逐《お》ひ年を経るに順て用ひ出させ給ふは明君也」と、両者の相互のスタンスを重視している。つまり、信長あっての秀吉であり、秀吉により信長が成功をおさめてゆくということである。この見方は、たとえば、「武辺咄集」（戦国武将のエピソード集）の集大成『名将言行録《めいしようげんこうろく》』にも顕著にみられることであり、秀吉伝記の掉尾《とうび》をかざる『真書太閤記《しんしよたいこうき》』にも、直訴する秀吉のことばで、「良禽《りようきん》は木を撰んで棲み名臣は主を撰び仕ふとかや」と、信長に仕えることを願うのみで他になんの望みもないといわせている。若き日の信長・秀吉像の変遷は、「明君」と「名臣」の〈出会い〉をめぐる物語であった。

コラム　お市と濃姫

桐野作人

二度の落城を経験―お市

浅井《あざい》長政《ながまさ》に嫁した信長の妹は、お市《いち》の方とか、小谷《おだに》の方と呼ばれている。

お市といえば、その美しさがよく語られる。たとえば、『祖父物語《そふものがたり》』は、お市のことを「天下一の美人のきこへありければ」としている。また高野《こうや》山持明院《さんじみょういん》に伝来するお市の画像もその死から六年後に描かれ、眉目秀麗《びもくしゅうれい》である。「天下一の美人」という形容も大げさではないのかもしれない。

お市の出自については、信長の妹とするのが通説だが、信長のいとこであり、長政には妹として披露したとする説（『以貴小伝《いきしょうでん》』）や、信長のいとこの娘とする説（「織田系図」『群書系図部集』四）がある。

お市が長政に嫁いだ時期については諸説ある。奥野高廣氏は永禄《えいろく》十年（一五六七）末か翌十一年早々として通説になっていたが、近年、宮島敬一氏は永禄二年六月以降で遅くとも同六年を下らないと述べている（『浅井氏三代』吉川弘文館、二〇〇八年）。ともあれ、『浅井三代記』に「信長卿の御妹おいち殿を娘分になされ」とあるのが興味深い。信長はお市を養女として長政に嫁がせたことになり、両者の力関係を表している。お市は長政との間に三人の娘（茶々・於初・於江）をもうけた。

その後、お市は小谷城と北ノ庄《きたのしょう》城という二度の落城を経験する。柴田《しばた》勝家《かついえ》と北ノ庄城で果てたとき、お市は次のような辞世を残した。

さらぬたにうちぬる程も夏の夜の別《わかれ》をさそふほとゝきすかな

51　小谷の方

信長正室としての地位—濃姫

信長の正室は、斎藤道三《さいとうどうさん》の娘で濃姫《のうひめ》とか帰蝶《きちょう》と呼ばれたことはよく知られている。しかし、父道三が長子義龍《よしたつ》に討たれ、斎藤家も信長に滅ぼされたため、濃姫は実家を喪失してしまった。また濃姫は信長との間に子どもを儲けることができなかった。

そのために、濃姫の信長正室としての地位は形だけだったと思われているが、果たしてそうだろうか。それを覆す史料がある。

斎藤家が滅んでから二年後の永禄十二年（一五六九）八月、信長が故・斎藤義龍の未亡人に所有している壺を差し出すよう何度も命じた。しかし、彼女は「斎藤家滅亡の折、紛失しました。これ以上責められるのなら自害致します」と答えた。さらに、濃姫をはじめとした斎藤一族や美濃出身の国衆《くにしゅう》たちが決然と次のような覚悟を示した。

信長本妻兄弟女子十六人自害たるべし、国衆大なる衆十七人、女子の男以上卅余人切腹すべき由也（『言継《ときつぐ》卿記』）

濃姫たちがみな自害するとして抵抗したために、ついに信長も壺を諦めたという。

斎藤家滅亡後もなお、残存する斎藤一族や美濃国衆が濃姫を中心に結束していたことがわかる。

濃姫は織田家中で隠然たる勢力を築いていたといえそうである。


もうひとつは、濃姫が信長嫡男の信忠《のぶただ》を養子にした形跡があることである。『勢州軍記《せいしゅうぐんき》』下に「嫡男信忠卿亦妾人腹也、弘治三年丁巳誕生、是御臺《みだい》之御養子也」とあるのがそれである。周知のとおり、信忠の生母は生駒《いこま》氏（吉乃とも、生駒家宗の娘）だったが、永禄九年（一五六六）に早世

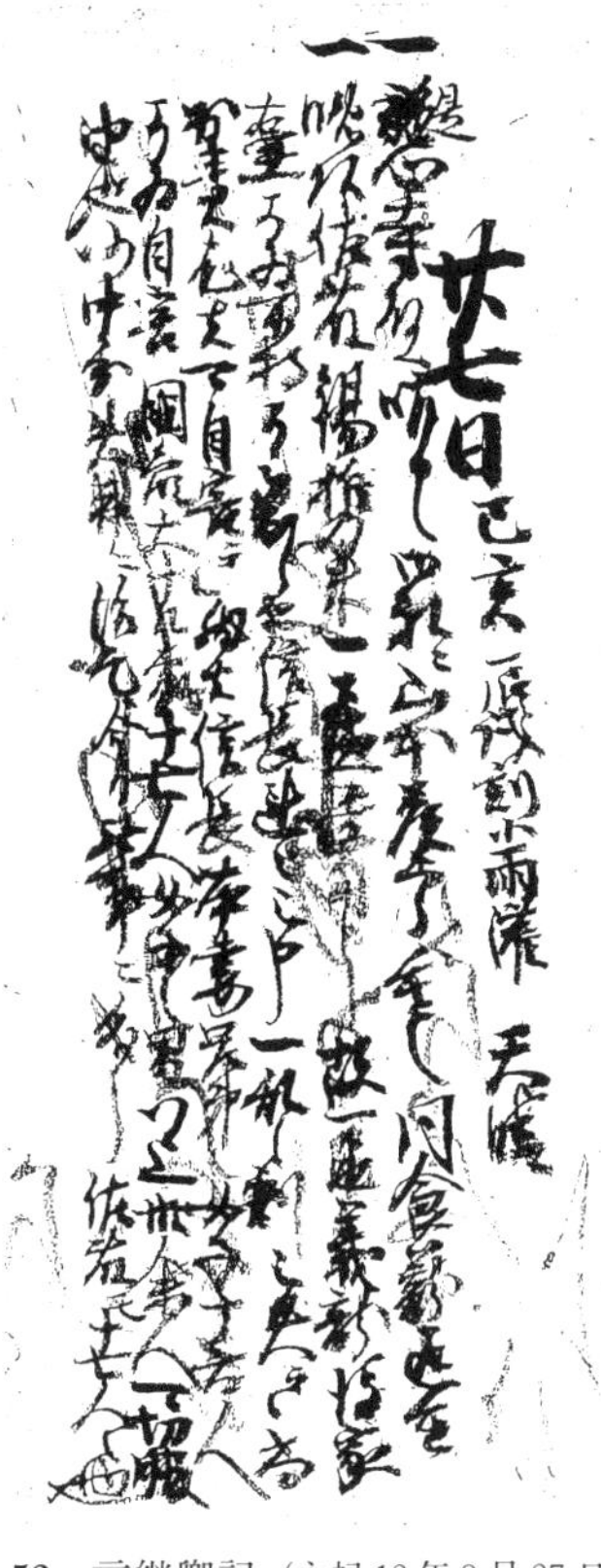

52　言継卿記（永禄 12 年 8 月 27 日条）

53　伝・濃姫墓石

している。濃姫は信忠を養子にして嫡母となり、信長の後継者であることを確定させるとともに、信長正室としての自分の地位を確固たるものにしたともいえそうだ。

本能寺の変後、濃姫は信雄のもとに庇護され、「安土殿」と呼ばれた形跡がある（『織田《おだ》信雄《のぶかつ》分限帳《ぶげんちょう》』）。岡田正人氏によれば、濃姫は慶長《けいちょう》十七年（一六一二）七月九日に没したという。享年は七十八（岡田正人編著『織田信長総合事典』雄山閣出版、一九九九年）。信長より三十年も長生きしたことになる。

二　天下人と茶の湯

矢部健太郎

1　織田信長が好んだ文化

中世の武家権力者と文化

厳島神社に伝わる『平家納経』を奉納した平清盛《たいらのきよもり》、『金槐和歌集《きんかいわかしゅう》』を残した源実朝《さねとも》、北山・東山文化の中心となった足利義満《よしみつ》・義政《よしまさ》をはじめとして、中世の武家権力者の中には、政治的な活動とともに、場合によってはそれ以上に、文化的な活動（思想・芸術・宗教など）に執心した者が少なくない。そうした彼らの活動の背景には、為政者としての共通する理想像があったのではないだろうか。すなわち、強い政治的指導力だけではなく、高い知的教養に裏打ちされた人間的魅力を持った為政者の姿である。

日本の中世社会には武士団が強大化して、平氏政権・鎌倉幕府・室町幕府という長い武家権力の時代を現出した。しかし、室町幕府の将軍権力は、三代義満の時代を頂点として次第に弱体化し、やがて群雄割拠の戦国時代に突入する。この混乱を終わらせるべく、濃尾平野を中心に大勢力を誇ったのが、『信長公記』の主人公の織田信長である。

信長の政治的な功績については実に多くの研究がなされ、それがゆえに、諸説が林立していまだに決着をみない論点も多い。一方で、信長は文化に対してもたいへん強い関心を示しており、その様子は『信長公記』にも丁寧に描写されている。まずは、『信長公記』を通読し、そこから読みとれる信長と文化の関わりを概観しておこう。

信長公記における文化の描写

『信長公記』に記された文化的な記事のすべてを羅列するわけにもいかないので、その目次の項目として、直接的に文化的内容を示すものをあげてみたい。

まず、信長上洛以前の状況を記した「首巻《しゅかん》」には四十五の項目が立てられており、文化的な項目の初見は「おどり御張行の事」である。そして、この項目は『信長公記』における茶の湯関係の初見記事ともされている（田中秀隆・二〇〇三）。

津島にては堀田道空庭にて、一おどり遊ばし、それより清洲へ御帰りなり、津島五ヶ村の年寄どもおどりの返しを仕り候、是れ又、結構申す計りなき様体なり、清洲へ至り候、御前へめしよせられ、是れは、ひようげたり、又は似相たりなどと、それ〴〵あひ〳〵と、しほらしく、一々御詞懸けられ、御団にて冥加なくあをがせられ、御茶を給べ候へと、下され、忝《かたじけな》き次第、炎天の辛労を忘れ、有り難く、皆感涙をながし、罷帰り候ひき、

信長は、踊り手の労をねぎらって言葉をかけ、団扇《うちわ》であおがせて御茶を与えた。踊り手たちは、炎

天の苦労も忘れ、ありがたさに涙を流して帰った、というのである。なお、この項目に続く「天沢長老物がたりの事」も文化的な項目ということが可能だろう。

続いて「巻一」（永禄《えいろく》十一年〈一五六八〉）には「観世大夫御能仕《かんぜだゆう》るの事」が、「巻二」（永禄十二年）には「名物召し置かるゝの事」の二項目がある。元亀《げんき》年間については、「巻三」（元亀元年〈一五七〇〉）に「常楽寺《じょうらく》にて相撲の事」「名物召し置かるゝ事」「観世大夫・今春《こんぱる》大夫立ち合ひに御能の事」と三つの項目が連続するが、その後の「巻四」（元亀二年）～「巻六」（元亀四年）には明確な文化的項目はみられない。

天正《てんしょう》年間に入り、「巻七」（天正二年〈一五七四〉）では、「蘭奢待《らんじゃたい》切り捕らるゝの事」「賀茂競馬の御馬仰せ付けらるゝの事」「御名物召し置かるゝの事」の三つがあげられる。この「御名物召し置かるゝの事」の本文が欠けていることは、何とも残念である。

「巻八」（天正三年）には、「禁中において親王様御鞠遊ばさるゝの事」「大坂三軸進上の事」「御茶の湯の事」の三項目がある。そして、「巻九」（天正四年）には「三州吉良へ御鷹野の事」、「巻十」（天正五年）には「御名物召し置かるゝの事」「御鷹山猟御参内の事」「三州吉良へ御鷹野の事」「中将信忠へ御名物十一種参らるゝの事」というように、鷹狩の記事の増加が特徴として現れる。

続いて「巻十一」（天正六年）では「御茶の湯の事」「御節会の事」「相撲の事」「小相撲の事」、「巻十二」（天正七年）では有名な「法花・浄土宗論の事」の記述があるが、「巻十三」（天正八年）には文化的な項目はみられない。「巻十四」（天正九年）では「御爆竹《ばくちく》の事」「御馬揃《うまぞろ》への事」「八月朔日御馬揃への事」と馬揃え等の行事関係の項目が立てられ、最後の「巻十五」(天正十年)では、「御出仕の事」「御爆竹の事」「伊勢大神宮上遷宮の事」「幸若《こうわか》大夫・梅若《うめわか》大夫の事」の項目があげられる。

以上、筆者があくまで主観によって抽出した文化的項目を数えると、三十項目にのぼる。そのうち、ほぼ同様なタイトルが複数確認されるものは、「三州吉良へ御鷹野の事」と「(御)名物召し置かる丶の事」の二種類のみであった。中でも注目されるのは、永禄十二年、元亀元年、天正二・五年の四項目に及ぶ「(御)名物召し置かる丶の事」という記述である。

信長の「名物」好み

『信長公記』には、数多くの「名物」が登場する。「(御)名物召し置かる丶の事」について考察する前に、少しそれらを概観しておきたい。

『信長公記』中の「名物」文言の初見は、「信長御入洛十余日の内に五畿内隣国仰せ付けられ、征夷将軍に備へらる丶の事」(永禄十一年)の次の部分である。

池田筑後守降参致し、人質進上の間、御本陣芥川《あくたがわ》の城へ御人数打ち納れられ、五畿内隣国、皆以て御下知に任せらる、松永弾正(久秀)は我が朝無双のつくもがみ進上申され、今井宗久、是れ又、隠れなき名物松島の壺、并に紹鷗茄子を進献、往昔判官殿一谷鉄皆がガケ召されし時の御鎧を進上申す者もこれ在り、

ここでの「名物」は、松島の壺・紹鷗茄子の名が示すとおり、茶の湯の道具である。この例に代表されるように、『信長公記』には茶道具の「名物」が数多く記されている。

一方、「判官殿一谷鉄皆がガケ召されし時の御鎧」という記述も興味深い。これは、いわゆる「一ノ谷の鎧兜《よろいかぶと》」であろう。実は、『信長公記』に記される「名物」は、必ずしも茶道具に限らないのである。例えば、「松永多門城渡し進上、付不動国行」(元亀四年)には、「正月八日、松永弾正、濃州岐阜へ罷り下り、天下無双の名物、不動国行進上候て、御礼申し上げらる、以前も、代に隠れなき薬研《やげん》藤四郎《とうしろう》進上なり」とある。久秀は信長に対し、著名な刀工・不動国行の太刀や薬研藤四郎を進上したという。この薬研藤四郎とは、「薬研通《やげんとうし》吉光」のことであろう。「薬研通吉光」とは、刀工・粟田口吉光作の短刀で、明応《めいおう》二年(一四九三)に畠山政長《はたけやままさなが》が自刃するときに投げ捨てた所、近くの薬研(薬種を砕く金属・硬木製の器具)を突き通したためこの名があるという。

54　付藻茄子

また、「公方様御構へ取巻きの上にて御和談の事」(元亀四年)にも「三月廿五日、信長御入洛の御馬を出ださる、然《しか》るところに、細川兵部大輔(藤孝)・荒木信濃守(村重)、両人御身方の御忠節として、廿九日に逢坂《おうさか》まで両人御迎へに参らる、御機嫌申すばかりもなし、(中略)此の時、大ごうの御腰物、荒木信濃守に下され、名物の御脇指《わきざし》、細川兵部大輔殿へ」とある。このように、『信長公記』には刀剣の「名物」も頻繁に確認される。

続いて、「賀茂競馬の御馬仰せ付けらるゝの事」(天正二年)

をみてみよう。

五月五日、賀茂の祭、競馬御神事、天下御祈禱の事に候、幸ひ御在洛の儀に候間、御馬を仰せ付けられ候様にと、伺ひ申すのところ、信長、度々かち合戦にめさせられ候蘆毛《あしげ》の御馬、幷に鹿毛《かげ》の御馬二つ、其の外、御馬廻の駿馬を揃へ十八疋、都合廿疋、十番の分仰せ付けらる、御馬の儀は申すに及ばず、廿疋の御馬、御鞍《くら》・鐙《あぶみ》・御轡《くつわ》、一々、何れも〳〵、名物の御皆具《ごかいぐ》仰せつけられ、おびただしき御結構なされ、舎人《とねり》、是れ又、美々しき出立、上古にも承り及ばず、

信長は歴戦の駿馬を揃えて賀茂競馬に参加したのだが、鞍・鐙をはじめとする馬具は、「名物の御皆具」で飾り立てられていた、というのである。

ちなみに、「名物」とは「有名な物」であり、言い換えれば「名の有る物」である。『信長公記』には、「名物」と直接表記されていないものの、「名の有る物」は数多い。一例として、「公方御構へ御普請の事」（永禄十二年）をあげておこう。

二条の古き御構へ堀をひろげさせられ、永禄十二年己巳二月廿七日、辰の一点、御鍬初めこれあり、（中略）御殿の御家風尋常に金銀をちりばめ、庭前に泉水・遣水・築山を構へ、其の上、細川殿（細川藤賢邸）御屋敷に藤戸石《ふじといし》とて、往古よりの大石候、是れを御庭に立て置かるべきの由にて、信長御自身御越しなされ、彼の名石を綾錦を以てつゝませ、色々花を以てかざり、大綱余多付けさせられ、笛、太鼓、つゞみを以て囃し立て、信長御下知なされ、即時に底上へ御引付け候、幷に東山慈照院殿（足利義政の東山第）の御庭に一年立て置かれ候九山八海《くさんはっかい》と申し候て、都鄙に隠れなき名石御座候、是れ

又、召し寄せられ、御庭に居ゑさせられ、其の外、洛中洛外の名石・名木を集め、眺望を尽くさる、

二条御所の普請に際し、細川藤賢《ほそかわふじかた》邸の「藤戸石」、足利義政邸の庭園に立て置かれていた由緒を持つ「九山八海」という「名石」や、「名木」が集められたことがわかる。

このように、『信長公記』における「名物」は、茶道具・刀剣類・馬具・石・木など、実に多種多様である。にもかかわらず、先述した四項目の「（御）名物召し置かるゝの事」の「名物」は、すべて茶道具なのである。このことは、信長の文化的嗜好における茶の湯の特殊性を示すものとも考えられる。以下、信長と茶の湯の関係について、考察していこう。

2 信長と茶の湯

信長の茶の湯のキーワード

信長と茶の湯の関係については数多くの研究があり、そこでは「御茶湯御政道」と「名物狩り」が代表的なキーワードとされてきた。この二つのキーワードに関する最新の研究の一つが、竹本千鶴氏の近著『織豊期の茶会と政治』（竹本・二〇〇六）である。

竹本氏は、「織田信長が政治に茶湯を利用したことはよく知られており、そのことは、しばしば『名物狩り』や『御茶湯御政道』と表現されている。しかし、これらのことばに対する理解は先行研

究によってさまざまであり、またこうした呼称が信長の茶湯事績を的確に表現しているとはいい難い」と述べ、これに代わる新たな表現を打ち出した。

まず、「御茶湯御政道」に関する従来の解釈には、大きくみて①茶の湯許可説（信長からの名物の賞与＝茶の湯興行の許可）、②茶の湯禁制説（部下の茶の湯嗜好への規制）の二説があった。また、谷端昭夫氏は、戦功による名物下賜→茶会開催の許可→信長の茶頭相手の茶会許可、という段階説を主張した（谷端・一九九五）。

竹本氏は、『御茶湯御政道』とは天正十年十月十八日付の斎藤利尭《さいとうとしあき》・岡本良勝《おかもとよしかつ》両名充ての羽柴秀吉書状にのみ見られる文言で、かつ秀吉の造語である」と述べている。つまり、「御茶湯御政道」とは信長死後に造られた表現なのである。実際、『信長公記』を通読しても、「御茶湯御政道」という文言はみられない。信長の後継者たるべし、との秀吉の政治的意図が色濃く反映された表現といえようか。

さらに竹本氏は、「御茶湯御政道といへとも」というセンテンスを重視し、逆接の「いへとも」がある以上、「政道」は禁制・禁止の意味で採るべきで、ゆえに「御茶湯御政道」は「茶湯禁制」としか解釈できないと述べる。そして、「『御茶湯御政道』ということば自体、あまり意味のない、幻のことば」であり、織田政権下で茶の湯と政治が密接に関わる有様を表現するには、「ゆるし茶湯」という言葉の方が的確だとする。「ゆるし茶湯」とは、信長の「御道具」を下賜され、その茶会での使用を許可されるというもので、竹本氏はこの場を「織田政権下においてヒエラルヒーを体現する政治の場」と主張する。ちなみに、織田政権下において「ゆるし茶湯」を行ったのは、織田信忠・明智光秀・佐久間信栄《のぶひで》・羽柴秀吉・野間長前《のまながさき》・村井貞勝《さだかつ》の六名のみである。

次に、項を改めてもう一つのキーワード、「名物狩り」についてみていこう。

「名物狩り」は「強制買収」か「品評会」か

「名物狩り」は、信長による名物茶器蒐集を示す表現として、とみに有名である。しかしながら、先の「御茶湯御政道」と同様、この文言も『信長公記』にはみられない。

竹本氏によると、「名物狩り」は、戦後に信長の名物茶器の強制的な一斉蒐集や買収の行為をさして使用されるようになったもので、芳賀幸四郎氏による「茶器狩り」（芳賀・一九五六）、永島福太郎氏による「名物狩り」（永島・一九六二）との表記がその早い例であるという。さらに、「戦前、例えば花見朔巳氏によると、信長の茶湯事績は現代の茶湯文化隆盛の源であるというように、文化史上、高く評価されていたが、戦後の『名物狩り』という通称の広まりと共に変化し、現在、その本質は見失われ、漠然としている」と述べ、信長が所持した名物茶器や、信長が入手した経緯のわかる名物茶器に関する詳細な考察を行った。

そもそも、「名物狩り」という表現は、なぜ信長による名物茶器の「強制的な」一斉蒐集や買収の行為をさすものとして使用されるようになったのか。その原因の一つは、『信長公記』にみられる一連の記述、すなわち、先に四項目に及ぶことを指摘した「（御）名物召し置かるゝの事」だといえる。例として、次の記述をみてみよう。

「名物召し置かるゝの事」（元亀元年）

さる程に、天下に隠れなき名物、堺に在り候道具の事、天王寺屋宗及《そうきゅう》　一、菓子の絵、薬師院　一、小松嶋、油屋常祐　一、柑子口《こうじぐち》、松永弾正　一、鐘の絵、何《いず》れも覚えの一種ども、召し置かれたきの趣、友閑（松井）・丹羽五郎左衛門（長秀）御使にて、仰せ出ださる、違背申すべきに非ず候の間、違儀なく進上、則ち代物金銀を以て仰せ付けられ候ひき、

信長は、津田宗及の「菓子の絵」以下、堺にある四点の茶道具を「召し置かれたき」と望み、松井友閑《ゆうかん》・丹羽長秀《ながひで》を御使として派遣した。所有者たちは、「違背申す」ことも叶わず「違義なく進上」し、信長は、代物として金銀を「仰せ付けられ」たという。特に、「違背申すべきに非ず候の間」という一文は、強制的な表現といえる。

ただし、「名物狩り」＝強制的な一斉蒐集の場、とする従来の見解に対する異論も提示されている。この前年の「名物召し置かるゝの事」（永禄十二年）をみてみよう。

然うして、信長、金銀・米銭御不足なきの間、此の上は、唐物天下の名物召し置かるべきの由、御諚候て、先上京大文字屋所持の　一、初花《はつはな》、祐乗坊の　一、ふじなすび、法王寺の　一、竹さしやく、池上如慶《いけがみじょけい》が　一、かぶらなし、佐野　一、雁の絵、江村（栄紀）　一、もゝそこ、以上、友閑・丹羽五郎左衛門、御使申し、金銀八木を遣はし、召し置かれ、天下の定目仰せ付けられ、五月十一日、濃州岐阜に至りて御帰城なり、

これについて竹本氏は、「信長がすべての名物茶器を強制的に召しあげたという従来の解釈に対して永島氏は名物の『品評会』ではなかったか、との説を提示されている」とした。これは、永島福太

郎氏が「松屋名物集解題」（永島・一九六二）において、「茶器狩りは、むしろ非常手段であるが、平和的には『道具汰《そろ》え』と称し、道具品評会を催した」と述べた部分を受けた記述であろう。

さらに重要なのは、竹本氏による以下の論証である。竹本氏は、初花以下六点の名物茶道具のうち、六つ目の「もゝそこ」つまり江村栄紀所有の「桃尻」の所在に注目した。そして、この記述の後に江村が主催した元亀二年二月二十九日の茶会で、なお「桃尻」が使用されていた事実から、「江村栄紀の『もゝそこ』が信長の目に適わなかったのか、それとも江村栄紀の意志で手放さなかったのか、検討の余地があるが、この一例によって『品評会』の場に展覧された名物がすべて残らず信長によって取りあげられたわけではない」ことを指摘した。この点から、「『名物狩り』の場として通説となっていた『信長公記』に記述される場は、信長がより良い名物茶器を入手したいという意志があったとするなら、接収のための下見の場、との解釈ができる」とし、「『信長公記』の記載をもとに、信長の名物一斉蒐集＝『名物狩り』＝強制買収という解釈は成り立たない」と結論づけている。

「名物召し置かるゝの事」―「召し上げる」と「召し置く」と―

従来の研究では、『信長公記』の「（御）名物召し置かるゝの事」との表題の記述の中に「召し上げらる」との表現が頻出することから、「召し置かる」も「召し上げらる」もほぼ同義で理解され、基本的に「強制買収」・「強制蒐集」の根拠とされてきた。竹本氏も、「信長の名物一斉蒐集＝『名物狩り』＝強制買収という解釈」のもとは「『信長公記』の記載」であるとし、「現在、『名物狩り』といわれる信長による名物茶器の強制的な接収を端的に示す史料としては、（中略）信長が永禄十二・十三年（一五六九・七〇）に上京と堺において金銀や米・銭の代わりに名物茶器を『召置』く、つまり強制蒐集した、とする『信長公記』の記述がよく知られている」（傍線引用者）とも述べている。しかし、『信長公記』の記載そのものに関しては、再検討の余地もある。本書全体の意図に鑑み、本稿の最後に『信長公記』の全体像から茶湯記述を捉えなおしておきたい。

ここで、「御名物召し置かるゝの事」（天正五年）に注目してみよう。

三月廿三日、若江まで御帰陣、
一、化狄《かてき》、天王寺屋の龍雲所持候を、召し上げらる、
一、開山《かいざん》の蓋置《ふたおき》、今井宗久進上、
一、二銘のさしやく、是れ又、召し上げらる、
三種の代物、金銀を以て仰せつけらる、

「化狄」と「二銘のさしやく」は「召し上げらる」、「開山の蓋置」は「進上」とあるものの、表題にある「召し置かる」という表現は、本文中にみられない。こうした表現の違いに、意味はあるのだろうか。まず、「召し上げらる」と「進上」についてみてみよう。

『日本国語大辞典』第二版によると、「召し上げる」には「①貴人が目下の者を特別に呼び出す。召し出す。②官府や主君が所有物を取りあげる。また、権利・役職を剝奪する。没収する。③お買いあげになる。お求めになる。④「めしあがる」に同じ」の四つの意味がある。先行研究では、②の意味で強制蒐集と解釈してきたようだが、③の意味での解釈も成り立ちうる。また、『信長公記』とほぼ

同時代の十七世紀後半に編纂された『日葡辞書』には、「①一段高い階級、官位、あるいは高い所などに上げる、あるいは昇らせる。②役職を取り上げる、あるいは剥奪する。③尊敬すべき高貴の方が物をお買い上げになる」とある。双方を勘案すれば、この場面に最も適するのは③であり、信長が「化狄」と「二銘のさしやく」をお買い上げになった、と理解できる。

「進上」については、『日本国語大辞典』第二版に「①たてまつること。さしあげること。献上。進呈。贈呈。②目上の人にさし出す書状などの上書に書いて敬意を表する語」とある。つまり、今井宗

『信長公記』「(御)名物召し召し置かるゝの事」関係年表

年	『信長公記』項目	内容	備考
永禄十二年	名物召し置かるゝの事	松井友閑・丹羽長秀、「桃尻」「初花」以下の名物を「召し置かれ」たきとの信長の意を伝える。	江村栄紀所持の「桃尻」は、信長の手に渡らず。
元禄　元年	名物召し置かるゝの事	松井友閑・丹羽長秀、「菓子の絵」以下の名物を「召し置かれ」たきとの信長の意を伝える。	前年より態度硬化。「違背申すべきに非ず候の間、違義なく進上」
二年	――	二月二十九日、江村栄紀、茶会で「桃尻」を使用。	
天正　二年	御名物召し置かるゝの事	本文欠	
五年	御名物召し置かるゝの事	「化狄・二銘のさしやく」を「召し上げらる」、「開山の蓋置」を「進上」	

久は「開山の蓋置」を無償で献上する意図を有していたのである。末尾に「三種の代物、金銀を以て仰せつけらる」とはあるが、それらが信長の手に移る過程には、買収（有償、元所有者からすれば売却）と進上（無償）の別が存在したのである。

　では、こうした内容を持つ記事がなぜ「（御）名物召し置かるゝの事」と表現されたのか。「召し置かる」と「召し上げらる」との関係を考察するにあたり、試みに『日本国語大辞典』第二版で「召し置く」の項をみてみよう。そこには、「①呼んでおそばにおく。呼んでおそば近くにいさせる。②上位者がものを持って来させてそばに置く。③官命によって、捕えて留めておく。召し取って拘置する」という三つの意味がある。「強制蒐集」に最も近い②については、『日葡辞書』の「キャウヲ　タナノ　ウエニ mexivoite.（メシヲイテ）」との記述が参考として引用されている。

　念のため、その『日葡辞書』の「召し置く」に関する記述も調べておこう。

Mexivoqi, u, oita. メシヲキ、ク、イタ（召し置き、く、いた）そのままにしておく、または、置く。

例、Qiouo tanano vyeni mexivoite.（経を棚の上に召し置いて）経典を机、あるいは棚[1]に載せて置いて、

※（1）原文は parteleiro 〈= prateleira〉

　この『日葡辞書』の記述は、『日本国語大辞典』第二版のニュアンスとは若干異なるように思われる。上位者がものを持って来させてそばに置く、というよりは、本来あるべき場所にそのまま置く、配置する、というニュアンスではないだろうか。

　ここで筆者が注目したいのは、『信長公記』中の「大坂三軸進上の事」（天正三年〈一五七五〉であ

る。この項目は、同年十月二十一日に三好笑岩《しょうがん》(笑厳・咲岩)・松井友閑が大坂に遣わされ、本願寺門跡顕如から「小玉檻・枯木・花の絵、三軸」が、また笑岩から「天下に隠れなき三日月の葉茶壺」が信長に進上されたことを記しており、茶道史研究の上でも度々触れられてきた。ただし、筆者が注目するのはその点ではない。この項目冒頭の、十月三日の部分である。

十月三日、奥州へ取りに遣はされ候御鷹、五十足上せ候内、廿三足召し上げられ、其の外は、各召し置かる、

ここで重要なのは、二十三足は「召し上げられ」、その他は「召し置かる」と表現されていることである。このことは、両者が明らかに別の意味で使用されていたことを示す。では、「召し上げられ」を先述のように「お買いあげになる」と読んだ場合、「召し置かる」はどのように解釈できるのだろうか。

第一に、『日本国語大辞典』第二版「召し置く」の②のように「上位者がものを持って来させてそばに置く」とした場合、「召し上げられ」＝「買収」とは別の意味であることから、「ただ(無償)で持って来させて手元に置いた」となる。しかし、二十三足を買収しておきながら、残りは無償で手元に置いた、という状況は非現実的であり、この解釈は成立しない。

第二に、『日葡辞書』のように「そのまま置く」とした場合、鷹を飼育していた奥州にそのまま置かせる、つまりキープする、となる。つまり、「十月三日、奥州へ取りに遣わした御鷹五十足が畿内に上げられた。(信長は)そのうちの二十三足をお買いあげになり、その他は飼育元に戻してそのまま

置かせた」ということである。

いま一つ、『信長公記』の以下の記述により、第三の解釈の可能性も確認しておきたい。

「御後巻再三御合戦の事」（天正四年）

七月朔日より、重ねて安土御普請仰せつけられ、何れも粉骨《ふんこつ》の働きに依って、或《ある》ひは御服、或ひは金銀・唐物《からもの》拝領、其の数を知らず、今度、名物市絵、惟住五郎左衛門（丹羽長秀）、上意を以てめし置き申され、大軸の絵、羽柴筑前（秀吉）取り求められ、両人名物所持仕られ候事、御威光有りがたき次第なり、

田中秀隆氏は、丹羽長秀に対する「めし置き申され」と羽柴秀吉に対する「取り求められ」との表現の相違に留意し、「二月の時点では、『五郎左衛門に下され』と表現されている。信長のものを直接拝領したので、『下され』となったのに対して、『上意を以てめし置き申され』とは、信長の命令によって、丹羽長秀が所持することができたという意味であろう。（中略）信長の所持品でなくてもしかるべき名物を所持するには信長の許可が必要であったと考えられる」と述べている（田中・二〇〇三）。これは、茶道史の立場から「めし置く」という文言について踏み込んで考察した、数少ない論考であろう。この主張と、本稿での検討を勘案すれば、『信長公記』における「召し置く」という文言は、「信長の意思によって物品を配置する」、とも解釈できると考える。つまり、「廿三足召し上げられ、其の外は、各召し置かる」とは、「二十三足は信長自身がお買い上げになり、その他は、家臣各々へ配置した」ということになる。

以上のことから、少なくとも『信長公記』において「召し上げる」と「召し置く」とが別の意味で

用いられていたことは、明らかにできたと思う。では、なぜ「(御)名物召し置かるゝの事」と表現されたのか。その理由は、名物が信長の手に渡る過程に有償の「召し上げる」と無償の「進上」の区別があり、それらを包括する柔軟な表現として「召し置く」が選択されたためと考えられる。

信長が道具を蒐集しようとする際、強制買収や、その下見のための品評会を行うので道具を持参すべし、と呼びかけただろうか。むしろ、道具鑑賞会といって道具を持参させ、「自らの意志によって配置する」＝「召し置く」ことを望んだのではないか。鑑賞のためならば、と道具を提供した側からすればだまされたようなものだが、多くの者は、そのまま手放す(進上)か売却する(召し上げ)かという結果になった。ただし、先に触れた江村はこれに納得せず、自身の茶道具を手放さなかった(「名物召し置かるゝの事」〈永禄十二年〉)。そのため、翌元亀元年の「名物召し置かるゝの事」に際しては、松井友閑や丹羽長秀は「違背申すべきに非ず」という強い姿勢を取らざるを得なくなったのである。

『信長公記』の記述から、信長個人の意志の詳細を探ろうとしても、自ずと限界がある。しかし、信長の使者として名物蒐集の責を負わされた友閑や長秀の心の中に、主人のために強制的にでも差し出させたい、との意志があったことは、想像に難くない。信長個人の意志はともかく、「織田権力」の行為としては、「強制蒐集」という面があったことも否定できないだろう。『信長公記』の「(御)名物召し置かるゝの事」との表現は、本来、その強制力を巧みに隠蔽する効果を期待されていたのである。

文化面での「下剋上」―戦国期の新興文化たる茶の湯―

本稿では、「(御) 名物召し置かるゝの事」における「召し置く」と「召し上げる」などの相違に注目し、雑駁な話を進めてきた。最後に、もう一つ表現の問題に触れておく。

本稿の中で、筆者は度々「(御) 名物召し置かるゝの事」との表記を用いた。これは、永禄十二・元亀元年が「名物召し置かるゝの事」なのに対し、天正二・五年では「御名物召し置かるゝの事」へと表現を変えていることを意識したものである。「名物」と「御名物」との間には、何らかの相違が認められるのだろうか。

茶道具そのものについては、「名物」(菓子の絵・小松嶋・柑子口・鐘の絵〈晩鐘《ばんしょう》〉・初花肩衝・富士茄子・竹茶杓・蕪無・雁の絵・桃尻) より「御名物」(化狄〈貨狄船〉・開山の蓋置・二銘の茶杓) の方が格が高い、といった明確な相違はみられない。ということは、「名物」の保持者、すなわち信長の地位が上昇したことにより、その持ち物に「御」の一文字が追加されて記されるようになった、と考えるのが適切だろう。時期的にみても、上洛間もない永禄年間と、足利義昭追放後の天正年間とでは、信長の独立性や権力者としての位置づけは、明白に異なっていたといえるのである。

尾張守護代の家から身を立てた信長にとって、和歌や連歌、能、蹴鞠など、長い伝統を持つ文化のイニシアティブを握るのは、容易なことではなかっただろう。それに比べて、ちょうど信長の時代に千利休によって大成されようとしていた茶の湯は、いわば新興文化として注目を集めていたのであり、その文化にどのような権威付けがなされるかは、なお白紙の状態であった。谷端昭夫氏は、「必ずしも定形化されていたわけではなかったが織田信長によって天正年間には新しい茶のスタイル、すなわち闘茶とは異なった『茶の湯』の形式が（禁裏に、筆者注）持ち込まれた」（谷端・二〇〇五）と述べている。このことは、自らがイニシアティブを握れる文化を模索していた信長と、新興文化確立のための権威付けを狙う千利休の利害が一致した結果とも評価できる。その意味で、茶の湯は、まさに「下剋上の文化」ということができるであろう。

コラム

楽市楽座と撰銭令

川戸貴史

『信長公記』を通覧して驚かされるのは、信長の放蕩《ほうとう》ぶりである。絢爛豪華《けんらんごうか》な安土城普請はもちろん、朝廷・寺社への莫大な金銀贈与を惜しまず、商人から大枚をはたいて茶道具を掻き集める姿は、異常と言うほかない。なぜこのような贅沢を可能としたのだろうか。

そこで語られるのが、楽市楽座令《らくいちらくざ》との関係である。新興商人を保護し、自由な交易を保証することによって生じた、いわば景気浮上策によるものと理解されることが多い。しかし信長の真の目的は、朝廷・公家・寺社の既得権益となっていた、商人からの上前徴収権を奪取するところにあった。

信長は早くも尾張時代から特定の特権商人と癒着し、彼らの上納《じょうのう》(矢銭)を財源としていた。例えば清洲《きよす》を本拠とし、信長より濃尾《のうび》の「商人司」に任じられた伊藤惣十郎のような商人が挙げられる。太平洋海運の拠点である伊勢、京都から北陸へ通じる要衝の近江、そして対外交易にも連なる堺《さかい》をいち早く掌握したのも、諸国を往来し富を築いた商人を傘下に収めることを最大の目的としていた。楽市楽座によって諸役免除の保護を与える一方、その恩恵にあずかった商人から莫大な上納がもたらされることにより、他大名に抜きんでた信長の財政を支えた。信長の放蕩ぶりの背景には、以上のような財源の裏打ちがあったのである。

そのように考えれば、信長の経済感覚はやはり卓越したものとのイメージも頷ける。しかし成功ばかりではない。庶民経済に対しては、実はそれほど透徹していたわけではなかった。その代表例は、初めての上洛直後に京都で発布した撰銭令《えりぜにれい》がまったく遵守されずに終わったことである。

当時は中国から渡来した銅銭（銭貨）が主要な貨幣として流通していたが、戦国時代になると悪銭の流布によって日常取引に混乱が生じていた。信長の撰銭令の特徴は、銭貨を数種に分類してレートを設定したことや、「唐物《からもの》」などの奢侈品購入に限って直接金銀での支払を初めて認めたこと、米の貨幣としての使用を禁止したことなどがある。

撰銭令は室町幕府も度々発布していたが、これらの内容は信長の撰銭令に独特なものであった。しかし時代の趨勢《すうせい》は購入対象の品目によらず金・銀・米が貨幣として使用されつつあったのであり、その流れを信長も止めることはできなかった。

これは信長自身にも問題がある。権力者層への莫大なバラ捲きや家臣への褒賞はすべて金銀によって行われており、商人からの奢侈品の買い付けもすべて金銀であった（奢侈品の金銀支払を認めたのは、信長自身のこのような消費の在り方による）。当の信長のこのような行動が、かえって金銀の貨幣としての使用を促進してしまった。自らの消費行動が庶民経済に与える影響に対して、どうやら信長は理解が及ばなかったようである。しかし結果として金銀が貨幣として定着したことは、二〇世紀まで繋がる貨幣経済の基本構造を確立したという点において、大きな意義を持っているのである。

三　「長篠合戦図屏風」を読む

高橋　修

戦国時代の特定の合戦の全体像を、屏風という大画面上に緻密な人物表現に徹して再現した絵画、いわゆる「戦国合戦図屏風」は、これまで約七〇作例が確認されている。その中でも、作品点数が最も多いのが「長篠《ながしの》合戦図屏風」である。現在一二作例の所在が知られている（高橋修・二〇〇二）。

その大半の作品の原本と考えられるのが、尾張藩付家老《つけがろう》として犬山藩三万石を領した成瀬家に伝来し、現在、犬山城白帝文庫に所蔵されている作品である（以下、成瀬家旧蔵本と略す、全景は口絵参照）。左隻に「長久手合戦図」をともなう六曲一双の本間《ほんげん》屏風で、成瀬家において製作され、そのまま同家の什物として伝えられてきたものと考えられる。材質は紙本著色《ちゃくしょく》、法量は縦一六五・二センチ、横三五〇・八センチである。主な武将を示す短冊《たんざく》が付けられているが、後貼りであり、人名の確定には慎重を期さなければならない。

以下、織田信長の戦争としてすでに江戸期のうちから著名であった長篠の戦いを画題とする、この豪華な屏風絵が、なぜ尾張藩付家老成瀬家において製作されなければならなかったのか、そしてなぜこれほど多くの写本が作られたのか、屏風絵の図像を読み解きつつ、考えていきたい（以下、図55・56参照）。

1　画面構成と成立年代

織田・徳川連合軍の構成

成瀬家旧蔵「長篠合戦図屏風」の画面構成から確認していこう。画面右端が長篠城である。合流する大野川・寒狭《かんさ》川に挟まれた断崖の上に築かれた城郭として描かれ、現実の地形をよく反映している。城戸の右横から半身を乗り出し、采配を振るうのが守将奥平貞昌《おくだいらさだまさ》（信昌《のぶまさ》）である（②）。

長篠城の左手には、あるみ原（設楽原《したらがはら》）での両軍の激戦を大きく描く。四扇を縦に流れ下るのが連《れん》吾《ご》川。その左に陣地を構えて待ち受けるのが織田信長・徳川家康の連合軍である。信長は一扇やや上方に（⑪）。永楽銭の幟旗《のぼりばた》や南蛮兜《なんばんかぶと》がみえ、前面を家臣団が固める。先鋒をつとめる家康は五扇中央に（62）。金扇《きんせん》の馬印《うまじるし》に葵《あおい》の幟旗、「伍」の背旗をさす使番がみえる。徳川軍は、最前列にひときわ大きく展開している。鉄砲隊の中には、成瀬家の始祖正一《まさかず》の姿もみえる（51）。連吾川の右が武田軍である。三扇を中心に、将兵が旗を伏せるように撃ち倒されている。大将の勝頼は二扇やや上方に（⑮）。「大」の四半旗を高々と掲げる。

ではこの合戦図は、いかなる資料に基づいて描かれているのか。内田九州男氏がすでに詳しい考証を行っているので（内田・一九八〇）、必要に応じてそれに拠りながら確認していこう。

まず織田・徳川連合軍については、武将たちの配置や行動が、信長の伝記『信長記』に依拠して描

かれた武将たち

①穴山梅雪
②奥平九八郎信昌
③戸田十郎左衛門
④和田治部
⑤本多豊後守康重
⑥松平左近
⑦飯尾弥四右衛門助友
⑧井伊弥四右衛門
⑨佐藤六左衛門
⑩金森五郎八
⑪加藤市左衛門
⑫太田甚九郎正近
⑬馬場美濃守信房
⑭一条右衛門大夫
⑮武田勝頼
⑯跡部大炊助勝資
⑰初鹿伝右衛門
⑱小山田兵衛尉信茂
⑲小栗又市
⑳名和無理助重行
㉑渡辺忠右衛門守綱
㉒松平主殿伊忠
㉓酒井左衛門尉忠次
㉔青山新七
㉕内藤修理亮昌豊
㉖甘利左衛門
㉗安中左近
㉘望月甚八郎重氏
㉙横田十郎兵衛
㉚原隼人佐昌勝
㉛小幡上総守信貞
㉜武田左馬頭信豊
㉝志村又右衛門
㉞山縣三郎兵衛
㉟逍遥軒
㊱馬場美濃守
㊲土屋人数
㊳土屋右衛門
㊴真田兵部
㊵佐々内蔵助成政
㊶真田源太左衛門
㊷前田又左衛門利家

55 「長篠合戦図屛

㊸鳥居彦右衛門
元忠
㊹日下部兵右衛門
㊺内藤三左衛門
信成
㊻平岩七之助親吉
㊼大久保七郎右
衛門忠世
㊽大久保次右衛
門忠佐
㊾本多平八忠勝
㊿原田弥之助
(51)成瀬吉右衛門
(52)三科伝左衛門
(53)広瀬郷左衛門
(54)福田平左衛門
(55)羽柴筑前守秀吉
(56)御使番　野村
三十郎
(57)瀧川左近一益
(58)蜂須賀彦右衛
門家政
(59)柴田修理亮勝家
(60)丹羽五郎左衛
門長秀
(61)石川伯耆守数正
(62)徳川家康
(63)山本新五左衛門
(64)榊原小平太康政
(65)内藤四郎左衛門
(66)御使番　加藤
喜助
(67)植村庄右衛門
(68)佐久間右衛門
信盛
(69)稲葉伊予守通朝
(70)猪子兵助
(71)織田信長
(72)河尻与兵衛重能
(73)織田城之助信忠
(74)水野惣兵衛忠重

※画面に貼られた短冊をもとに、松浦史料博物館の写本等を参考としながら作成した。

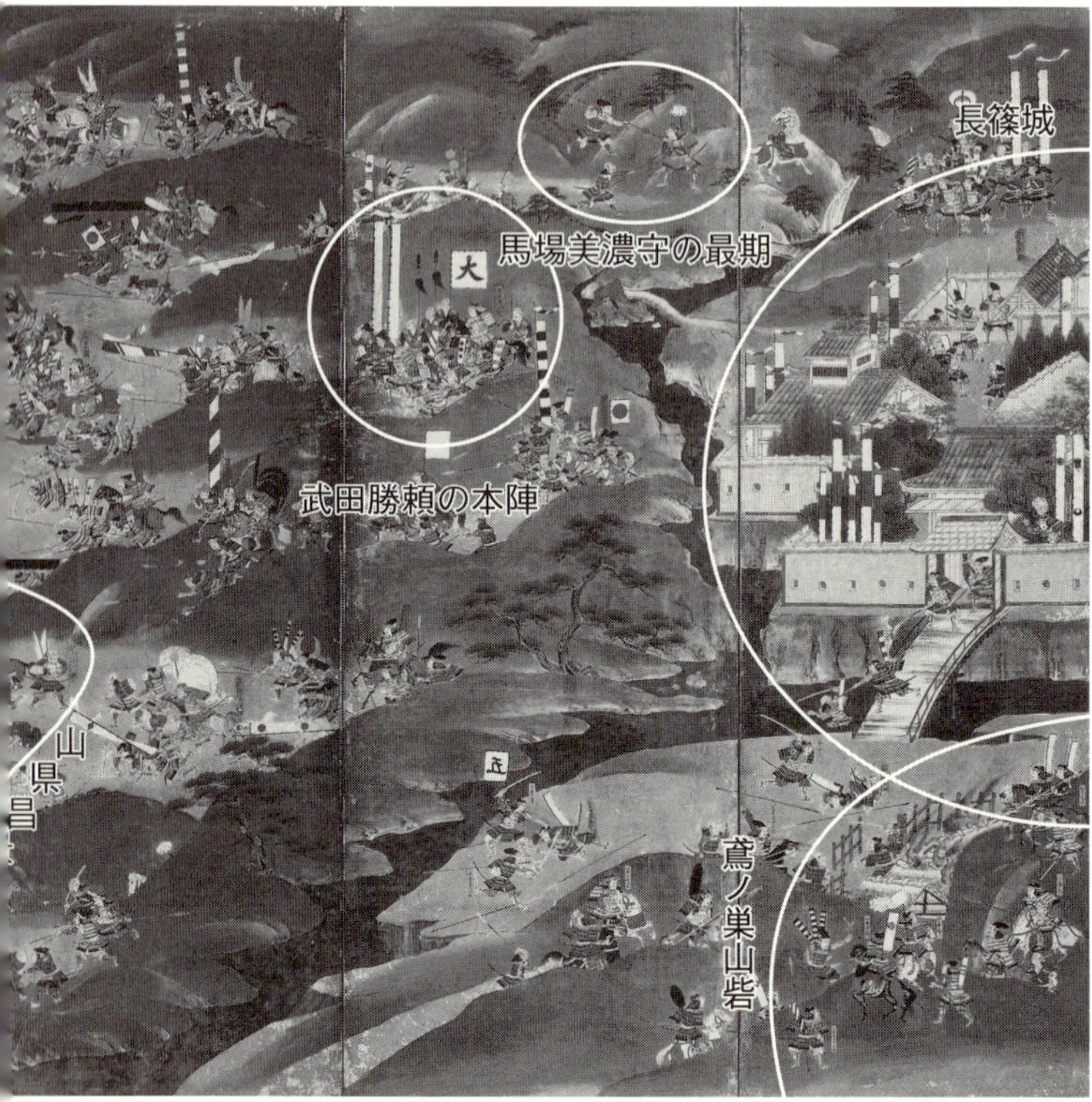

面構成

織田信長の本陣
羽柴秀吉の部隊
滝川一益
徳川軍最前列の鉄砲隊
徳川家康の本陣
佐久間信盛の部隊
隊

56 「長篠合戦図屏

かれていることが明らかである。『信長記』は、慶長《けいちょう》(一五九六―一六一五)頃、小瀬甫庵《おぜほあん》により著され、元和八年(一六二二)には版行されて、広く世の中に受け入れられた軍記物である。決定的な場面のみ、いくつか示しておこう。

『信長記』は連合軍の配陣を「味方の先陣は家康卿、右の手は佐久間右衛門尉、左の手は秀吉卿・滝河左近等」と記している。屏風絵では、一番奥に信長が着陣し(71)、その前面に連合軍の諸将が広く配陣している。信長本陣の左前方(「左の手」)に、織田家中の主要な武将たちが陣を敷き、その中に羽柴秀吉・滝川一益《たきがわかずます》(「秀吉卿・滝河左近」)らの姿もみえる(55、57)。そして織田家中の下方に、先鋒を任された家康の部隊が大きく展開している(「味方の先陣は家康卿」)。四五扇下半部を中心に着陣するのが、ほとんどすべて家康軍ということになる。

問題は「右の手は佐久間右衛門尉」の部分である。彼の姿は五扇最下部にみえる(68)。家康軍を大きく描いたために、『信長記』では右翼に配置されたことになっている佐久間信盛が、全軍の右端に取り残されたような、やや無理のある構図になってしまったのだ。こうしたこだわりにも、この屏風がいかに『信長記』に忠実に作画しようとしているかがうかがえる。

鉄砲三千挺の連射

続いて有名な「鉄砲三千挺」の場面である。『信長記』には、「敵馬を入れ来らば、際《きわ》一町までも鉄砲打たすな、間近く引請け、千挺づゝ放ち懸け、一段づつ立替り〳〵打たすべし、敵猶《なお》強く入れ来らば、ちつと引退き、敵引かば引付いて打たせよ」という信長の下知による戦法が描かれている。『信長記』は、第一列が放ち、第二列が控え、第三列が弾込めをすることで、間断なく射撃を繰り返すという、例の鉄砲三段撃ちのイメージを創り出した元凶のようにいわれているが、実は『信長記』には、そこまではっきりとした叙述があるわけではない。同書は、信長の下した下知について、武田軍が攻め込んできたら千挺ずつ替わるがわる射撃せよ、と記しているだけである。ここだけを読んで、鉄砲隊が三列に並んでいることを想像することは、むしろ難しい。

屏風絵を御覧いただきたい。実は屏風絵にもいわゆる鉄砲三段撃ちの絵など存在しない。四扇中央、家康軍の最前列の一隊が柵の外で銃を構えている。敵が押し込んできたら、五扇下方や四扇上方の二隊のように、柵の内側に入って（「ちつと引退」）、「間近く引請け」て銃を放つわけである。『信長記』の別の箇所には「家康卿より出し置かれたる三百人の鉄砲足軽」とあり、家康の鉄砲隊は、ここに含まれないことになるかもしれないが、画面の制約から引用箇所の解釈を優先して作画すれば、「千挺づゝ放ち懸け、一段づつ立替り〳〵打」つというのは、この屏風絵のように、別々の場所に配置された千挺ずつの三隊が、状況に応じて柵を出入りしながら銃を放つということになるのではないか。それが歴史的事実であったかどうかはともかく、屏風絵は、あくまで『信長記』を正確に解釈しようとしているだけなのである。

57　徳川軍最前列の鉄砲隊

武田方の布陣

次に武田軍についてみてみよう。こちらは信玄・勝頼《かつより》と武田家に関する軍書『甲陽軍鑑《こうようぐんかん》』に依拠することが明らかである。近年の研究により、『甲陽軍鑑』の最初の版本は、元和から寛永《かんえい》初期（一六二〇年前後）に出版されていることが指摘されている（酒井憲二・一九九五）。典型的な場面を示しておこう。

徳川軍の最前列と武田軍との戦闘は、『甲陽軍鑑』の「山県衆は味方左の方へ廻り、敵の柵の木いはざる右の方へ押出、うしろよりかゝるべきと働を、家康衆みしり、大久保七郎右衛門てふ《（蝶）》のは《（羽）》の差物をさし、大久保次右衛門金のつりかゝみ《（釣鏡）》の差物にて、兄弟と名乗て、山県三郎兵衛《やまがたさぶろうひょうえ》衆の小菅五郎兵衛《こすげごろうべえ》・広瀬《ひろせ》江左衛門《ごうざえもん》・三科伝右衛門《みしなでんえもん》此三人と詞をかはし、追入、追出し、九度のせり合あり」という記述と対応している。屛風絵を御覧いただきたい。山県衆は、武田方から見れば「左の方へ」展開している。「いはさる」の解釈が難しいが、徳川軍から見て、最前列の部隊が拠る「柵の木」の切れ目がある「右の方」へ廻り込もうとしているようにみえる。その真っ先を懸けるのが、少なくとも短冊では「広瀬江（郷）左衛門」「三科伝右衛門」であることが確認できる（52、53）。迎え撃つ徳川軍鉄砲隊の中ほどに「てふのはの差物をさし」た「大久保七郎右衛門（忠世《ただよ》）」、「金のつりかゝみの差物」の「大久保次右衛門（忠佐《ただすけ》）」の兄弟の姿がみえる（㊼、㊽）。

『甲陽軍鑑』では、さらに「山県三郎兵衛、鞍の前輪のはづれを鉄砲にて後へ打ぬかれ、則討死あるを、山県被官志村頸《くび》をあげて甲州へ帰る」というくだりが続く。落馬して息絶えた「山県三郎兵衛

（昌景）」の首のない骸が転がる（㉞）。周りには山県隊を象徴する赤備《あかぞな》えの兵が倒れ、桔梗《ききょう》の幟旗もみえる。骸の傍らには山県の頸を抱える兵が、徳川軍に背を向けて立っている。「頸をあげて甲州へ帰る」「山県被官志村（又右衛門）」である（㉝）。

敗軍の中であえて退こうとせず、刀の柄に手もかけず、敵兵の槍に突かれ絶命した馬場美濃守の最期など（⑬）、他にも『甲陽軍鑑』と一致する図像が屏風絵には散りばめられており、この軍書に忠実に作画が行われたことは間違いない。

何時、描かれたか

こうして依拠した資料が明らかになったことから、成瀬家旧蔵本の成立年代の枠を確定したい。伝承では、この戦いに出陣した成瀬正一が、戦後すぐに自ら絵筆を取って作成したといわれているが、その可能性はないだろう。『信長記』『甲陽軍鑑』の版本が出され、急速に世の中に普及していく一六二〇年代を、とりあえず上限として押えることができよう。下限を確定する要素は今のところない。画風などを合せ考えれば、一七世紀半ば頃から後半期にかけての時期に描かれた作品とみてよいのではないだろうか。

58　成瀬正一

2　成瀬家の一七世紀

家康の小姓から側近へ

この屛風絵を製作し今日まで伝えてきた成瀬家にとって、この一七世紀とはいかなる時代であったのか。

成瀬家はもともと三河国足助《あすけ》荘成瀬郷の土豪である。松平氏の先祖が近隣の松平郷に来住して間もなく、これに仕えるようになった。松平家、後の徳川家にとっては、最も古い譜代の臣としての由緒をもつ一族といえよう。近世成瀬家の始祖となる正一は、一時、甲斐武田の家中・諸角《もろずみ》豊後守に仕えているが、やがて帰参し、その後、三方ヶ原、姉川、長篠等の戦場で、家康に従い戦功を積んでいる。

ついで正一の子正成《まさなり》は、幼い時から家康に小姓として仕え、やがて近臣として信頼を受けるようになる。初陣は成瀬家旧蔵本の左隻の画題にもなっている長久手《ながくて》の戦いである。正成は、その後、小田原攻め、名護屋《なごや》の陣、関ヶ原と、戦場でも常に主君とともにあった。家康が将軍職を秀忠に譲り、駿府に移ると、正成もこれに従っている。家康は国政の重要事は、すべて駿府で取り仕切り、隠居政治を行うが（大御所政治）、正成は、本多《ほんだ》正純《まさずみ》・安藤直次《あんどうなおつぐ》とともに、それを補佐する駿府年寄の重職に就いた。

正成が駿府で取り組んだ重要施策の一つに、徳川一門有力大名家の創設が挙げられる。将軍家を支えるため、家康九男義直《よしなお》家を尾張四七万石（後に六二万石）の、十男頼宣《よりのぶ》家を駿河五〇万石（後に紀伊で五五万石）の、大名家として創出したのである。そしてこの時、正成は、家康に乞われて、義直の傅役（後の付家老）となった。同じく安藤直次は、頼宣の傅役となっている。ただしまだ幼い義直・頼宣は、領国へは赴任せず、そのまま駿府の父家康の膝元で養育されたため、正成や直次も駿府に留まり、引き続き駿府年寄として重要政務に参画している。

付家老として犬山へ

大きな転機は、元和二年（一六一六）、家康の死によってもたらされた。駿府政権は、隠居政権であるから、その主を失えば、直ちに崩壊するしかない。国政上の全権を回復した将軍秀忠も、積極的にその解体に取り組む。義直には任国への赴任が命じられ、正成もそれに従っている。それまで家康の近習として仕えていたため家臣も城も持たなかった正成には、将軍秀忠から、旧平岩親吉《ひらいわちかよし》家臣団と犬山城が与えられ、尾張藩付家老専従が命じられている。成瀬家は、こうして幕閣から遠ざけられ、領地こそ大名並みの三万石が与えられているが、一門有力大名の付家老、将軍から見れば陪臣の地位に甘んじることとなったのである。この時、同じく紀伊転封が命じられた頼宣に従った安藤直次にも、城と領地が与えられ、付家老専従が命じられている。

傍輩の三河以来の家臣たちの多くが譜代大名に取り立てられる中、成瀬家は、徳川の天下を築く上で、彼らに優るとも劣らない功績を残しながら、大名格の陪臣として、幕閣から排除されてしまった。正成存命中は、それでも彼の人望や人脈により、現実には幕政に意見する機会もあったようである。

しかし寛永二年（一六二〇）に彼が没し、その十年後に盟友・安藤直次が没する頃には、幕閣の世代交代も進み、成瀬氏が幕政に参与する機会は完全に塞がれていた（成瀬氏に関する先行研究ついては、高橋・二〇〇二の注釈を参照）。

成瀬家旧蔵本が製作されたのは、こうした時代のことであった。

3　成瀬家旧蔵本の成立

左隻は長久手合戦図

先に述べたとおり、成瀬家旧蔵「長篠合戦図屏風」は、「長久手合戦図屏風」と一双で、同一の絵師の手で製作されている。私は、まず「長久手合戦図屏風」の方が構想されたのではないかと考えている。

徳川幕府の起源は、歴史的には関ヶ原の戦いにある。しかしながらこの戦争においては、譜代の家臣を中心に編成された徳川本隊を率いて東山道を進んだ秀忠軍が、開戦前に家康と合流することができなかった。東海道を進む豊臣恩顧の大名の押さえとして、これに合流していた家康は、そのため徳川譜代の家臣を主体に東軍を編成することができなかった。豊臣恩顧の諸大名の盟主という立場で戦いを指揮せざるをえなかったわけである。関ヶ原での戦闘には勝利したものの、この合戦は、結果的には、豊臣政権という枠組みの中での石田三成派・反石田派の内部抗争という性格を拭うことはできなかった（笠谷和比古・一九九四）。

武家政権は、それを成立させる起源となった戦争のかたちに規定される。幕藩体制は成立したが、現実にその成立を導いた関ヶ原の戦いは、家康と譜代の家臣たちにとってはたいへん不本意なものであった。そこでまず浮上してきたのが長久手の戦いである。天正《てんしょう》十二年（一五八四）に起こったこの戦争は、家康の作戦と譜代の家臣の活躍による快心の勝利であった。しかも相手の総大将は羽柴秀吉である。少なくとも家康の周辺では、長久手の戦いこそが、秀吉に勝利し徳川幕府の天下をもたらす起源となった戦争と位置づけられるようになっていた（高橋・二〇〇六）。

尾張藩の付家老となった成瀬家では、この徳川の天下の起源としての長久手合戦を豪華な屏風絵に再現し、譜代大名となった三河以来の家臣たちに優るとも劣らぬ活躍をしている成瀬正成の図像を、その中に織り込んでいたわけである。

徳川の戦争

そして長久手合戦図と一双となるべき屏風絵の画題として、成瀬家では、始祖正一が活躍した長篠の戦いを選択した。現代では、この戦争は、織田信長の戦争として紹介される場合が多い。しかし一方でこの戦争は、家康の庇護下に入った奥平貞能・貞昌（信昌）父子の守る長篠城を救援するための後詰戦としての性格をもっている。

『松平記《しょうへいき》』によれば、開戦に当たって大久保次右衛門忠佐は、兄の大久保七郎右衛門忠世に対して、「今日の御合戦、信長衆は加勢、当手こそ本陣なれ」と語ったというが、その認識は、決して身びいきではなく、むしろ正確なのである。この戦争は徳川の戦争であって、信長軍は、数の上では主力であっても、形の上ではあくまでも「加勢」である。後に『四戦紀聞《しせんきぶん》』が徳川の天下を導く重要な戦いの一つとして取り上げているように、長篠の戦いは、長久手の戦い同様、徳川の天下の起源となる戦争として認識されていた。

こうした徳川の戦争としての長篠の戦いに、正一の活躍を位置づけるべく、成瀬家では、屏風絵の製作に取り組むこととなった。徳川軍は『信長記』を下敷きに、武田軍については『甲陽軍鑑』に準拠して図像が構成された。正一については、両書の中に記述がないので、『松平記』の「日下部《くさかべ》兵右衛門《えもん》・成瀬吉衛門（正一）を以て諸手の中より勝れたる兵をぬき〳〵皆歩兵とし、鉄砲の上手を選び、大久保治右衛門に付、先手に有」のような記述を参考に描いたようである（内田・一九八〇）。徳川軍の最前列で、鉄砲隊の指揮に当たる成瀬正一の勇姿が描き込まれている（㉛、図58）。

その際注意を要するのは、成瀬正一だけではなく、譜代大名となった三河以来の家臣たちの姿が丁寧に描き込まれていることである。たとえば美濃加納一〇万石の大名となる奥平信昌（②）、三河岡崎で五万石を領する本多康重《やすしげ》（⑤）、子孫が出羽鶴岡一三万石の大名となる酒井忠次《ただつぐ》（㉓）、近江長浜で四万石を領する内藤信成《のぶなり》（㊺）。さらに松平伊忠《これただ》（㉒）は子孫が島原六万石を、本多忠勝《ただかつ》（㊾）は上野大多喜《おおたき》や伊勢桑名《くわな》で一〇万石、子孫は播磨姫路等で一五万石を、榊原康政《さかきばらやすまさ》（㊹）は上野館林で一〇万石、子孫は姫路等で一五万石を、植村庄右衛門（㊼）は子孫が大和高取で二万五千石を、それぞれ領する譜代大名となっている。

屏風が作られた理由

幕藩体制下における武家の家格は、それを成立させた戦国から天下統一期にかけての戦争における功績によって導かれたものである。徳川の天下をもたらす記念すべき戦争の中で、譜代大名の始祖たちとともに、彼らに優るとも劣らぬ活躍をした成瀬正一の姿を位置づける成瀬家旧蔵「長篠合戦図屏風」は、左隻「長久手合戦図屏風」と一双をなし、本来、譜代大名と同格であるべき成瀬家の家格の主張となっているのである。

屏風絵に込められたこうした意図は、やがて実際に政治的な力を発揮することとなる。江戸後期になると成瀬家は、同じ御三家の付家老、すなわち紀州藩の安藤家・水野家、水戸藩の中山家、そして同じ尾張藩の竹腰《たけのこし》家を誘って、支藩独立、譜代大名復帰を求める運動に取り組むことになる（成瀬家他の独立運動に関する先行研究については、高橋・二〇〇二の注釈を参照）。

この運動の中で、成瀬家は、この屏風絵を盛んに武家社会に宣伝していく。享和《きょうわ》元年（一八〇一）には、「長篠・長久手合戦図屏風」一双を江戸城に預け、将軍の上覧を実現している。上覧はこの一度ではなかったらしい。これが一つの呼び水となって、武家の間では、この屏風の存在が評判となった。平戸藩主であった松浦《まつら》静山《せいざん》も関心をもち、年来の誼《よし》みから成瀬家の屏風を借用して写本を製作している（松浦史料博物館に現存）。先述の通り、「長篠合戦図屏風」は「戦国合戦図屏風」の中で、もっとも多数の写本を伝える作品であるが、それらはほとんどすべて、この時期以降の成立とみることができる。将軍上覧によりこの屏風の評判が高まり、静山のように、図像を写した武家が他にもあったのだろう。

もちろん成瀬家では、屏風の実物を際限なく貸し出していたわけではない。成瀬家には、マクリの状態の精密な副本が伝来したが、これは諸家貸出し用に用意されたものではないかと思われる。静山が借用したのも、おそらくこの副本であろう。成瀬家ではこの屏風の普及のため、自ら副本まで用意していたことになる。

幕藩体制下における武家の家格は、究極的には戦国から天下統一期にかけての戦争のかたちに規定されている。成瀬家は、本来、譜代大名であるはずの始祖・初代の活躍を織り込んだ戦争像を、江戸前期のうちに、すでに用意していた。そして譜代大名復帰の気運が生まれた時、正一や正成が譜代大名の始祖たちに優るとも劣らぬ活躍をする戦争像は、現実の力を発揮することとなった。成瀬家は、政治的な運動を主導すると同時に、それに根拠を与える、この戦争像の普及に積極的に取り組むことになったのである（高橋・二〇〇二）。

参考文献

信長公記とその時代（堀　新）

家永遵嗣「伊勢宗瑞（北条早雲）の出自について」（『成城大学短期大学部紀要』二九）一九八八年
池　享『戦国・織豊期の武家と天皇』校倉書房、二〇〇三年
石井良助『天皇』山川出版社、一九八二年
岡部二郎「太田牛一とその子孫」（『富山史壇』一一七）一九九五年
奥野高廣編著『増訂織田信長文書の研究』吉川弘文館、一九八八年
奥野高廣・岩澤愿彦校訂『信長公記』角川文庫、一九六五年
勝俣鎮夫『戦国時代論』岩波書店、一九九六年
桐野作人「信長への三職推任・贈官位の検討」（『歴史評論』六六五）二〇〇五年
佐藤進一『増補　花押を読む』平凡社ライブラリー、二〇〇〇年
『新修名古屋市史』二　名古屋市、一九九八年
鈴木良一『織田信長』岩波新書、一九六七年
橋本政宣『近世公家社会の研究』吉川弘文館、二〇〇二年
藤田恒春「上賀茂神社所蔵太田牛一発給文書について」（『古文書研究』六三）二〇〇七年
堀　新「戦国大名織田氏と天皇権威」（『歴史評論』五二三）一九九三年
堀　新「織田権力論の再検討」（『共立女子大学文芸学部紀要』四四）一九九八年
堀　新「織田信長と武家官位」（『共立女子大学文芸学部紀要』四五）一九九九年

堀　新「織豊期王権論」（『人民の歴史学』一四五）二〇〇〇年
堀　新「織田信長と勅命講和」（歴史学研究会編『戦争と平和の中近世史』）青木書店、二〇〇一年
堀　新「『平家物語』と織田信長」（『文学』隔月刊三―四）二〇〇二年
堀　新「信長・秀吉の国家構想と天皇」（池享編『日本の時代史13　天下統一と朝鮮侵略』）吉川弘文館、二〇〇三年
堀　新「織田信長と絹衣相論」（『共立女子大学文芸学部紀要』五一）二〇〇五年
堀　新「織豊期王権論再論」（大津透編『王権を考える』）山川出版社、二〇〇六年
堀　新「織豊政権」（藤田覚編『史料を読み解く3　近世の政治と外交』）山川出版社、二〇〇八年
三鬼清一郎「信長・秀吉とその時代」（『説話文学研究』三六）二〇〇一年
山田康弘「戦国期幕府奉行人奉書と信長朱印状」（『古文書研究』六五）吉川弘文館、二〇〇八年
ルイス・フロイス著、岡田章雄校注『ヨーロッパ文化と日本文化』岩波文庫、一九九一年

信長公記と信長記、太閤記（柳沢昌紀）

岡田正人編『織田信長総合事典』雄山閣、一九九九年
桑田忠親『豊太閤伝記物語の研究』中文館書店、一九四〇年（『太閤記の研究』徳間書店、一九六五年）
染谷光廣「『信長公記』未載の信長関係の事跡について―太田牛一は丹羽長秀の右筆だった―」米原正義先生古稀記念論文集刊行会編『戦国織豊期の政治と文化』続群書類従完成会、一九九三年
谷口克広「太田牛一著『信長記』の信憑性について―日付けの考証を中心として―」『日本歴史』三八九号、一九八〇年
長谷川泰志「甫庵『太閤記』諸版の成立―正保三年版補入考―」『国語と国文学』六八巻一号、一九九一年
長谷川泰志「『太閤記』成立とその方法―太閤批判を視座として―」長谷川端編『承久記・後期軍記の世界』汲

古書院、一九九九年
藤本正行『信長の戦国軍事学』ＪＩＣＣ出版局、一九九三年（『信長の戦争』講談社学術文庫、二〇〇三年）
柳沢昌紀「『太閤記』朝鮮陣関連記事の虚構―日付改変の様相をめぐって―」『近世文藝』六五号、一九九七年
柳沢昌紀「甫庵『信長記』初刊年再考」『近世文藝』八六号、二〇〇七年
柳沢昌紀「甫庵『信長記』古活字版の本文改訂―片仮名第六種本を中心に―」『軍記と語り物』四四号、二〇〇八年

信長と安土城（松下　浩）

脇田修『織田信長　中世最後の覇者』中公新書、一九八七年
木戸雅寿『よみがえる安土城』吉川弘文館、二〇〇三年
滋賀県安土城郭調査研究所編著『図説・安土城を掘る』サンライズ出版、二〇〇四年
三浦正幸監修『真説安土城』学研、二〇〇六年

信長と合戦（桐野作人）

朝尾直弘「十六世紀後半の日本」（『岩波講座　日本通史』第一一巻・近世一、一九九三年）
有光友学「三国同盟から桶狭間の戦へ」（『静岡県史』通史編二・中世、一九九七年）
桐野作人「桶狭間合戦―信長は籠城案を退けて正面攻撃をしかけたのか?―」（『歴史読本』二〇〇一年十二月号）
桐野作人・和田裕弘「信長記の大研究」（『歴史読本』二〇〇七年八月号別冊）
黒田日出男「桶狭間の戦いと『甲陽軍鑑』―『甲陽軍鑑の史料論（2）』―」（『立正史学』一〇〇号、二〇〇六年）
小林一岳・則竹雄一『戦争Ⅰ―中世戦争論の現在―』青木書店、二〇〇四年
千田嘉博『織豊系城郭の形成』東京大学出版会、二〇〇〇年

谷口克広『信長の親衛隊』中公新書、一九九八年
谷口克広『信長軍の司令官』中公新書、二〇〇五年
長尾雄一郎「戦争と国家」（加藤朗ほか『戦争—その展開と抑制—』勁草書房、一九九七年）
ジェフリ・パーカー、大久保桂子訳『長篠合戦の世界史』同文館、一九九五年
藤本正行『信長の戦国軍事学』ＪＩＣＣ出版局、一九九三年
藤本正行『信長の戦争』講談社学術文庫、二〇〇三年

宣教師からみた信長・秀吉（松本和也）

海老沢有道『日本キリシタン史』塙書房、一九七六年
川崎桃太『フロイスの見た戦国日本』中央公論新社、二〇〇三年
岸野久『西欧人の日本発見』吉川弘文館、一九八九年
岸野久『ザビエルの同伴者アンジロー』吉川弘文館、二〇〇一年
五野井隆史『日本キリシタン史の研究』吉川弘文館、二〇〇二年
五野井隆史『日本キリスト教史』吉川弘文館、一九九〇年
五野井隆史『大航海時代と日本』渡辺出版、二〇〇三年
清水紘一『織豊政権とキリシタン』岩田書院、二〇〇一年
高瀬弘一郎『キリシタンの世紀』岩波書店、一九九三年
松田毅一・川崎桃太編訳『フロイス「日本史」』中央公論社、一九七七年〜八〇年
松田毅一監訳『十六・七世紀イエズス会日本報告集』同朋舎出版、一九八七年〜九八年
松田毅一『南蛮のバテレン』朝文社、一九九一年
村井早苗『天皇とキリシタン禁制』雄山閣、二〇〇〇年

太田牛一・小瀬甫庵の歴史意識（村上　隆）

太田牛一著、奥野高広・岩沢愿彦校注『信長公記』角川文庫、一九六九年
小瀬甫庵著松沢智里編『信長記』古典文庫、一九七二年
岡見正雄・赤松俊秀校注『愚管抄』日本古典文学大系八六、岩波書店、一九六七年
相良亨「見るべき程の事は見つ、いまは自害せん」（『東書』一五〇、東京書籍、一九七六年）
相良亨『武士の思想』ぺりかん社、一九八四年
相良亨『日本の思想』ぺりかん社、一九八九年
阿部一彦「『信長公記』と『信長記』（二）」（『愛知淑徳大学国語国文』一七、愛知淑徳大学国文学会、一九九五年）
阿部一彦「太田牛一の天道思想」（『近世文芸研究と評論』一九七一年一月号）
荒野泰典『近世日本と東アジア』東京大学出版会、一九八八年
石毛忠「戦国・安土桃山の倫理思想」（日本思想史研究会編『日本における倫理思想の展開』吉川弘文館、一九六五年）
小沢栄一『近世史学思想史研究』吉川弘文館、一九七三年
加美宏「軍記物の拡散と転生」（北川忠彦編『軍記物の系譜』世界思想社、一九八五年）
小堀桂一郎「天道攷（二）」（『紀要　比較文化研究』二六輯、東京大学教養学部、一九八七年）
笹川祥生「近世の軍書―近江の戦国時代を描いた作品を例として―」（国文学研究資料館編『軍事物語とその劇化―『平家物語』から『太閤記』まで―』古典講演シリーズ六、臨川書店、二〇〇〇年）
沢井耐三「乱世の文学」（久保田淳他編『岩波講座日本文学史』七巻、一九九六年）
谷口克広「太田牛一『信長記』の信憑性について」（『日本歴史』三八九号、一九八〇年）
丸山真男「開国」（『忠誠と反逆』筑摩書房、一九九二年）

溝口雄三「中国思想の受容について　林羅山を一例に」（『日本の美学』九、一九八六年）
和辻哲郎『日本の臣道』筑摩書房、一九四四年
和辻哲郎『鎖国―日本の悲劇―』岩波書店、一九五〇年

天下と公儀（**久保健一郎**）

朝尾直弘『将軍権力の創出』岩波書店、一九九四年
朝尾直弘「天下人と京都」（朝尾直弘・田端泰子編『天下人の時代』平凡社、二〇〇三年）
池享「天下統一と朝鮮侵略」（『日本の時代史一三　天下統一と朝鮮侵略』吉川弘文館、二〇〇三年）
稲葉継陽「中世後期における平和の負担」（『歴史学研究』七四二、二〇〇〇年）
奥野高廣『増訂織田信長文書の研究』上・下・補遺、吉川弘文館、一九八八年
勝俣鎮夫『戦国法成立史論』東京大学出版会、一九七九年
勝俣鎮夫『戦国時代論』岩波書店、一九九六年
川合康「武家の天皇観」（『講座前近代の天皇四　統治的諸機能と天皇観』青木書店、一九九五年
神田千里「織田政権の支配の論理に関する一考察」（『東洋大学文学部紀要』五五・史学科篇二七、二〇〇二年）
久保健一郎『戦国大名と公儀』校倉書房、二〇〇一年
久保健一郎「移行期公議論の前提」（『歴史評論』六四〇、二〇〇三年）
佐々木潤之介「信長における「外聞」と「天下」について」（『新潟史学』八、一九七五年）
高木傭太郎「織田政権期における「天下」について」（『院生論集』〈名古屋大学大学院文学研究科〉九、一九八〇年）
新田一郎「中世から近世へ」（『新体系日本史二　法社会史』山川出版社、二〇〇一年）
藤井讓治『幕藩領主の権力構造』岩波書店、二〇〇二年

堀新「信長・秀吉の国家構想と天皇」（『日本の時代史一三　天下統一と朝鮮侵略』吉川弘文館、二〇〇三年）
渡辺信一郎『中国古代の王権と天下秩序』校倉書房、二〇〇三年

戦国軍記の構成と構想（**長谷川泰志**）

今田洋三「元禄享保期における出版資本の形成とその歴史的意義について」（『ヒストリア』一九号、一九五七年
笹川祥生「戦国軍記序説（その一）―令名の記録―」（『京都府立大学学術報告　人文』二〇、一九六八年）
長友千代治『近世上方作家・書誌研究』東京堂出版、一九九四年
布引敏雄「毛利関係戦国軍記の成立事情」（『日本史研究』三七三、一九九三年）
長谷川泰志「甫庵『太閤記』諸版の成立―正保三年補入考―」（『国語と国文学』六八―一、一九九一年）
長谷川泰志「『太閤記』の成立とその方法―太閤批判を視座として―」（長谷川端編『承久記・後期軍記の世界』汲古書院、一九九九年）

信長・秀吉像の変遷（**阿部一彦**）

内藤佐登子『紹巴富士見道記の世界』続群書類従完成会、二〇〇二年

天下人と茶湯（**矢部健太郎**）

竹本千鶴『織豊期の茶会と政治』思文閣出版、二〇〇六年
田中秀隆「信長茶会の政治的意図再考」（『徳川林政史研究所研究紀要』三七号、二〇〇三年三月）
谷端昭夫『チャート茶道史』淡交社、一九九五年
谷端昭夫『公家茶道の研究』思文閣出版、二〇〇五年
永島福太郎「名物狩り」（『図説茶道大系』角川書店、一九六二年）
永島福太郎「松屋名物集解題」（『茶道古典全集』一二巻、淡交社、一九六二年）
芳賀幸四郎「ある茶入の履歴」（『日本歴史』九一号、一九五六年）

「長篠合戦図屏風」を読む（高橋　修）

磯貝正義・服部治則校注『甲陽軍鑑』下、人物往来社、一九六六年
内田九州男「長篠合戦図屏風について―両軍配備と文献―」（岡本良一・桑田忠親・武田恒夫編『川中島合戦図長篠合戦図』戦国合戦絵屏風集成一、中央公論社、一九八〇年）
笠谷和比古『関ヶ原合戦―家康の戦略と幕藩体制―』講談社、一九九四年
神郡周校注『信長記』上、現代思潮社、一九八一年
久曾神昇編『三河文献集成』中世編、愛知県宝飯地方史編纂委員会、一九六六年
黒川真道編『日本歴史文庫　四戦紀聞・三河一向宗乱記・石山退去録』東京集文館、一九一一年
酒井憲二『甲陽軍鑑大成』研究篇、汲古書院、一九九五年
高橋修「戦国合戦図屏風の成立と展開―成瀬家蔵「長久手合戦図屏風」とその周辺―」（歴史学研究会編『戦争と平和の中近世史』シリーズ歴史学の現在七、青木書店、二〇〇一年）
高橋修『図説　戦国合戦図屏風』学研、二〇〇二年
高橋修「尾張・紀伊両徳川家における『小牧・長久手合戦』の研究と顕彰」（藤田達生編『近世成立期の大規模戦争　戦場論下』岩田書院、二〇〇六年）
中村幸彦・中野三敏校訂『甲子夜話』五、平凡社、一九七八年
藤本正行『信長の戦争』講談社、一九九三年
和歌山県立博物館編『戦国合戦図屏風の世界』和歌山県立博物館、一九九七年

あとがき

今から約十年前、歴史学・文学など様々なジャンルの研究者が集まった研究会に参加した。『平家物語』や『太平記』の諸系本を常に比較しつつ研究を進める姿に接し、大いに刺激を受けた。歴史学、なかでも自らの専門分野である織豊期研究を顧みると、信長・秀吉文書の古文書学的研究は盛んであるが、太田牛一『信長公記』や小瀬甫庵『太閤記』といった作品の基礎的研究が非常に遅れていることと痛感したのである。そこでまず『信長公記』諸本の基礎的研究を始めようと思っていた矢先に、このシリーズのお話をいただいた。歴史学・文学が相互に乗り入れて一つの古典作品を検討するという趣旨には一も二もなく賛同したが、企画書の原案は『太閤記を読む』となっていた。

ところが歴史学においては、『太閤記』は『信長公記』以上に研究が進んでおらず、現在では研究対象にならないだけでなく、利用されることもほとんどない。そのため収録論文の構成が思い浮かばなかったが、何より私自身にまったく自信がなかった。そこで恐る恐る「『信長公記』なら……」と提案したところ、『太閤記』も視野に入れることを条件に承認された。また、本シリーズには室町・戦国時代を対象とする巻がないこともあって、本巻は織田信長を中心としつつも、戦国時代から豊臣秀吉の時代までを取り扱うこととなったのである。

収録論文の構成は、歴史学・文学のバランスをとりつつ、思想史も含めて多様なアプローチとなることを意図した。牛一・甫庵の各作品の基礎研究から、合戦や城郭、さらには茶の湯やキリシタンに関する論考を配置し、この時代の特色が浮き彫りとなるよう試みた。そして太田牛一の歴史意識、織田信長の「天下」と「公儀」認識、戦国軍記の構想を通じて、この時代の世界観に迫る一方で、秀吉像の変遷も意識している。また、近年盛んな絵画史料も取り上げ、最新の研究動向にも配慮した。安土城の発掘調査が進展中であるが、その最新の成果も含んである。コラムでは本能寺の変などこの時代のトピックスだけでなく、濃姫やお市の方など女性の動向、さらには一向一揆・村社会や撰銭令など、社会の動向に関する項目を用意したが、これは収録論文が必然的に政治史や文化史に偏ることへの対応でもある。そして『信長公記』諸本の一覧表は、これまでは三十余とされていた諸本数を大幅に補充し、七十超のデータを提示している。これによって、『信長公記』諸本の研究環境がようやく整備されたと言えよう。

織田信長の一代記には『信長公記』の他に、小瀬甫庵『信長記』がある。そして豊臣秀吉の一代記には『太閤記』の他に、太田牛一『大かうさまくんきのうち』、大村由己『天正記』がある。それぞれの作品の特徴を簡単に述べれば、牛一は実証的な態度で作品を著述し、甫庵が儒教的な潤色を施し、由己は秀吉の自己宣伝を担ったのである。そのため、本巻では牛一と甫庵の著述がおもな検討素材となっている。一般的に、歴史研究は牛一、文学研究・思想研究は甫庵を研究対象とする傾向が強い。本シリーズの趣旨からすれば、本巻ではこのような傾向を克服しなければならないが、残念ながらその傾向は残ってしまっている。また、個々の事実認識や評価、さらには甫庵『信長記』や池田家本『信長（公）記』等の史料名の表記は、本巻全体で統一することなく、各執筆者の表記によっている。これらはひとえに編者の力量不足が原因であるが、また研究状況の反映でもあるとしてお許しいただきたい。

ところで『信長公記』は、織田権力の「研究を手がける時、不可欠というべき重要史料」（谷口克広）であり、「内容もおおむね信頼できる」（藤本正行）とされる一方で、「史料の信憑性については大きな問題が存在する」（今谷明）という評価も一部には存在する。本巻の収録論文は、おおむね『信長公記』の史料的価値を高くみる立場で執筆されているが、『信長公記』の基礎的研究が不十分であるからこそ、評価が大きく分かれるのであろう。その意味では、本書の刊行は時期尚早なのかもしれない。しかし、「総論」末尾に記したように、現在は『信長公記』の基礎的研究は大いに進展中である。本書の刊行を契機に、さらなる研究の進展が見られれば、望外の幸せである。

二〇〇八年十一月

堀　新

執筆者紹介（生年、現職、専門分野、主要著書）—執筆順

堀《ほり》　新《しん》　→別掲

柳《やなぎ》沢《さわ》昌《まさ》紀《き》　一九六四年生れ　中京大学文学部教授　日本近世文学
「太平記講釈と『太閤記』」『説話文学研究』三六、二〇〇一年
『仮名草子集成』第四三巻（共編）東京堂出版、二〇〇八年

松《まつ》下《した》　浩《ひろし》　一九六三年生れ　滋賀県教育委員会事務局文化財保護課副主幹　日本中・近世史
城郭史　都市史
「信長の近江支配と天下布武」高橋正隆他編『日本文化のかなめ』サンライズ出版、二〇〇一年
「安土城下町の成立と構造」仁木宏他編『信長の城下町』高志書院、二〇〇八年

桐《きり》野《の》作《さく》人《じん》　一九五四年生れ　歴史研究者・歴史科学評議会会員　織豊時代
『だれが信長を殺したのか　本能寺の変・新たな視点』ＰＨＰ新書、二〇〇七年
「信長への三職推任・贈官位の再検討」『歴史評論』六六五、二〇〇五年

松《まつ》本《もと》和《かず》也《や》　一九七二年生れ　早稲田実業学校教諭　キリシタン史・織豊期研究

「フランシスコ・ザビエルの天皇・将軍認識」『歴史学研究』七九七、二〇〇五年
「宣教師史料から見た日本王権論」『歴史評論』六八〇、二〇〇六年

村《むら》上《かみ》　隆《たかし》
一九五三年生れ　共立女子大学文芸学部教授　日本倫理思想史
「『まつら長者』論」『季刊　日本思想史』五三、一九九八年
「『大菩薩峠』その初期構想、素描の試み」『文学・芸術』三〇、二〇〇七年

久《く》保《ぼ》健《けん》一《いち》郎《ろう》
一九六二年生れ　早稲田大学文学学術院准教授　日本中世史
『戦国大名と公儀』校倉書房、二〇〇一年

長《は》谷《せ》川《がわ》泰《やす》志《し》
一九五八年生れ　広島経済大学経済学部教授　近世文学
「甫庵『太閤記』諸版の成立」『国語と国文学』六八―一、一九九一年
「『太閤記』の成立とその方法」長谷川端編『承久記・後期軍記の世界』汲古書院、一九九九年

阿《あ》部《べ》一《かず》彦《ひこ》
一九四四年生れ　愛知淑徳大学文学部教授　近世文学（近世初期軍記）
『『太閤記』とその周辺』和泉書院、一九九七年
『戦国軍記事典』（共編）和泉書院、一九九七年

矢《や》部《べ》健《けん》太《た》郎《ろう》
一九七二年生れ　國學院大学文学部専任講師　日本中世史・公武関係史
「豊臣『武家清華家』の創出」『歴史学研究』七四六、二〇〇一年二月
「太閤秀吉の政権構想と大名の序列」『歴史評論』六四〇、二〇〇三年七月

高橋《たかはし》　修《おさむ》　一九六四年生れ　茨城大学人文学部教授　日本中世史
『中世武士団と地域社会』清文堂出版、二〇〇〇年
『もうひとつの川中島合戦』洋泉社、二〇〇七年

和田《わだ》裕弘《やすひろ》　一九六二年生れ　織田信長家臣団研究会会員　織豊期
『「信長記」の大研究』(共著)『歴史読本』八月号別冊付録、二〇〇七年
「本城惣右衛門覚書について」安部龍太郎他著『真説本能寺の変』集英社、二〇〇二年

齋藤《さいとう》悦正《よしまさ》　一九六八年生れ　共立女子大学非常勤講師　日本近世史
『栃木県の歴史散歩』(共著)山川出版社、二〇〇七年
「近世中期村社会における由緒形成と寺院」『史観』一五二、二〇〇五年

竹間《たけま》芳明《ほうみん》　一九五九年生れ　都立荒川工業高校定時制教諭　日本中世史
「戦争と戦場の住民」『若越郷土研究』四九―一、二〇〇四年
「北加賀国人の検討」『龍谷史壇』一二五、二〇〇六年

川戸《かわと》貴史《たかし》　一九七四年生れ　日本学術振興会特別研究員　日本中世史
『戦国期の貨幣と経済』吉川弘文館、二〇〇八年
「室町幕府明銭輸入の性格」『歴史評論』七〇〇、二〇〇八年

編者略歴
一九六一年　岡山県生れ
一九九三年　早稲田大学大学院文学研究科単位取得退学
現　在　共立女子大学文芸学部准教授
〔主要論文〕
『展望日本歴史13　近世国家』（共編）「織豊期王権論」「『平家物語』と織田信長」「信長・秀吉の国家構想と天皇」

歴史と古典

信長公記を読む

二〇〇九年（平成二十一）二月一日　第一刷発行

編　者　堀《ほり》　新《しん》
発行者　前田求恭
発行所　株式会社　吉川弘文館
郵便番号一一三―〇〇三三
東京都文京区本郷七丁目二番八号
電話〇三―三八一三―九一五一〈代表〉
振替口座〇〇一〇〇―五―二四四番
http://www.yoshikawa-k.co.jp/
印刷＝株式会社 理想社
製本＝誠製本株式会社
装幀＝清水良洋

ISBN978-4-642-07158-1

歴史と古典

刊行のことば

日本には、世界に比し膨大な量の歴史資料や古典が私たちの共有財産として残されています。物語や和歌、演じられた芸能などは、誕生した同時代の人を楽しませ、後世の人には古典の楽しさとともに、書かれたその時代を雄弁に語る資料として今日まで親しまれてきました。当時の人には同時代を描いたものであり、時代背景や物事の決まりなどについては解説の必要はありません。ところが、今日の私たちが古典を読むときには、そのままに理解できることと、言葉の意味さえ変わってしまい今ではわからなくなってしまったことがあります。古典に描かれた世界をその時代背景とともに理解するには、適切な水先案内人が必要となってきています。

このたび刊行の「歴史と古典」シリーズは、歴史学・考古学や日本文学などの諸分野の研究者の協業により、古典の内容を明らかにするとともに、その時代の有り様を読み解き、歴史を知るための資料としての古典を浮かび上がらせていきます。

取り上げる古典は、いずれも歴史事実をもとにして構成され、虚構を交えながらも歴史像と時代の心意を表現しています。その虚構さえ、その時代の制約から逃れることはできず、歴史を知る鍵ともなっているはずです。

本シリーズにより、みなさまが古典を読み解くとき、内容を知るだけではなく、描かれた時代やその歴史を今まで以上に豊かなものとし、古典の世界を楽しく、そして深く理解するために、その一助ともなれば望外の幸せに存じます。

二〇〇八年五月

吉川弘文館

歴史と古典

全10巻の構成

（価格は税込）

古事記を読む　三浦佑之編　二九四〇円
万葉集を読む　古橋信孝編　二九四〇円
将門記を読む　川尻秋生編　（続　刊）
源氏物語を読む　瀧浪貞子編　二九四〇円
今昔物語集を読む　小峯和明編　二九四〇円
平家物語を読む　川合　康編　二九四〇円
北野天神縁起を読む　竹居明男編　二九四〇円
太平記を読む　市沢　哲編　二九四〇円
信長公記を読む　堀　新編　二九四〇円
仮名手本忠臣蔵を読む　服部幸雄編　二九四〇円